29.4.

dtv

In Paris kreuzen sich Lebensläufe, Menschen begegnen sich, verlieben sich, trennen sich. Dreh- und Angelpunkt ist das Café *Le Libre Échange*, dessen Wirt attraktiven Frauen nicht nur mit den Augen folgt. Sein Hobby ist das Züchten hochgiftiger Pflanzen – sehr zum Missfallen seiner Frau. Seine Tochter ist ein eigenbrötlerisches kleines Mädchen, das eines Tages am Brunnen einen seltsamen Mann kennen lernt und ihm in seine Wohnung folgt. Außerdem sind da ein verkrachter amerikanischer Schriftsteller, der glaubt, endlich auf dem Montmartre eine störstrahlenfreie Wohnung gefunden zu haben, seine philippinische Putzfrau, eine Tangotänzerin aus Leidenschaft, die an einen bibelfesten Asketen gerät, und viele andere ...
Ein Reigen von Figuren und Ereignissen, eine großartige Komposition, eine Hommage an Paris.
»So leichthändig und elegant hat Lilian Faschinger noch nie erzählt. Und das will etwas heißen bei dieser Autorin. Ganze Schicksale scheinen auf, sobald die Erzählerin sie antippt, Hintergründe werden kenntlich, Geschichte kommt ins Spiel, soziale Hierarchien. All das ohne jeden Umstand, keine Exkurse, keine Erklärungen. Es ist einfach da, mit jedem Wort, mit jedem Satz.« (Meike Fessmann in der ›Süddeutschen Zeitung‹)

Lilian Faschinger, 1950 in Kärnten geboren, lebt in Wien und Paris. Sie hat bisher vier Romane veröffentlicht: ›Die neue Scheherazade‹ (1986), ›Lustspiel‹ (1989), ›Magdalena Sünderin‹ (1995) und ›Wiener Passion‹ (1999), außerdem den Erzählungsband ›Frau mit drei Flugzeugen‹ (1993).

Lilian Faschinger

Paarweise

Acht Pariser Episoden

Deutscher Taschenbuch Verlag

Von Lilian Faschinger
sind im Deutschen Taschenbuch Verlag erschienen:
Frau mit drei Flugzeugen (12353)
Magdalena Sünderin (12430)
Wiener Passion (12925)
Die neue Scheherazade (13148)

Ungekürzte Ausgabe
Dezember 2004
Deutscher Taschenbuch Verlag GmbH & Co. KG,
München
www.dtv.de

Umschlagkonzept: Balk & Brumshagen
Umschlagfoto: © photonica/Patrick Gries
Satz: Kalle Giese, Overath
Gesetzt aus der Stempel Garamond
Druck und Bindung: Druckerei C. H. Beck, Nördlingen
Gedruckt auf säurefreiem, chlorfrei gebleichtem Papier
Printed in Germany · ISBN 3-423-13284-1

Für Wolfgang Stahl

»Wir spielen immer, wer es weiß, ist klug.«
Arthur Schnitzler, *Paracelsus*

»The mistake one makes is to speak to people.«
Samuel Beckett, *First Love*

I

Seit zwanzig Minuten steckte der Wagen der Spedition auf dem Boulevard de Clichy im Stau. Blue schaute aus dem Fenster und sah, dass die Passanten, die die Treppe zur U-Bahn hinuntergingen, alle wieder zurückkamen. Beengt saß er neben dem Fahrer und dessen junger Frau mit dem etwa zweijährigen Kind auf ihrem Schoß, das ihm mit seinen kleinen Schuhen beharrlich gegen den linken Oberschenkel trat. Er schlug dem Jungen leicht auf die Füße, worauf dieser zu schreien begann. Die Frau blickte entschuldigend zu ihm auf und sagte etwas, so leise, dass er es nicht verstand, dann sprach sie in einer fremden Sprache, auf Arabisch wohl, beruhigend auf das Kind ein und wiegte es in den Armen. Sie trug ein helles Kopftuch und ein langes Gewand, das die Arme bedeckte. Der Junge schrie weiter und versetzte ihm einen schmerzhaften Tritt gegen das Knie. Durch das offene Seitenfenster unterhielt sich Karim unterdessen mit der Fahrerin eines Renault Espace. Blue bereute, auf sein Angebot eingegangen zu sein.

Karim zog den Kopf zurück, schloss das Fenster und wandte sich zu ihnen. Offenbar habe es in der Metrostation Blanche einen Zwischenfall gegeben, erklärte er und erhob dabei die Stimme, um das Geschrei seines Sohnes zu übertönen. Bei einer Fahrscheinkontrolle sei ein Aufsichtsbeamter von einem Fahrgast angegriffen und schwer verletzt worden. Die Angestellten der Metrolinie zwei hätten sich spontan entschlossen, ihre Arbeit niederzulegen, und der Streik sei im Begriff, sich auf andere Linien auszuweiten.

»Diese Stadt macht einen fertig«, rief er und streichelte gleichzeitig das von der Hitze verklebte Haar des Kindes, das seine Hand wütend beiseite zu stoßen suchte. »Hier regiert der Teufel, nichts funktioniert, die Luft ist schlecht, es wird von Tag zu Tag schlimmer, man schuftet sich die Seele aus dem Leib, immer mehr Leute drehen durch, laufen auf die Straße und bringen den Nächstbesten um! Ist es ein Wunder, frage ich Sie, Monsieur Blue, ist es ein Wunder? Nein, es ist kein Wunder, das ist die Strafe für die Gottlosigkeit, die Gottlosigkeit der Menschen. Hör endlich auf zu schreien, Said, du machst uns noch wahnsinnig!«

In einem plötzlichen Entschluss lenkte Karim den Wagen auf den Gehsteig, sodass zwei Fußgänger erschrocken in einen Hauseingang sprangen, fuhr etwa hundert Meter geradeaus und bog beim Café an der Ecke zur leicht abschüssig verlaufenden Place de Clichy in die Rue Caulaincourt ein, wo er das Fahrzeug wieder unsanft auf die Straße setzte und auf die Brücke zusteuerte, die über den Friedhof Montmartre führte. Seine Frau hielt sich während dieses Manövers mit einer Hand den Mund zu, riss die Augen auf und wimmerte leise. Auf der Brücke bewegte sich der Verkehr langsam.

Durch die Lücken im blau gestrichenen Eisengeländer schaute Blue hinunter auf die zum Teil vom Laub der Baumkronen verdeckten Gräber und dachte an seine Mutter. Seit drei Jahren schickte sie ihm jeden Tag mindestens eine E-Mail, in der sie ausführlich auf die Wetterlage in Minnesota einging und den sich im Lauf der Jahreszeiten verändernden Zustand ihres Gartens sowie das aufgrund unterschiedlicher Temperatur- und Lichtverhältnisse wechselnde Aussehen des Sees, an dessen Ufer sein Elternhaus stand, in allen Einzelheiten beschrieb. Blue bemühte sich, einfühlsam darauf zu antworten. Seine Mutter war fünfundsiebzig Jahre alt, Blue hing an ihr und fand, dass eines dieser eleganten Grabmäler in Form kleiner Häuser sich gut als letzte Ruhestätte für sie eignen würde. Er käme sie dort oft besuchen.

Der Junge hatte zu schreien aufgehört und starrte ihn finster von der Seite an. Blue erwiderte den Blick und nahm den Unterarm vom heißen Rahmen des Autofensters. Die Frau sprach leise und vorwurfsvoll auf Karim ein. Der Araber war in einer Spedition im Bastilleviertel beschäftigt und übernahm nach Dienstschluss Umzüge zu einem günstigeren Tarif als dem normalen. Es war nicht das erste Mal, dass er seine Habe von einer Wohnung in die andere transportierte. Blue zog häufig um.

»Selbstverständlich habe ich morgen Nachmittag Zeit für Sie, Monsieur Blue«, hatte er am Telefon versichert. »Aber ich komme mit meiner Frau und meinem Sohn, anders lässt es sich nicht machen. Sie haben doch nichts dagegen, dass die beiden im Auto warten, während ich mit meinem Kollegen den Wagen belade und entlade? Wenn Sie wollen, können Sie gleich mit uns in die Rue Lepic fahren, dann ersparen Sie sich das Taxi.«

Sie bogen in eine Seitenstraße ein und fuhren hügelan. Vor einer Woche hatte Blue den Mietvertrag für eine Zweizimmerwohnung auf dem Montmartre unterschrieben. In der Wohnung mit Blick auf die Geleise des Nordbahnhofs, in die er wenige Monate zuvor gezogen war, hatte er sich nicht lange wohl gefühlt, obwohl er sie wie bei jedem Wohnungswechsel von Monsieur Lu hatte überprüfen lassen, der zu dem Schluss gelangt war, es spreche nichts gegen einen Einzug. Monsieur Lu war ein Anhänger der Lehre des Feng Shui.

»Es kommt darauf an, dass der Mensch sich zur richtigen Zeit am richtigen Ort aufhält, Monsieur Blue«, hatte Monsieur Lu gesagt und sein Pendel aus Kristallglas, das an einem menschlichen Haar hing, anmutig im Kreis schwingen lassen, »zur richtigen Zeit am richtigen Ort, so einfach ist das.«

Fast hätte Blue das hellgraue Eckhaus auf halber Höhe der Rue Lepic übersehen.

»Bleiben Sie stehen, Karim, wir sind hier!«, rief er. Als sie ausstiegen, erhob sich eine kleine dunkelhaarige Frau von einem Fenstersims im Parterre und kam ihnen, mit einem Schlüsselbund klingelnd, entgegen. Karim ging um den

Wagen herum und öffnete die Hecktür, und ein großer, sehr magerer Schwarzer in einem blauen Overall sprang aus dem Wageninneren und streckte sich.

»Ziemlich eng, da drin«, sagte er, »und ziemlich heiß.«

Zwei Stunden später lehnte Blue am Fensterrahmen des kleinen Schlafzimmers seiner neuen Wohnung. Bis auf einen hellen Streifen über dem Horizont war der Himmel bewölkt, und die Strahlen der tief stehenden Sonne tauchten die oberen Stockwerke der Häuser in ein intensives gelbes Licht. Auf der Dachterrasse des Hauses schräg gegenüber, auf welcher ein großes dunkelrotes Banner mit einem weißen Drachen wehte, übten sich zwei mit weiten schwarzen Gewändern bekleidete Männer in den langsamen Bewegungen des Tai Chi. Eine orangefarbene Katze ließ sich an einer Dachrinne hinabgleiten. Der Ausblick war frei und ging über alte Pariser Häuser mit abgeblätterten Fensterläden und großen Atelierfenstern in den grauen Dächern, über das Laub einiger hoher Bäume, über die vielen rotbraunen Schornsteine in Zylinderform und die Fernsehantennen hinweg. In größerer Entfernung sah man weiter unten einen Teil des Stadtzentrums. Der Tour Montparnasse glänzte golden, und Blue dachte daran, dass er vor einigen Jahren gleich daneben gewohnt hatte, in einem Haus, welches, wie Monsieur Lu leider nicht sofort erkannt hatte, da seine Sensibilität Schwankungen unterworfen war, auf der Kreuzung einer breiten unterirdischen Wasserader mit einer gefährlichen Erdverwerfung stand. Das war der Grund dafür gewesen, dass er die Arbeit an seinem großen Roman hatte längere Zeit unterbrechen müssen, und noch Monate nach dem Auszug hatte er mit Schmerzen an der Wirbelsäule, einer direkten Folge des ungünstigen Standplatzes, zu kämpfen gehabt. Blue wandte sich um und ging über die alten, dunkelbraun gestrichenen Bohlen und an den Umzugskartons vorbei in die kleine Küche. Durch das nach Nordosten ausgerichtete Fenster sah man die aufwärts führende Rue Lepic und an ihrem oberen Ende eine der weißen Kuppeln der Kirche Sacré-Cœur. Die Wohnung hatte ihm sofort zugesagt. Zwei Tage nach der Erstbesichtigung war er mit Monsieur Lu wiedergekommen, der mit Erlaubnis der Besitzerin, einer Witwe mit Herzrhythmusstörungen, die spontanes Verständnis für seine Strahlenempfindlichkeit gezeigt hatte, jedes Zimmer auf Störzonen untersuchte, nicht nur mit seinem Pendel aus Kristallglas, sondern auf Blues Bitte hin noch mit einem zweiten Pendel aus Messing, das sein früherer Radiästhesist aus New York, ein gebürtiger Armenier, ihm überlassen hatte, bevor er sich in Hawaii zur Ruhe setzte.

Nach dem sorgfältigen Abschreiten aller Räumlichkeiten hatte sich Monsieur Lu, die rechte Hand mit dem Pendel locker in Höhe des Solar Plexus vor sich ausgestreckt und die linke mit gespreizten Fingern auf den Rücken gelegt, zu ihm gewandt. Er könne sich nicht erinnern, in seiner langen Erfahrung als strahlensensitiver Mensch je eine derart positive Stelle geortet zu haben, meinte er. Es sei anzunehmen, dass ein unmittelbarer Bezug zu den günstigen Emanationen der nahe gelegenen Basilika Sacré-Cœur bestehe.

»Meinen herzlichen Glückwunsch, Monsieur Blue«, sagte er und verneigte sich lächelnd, »hier werden Sie Ihren großen Roman in der schützenden Aura eines spirituellen Bauwerks allen atmosphärischen Widrigkeiten zum Trotz zu Ende führen.«

Etwas Erfreulicheres hätte Monsieur Lu ihm nicht mitteilen können.

Die dunkelhaarige junge Frau am Nebentisch strich dem Jungen, mit dem sie dort saß, über den Kopf. Ein großer schlanker Mann kam auf die beiden zu. Blue war sich so gut wie sicher, dass die junge Frau Juliette Binoche war, eine solche Ähnlichkeit konnte kein Zufall sein. Er nahm an, dass der

Junge ihr Sohn und der Mann ihr Ehemann war. In dieser Stadt begegneten einem auf Schritt und Tritt berühmte Leute, vor kurzem hatte er vor einem Restaurant auf dem Boulevard Raspail Woody Allen aus einem Auto steigen sehen. Er hatte krank gewirkt. Jetzt küsste der Mann Juliette Binoche auf die Wange. »Hallo Christiane«, sagte er, »wie geht's?«

Blue nahm einen Schluck von seinem Café Crème und schaute in die Sonne. Es war Sonntagmorgen, und er hatte ausgezeichnet geschlafen. In die Matratze seines Futon-Bettes feine magnetisierte Stahldrähte einweben zu lassen, war unverschämt teuer gewesen, hatte sich aber als hervorragende Idee erwiesen. Ihn ärgerte nur, dass er nicht früher auf den Gedanken gekommen war, seine Beziehung zu Chantal wäre auf diese Weise zweifellos anders verlaufen. Die Stahldrähte hätten wenigstens einen Teil der, wie er nun wusste, von einer Kreuzung des Curry-Gitters unter dem Haus beim Nordbahnhof aufsteigenden negativen Strahlen neutralisiert. Monsieur Lu hatte die Strahlung zunächst erfreut als Kreuzung des so genannten dritten Gitters, eines äußerst günstigen atmosphärischen Einflusses, diagnostiziert und ihm geraten, das Bett direkt an diesen Platz zu rücken, eine solche Chance biete sich selten, er werde die segensreiche Wirkung auf sein körperliches und seelisches Befinden sehr bald verspüren. Von diesem Zeitpunkt an hatte Chantal, die jede Nacht das Bett mit ihm teilte, sich verändert. Ihre sich von Tag zu Tag steigernde Reizbarkeit hatte er zuerst für eine Art Anfangsverschlechterung gehalten, wie sie auch in der Homöopathie zu beobachten ist. Die Stimmungsschwankungen legten sich jedoch nicht, sie wurden stärker und führten immer häufiger zu Auseinandersetzungen. Schließlich hatte sie ihn der Weltfremdheit und künstlerischen Unbegabtheit bezichtigt und grundsätzliche Zweifel an der Fertigstellung seines großen Romans geäußert, dann hatte sie ihre Sachen in eine Tasche gepackt und ein Verhältnis mit dem Taxifahrer angefangen, der sie auf seine Kosten jeden Abend zu ihm gebracht und am Morgen wieder abgeholt hatte. Noch heute litt er unter der Trennung.

Durch das Vorgefallene ein wenig argwöhnisch geworden, hatte er Monsieur Lu gebeten, seine Messung zu wiederholen. Dieser hatte seinen Irrtum erkannt und eingestanden und auf Vorwürfe seinerseits eingewandt, Strahlungen des zweiten oder Curry-Netzes von solchen des dritten Netzes zu unterscheiden gehöre zum Schwierigsten in der Radiästhesie, selbst der große Paolo Parete habe sich diesbezüglich mehr als einmal geirrt.

Blue bezahlte den Kaffee und das Croissant und ging an den drei Leuten am Nebentisch vorüber.

»Ich will aber nicht nach London, Juliette«, hörte er den kleinen Jungen zu seiner Verwunderung sagen, »ich will hier bleiben.« Er nahm den steil aufwärts führenden, kürzesten Weg in die Rue Lepic. Am Ende der Straße stand die alte Windmühle. Er ging an einem Kino vorüber, in dem der neue Film von Woody Allen gespielt wurde. Auf dem Plakat sah der Schauspieler noch kränker aus als auf dem Boulevard Raspail. Er fragte sich, was ihm fehlte. Die Blässe und die Ringe unter den Augen konnten Anzeichen eines schweren Leberleidens sein.

Kaum hatte er die Wohnung betreten, rief Laetitia an, die Putzfrau der Besitzerin, die ihm bei seinem Einzug die Wohnung aufgesperrt hatte. Die Frau war ihm sympathisch gewesen, und er hatte sie gefragt, ob sie nicht alle zwei Wochen bei ihm aufräumen wolle. Laetitia meinte, sie habe an diesem Nachmittag Zeit, und Blue erwiderte, es wäre ihm recht, wenn sie käme.

»Ich komme gegen vier Uhr«, sagte Laetitia, »ich hoffe, ich bin einigermaßen pünktlich, der Generalstreik, Sie wissen ja.«

Er hatte es nicht gewusst, denn wegen der nachgewiesen unheilvollen Wirkung von Radio- und Fernsehgeräten auf sensible Charaktere besaß er weder das eine noch das andere. Außerdem hatte er sich während der letzten Tage ausschließlich im unmittelbaren Umkreis der Wohnung aufgehalten. Die Zeitung las er selten, denn er war nicht begierig darauf zu wissen, was sich in der Welt, wie man sagte, zutrug. In seinem großen Roman ging es um das Minnesota der fünfziger Jahre, um die Erinnerung an seine Kindheit und Adoleszenz, und in diesem Zeitraum hatte er es sich seit vier Jahren eingerichtet. Alles, was zeitlich oder geographisch darüber hinausging, konnte nur stören. Jedenfalls hatte Laetitia gelacht und gefragt, ob er auf dem Mond lebe – wisse er denn nicht, dass der öffentliche Verkehr seit Tagen bis auf wenige Buslinien lahm gelegt sei. Das Lachen hatte ihn erschreckt, so sehr ähnelte es dem Marcias, seiner ersten und einzigen Liebe und weiblichen Hauptfigur des Romans, und er hatte den Hörer abrupt aufgelegt.

Er setzte sich an den Schreibtisch, saß eine Zeit lang still, mit auf dem Bauch gefalteten Händen, und horchte in sich hinein. Monsieur Lu hatte ihm geraten, den Tisch nicht ans Fenster, sondern in die Mitte des Zimmers zu stellen, wo, wie er sagte, ein rechtsdrehender Strahleneinfluss spürbar sei, der sich sehr gut auf die Kreativität auswirke und überdies beredsam und generell euphorisch mache. Im Lauf der Woche, die er hier wohnte, hatte er noch keine Zeile geschrieben. Auch das diffuse körperliche Unbehagen, das er in der Wohnung mit Blick auf die Geleise des Nordbahnhofs empfunden hatte, war nicht von ihm gewichen. Man musste geduldig sein, der Körper brauchte einige Zeit, um sich auf die völlig veränderten elektromagnetischen Verhältnisse einzustellen.

Blue drehte den Kopf und schaute aus dem Fenster. Jetzt erst bemerkte er, dass in beunruhigender Nähe des Hauses die Drähte einer elektrischen Freileitung verliefen. Es war zwar keine Hochspannungsleitung, die Stromspannung würde nicht mehr als zwanzig Kilovolt überschreiten, außerdem fiele eine solche Störung bei der generell so günstigen Lage des Hauses wohl kaum ins Gewicht. Dennoch würde man sich Maßnahmen zu einer zumindest partiellen Entstörung überlegen müssen. Monsieur Lus Unaufmerksamkeit erstaunte ihn. Er nahm sich vor, ihn anzurufen, selbstverständlich wäre es seine Aufgabe gewesen, ihn auf die Existenz der Leitung hinzuweisen.

Wieder läutete das Telefon. Es war der schwedische Informatiker, den er auf einer der Dinnerpartys bei John Mayne kennen gelernt hatte und der auf einem Hausboot in der Seine wohnte. Er lud ihn zu einem Mittsommernachtsfest mit Privatfeuerwerk auf dem Boot ein. Blue lehnte ab und brachte als Entschuldigung vor, dass seine Arbeit am großen Roman an einem kritischen Punkt angelangt sei, dessen Überwindung seine ganze Konzentration erfordere.

Er horchte weiter in sich hinein, und nach einer Weile öffnete er seine Mailbox. Seine Mutter schrieb, sie habe das Gefühl, die von ihr gepflanzten Tomaten könnten in diesem Jahr zu bisher nie erreichter Größe anwachsen, sie sei entschlossen, sich zum alljährlichen Gemüsewettbewerb der Hobbygärtner von Little Rapids anzumelden. Als Versuch einer Antwort beschrieb ihr Blue Aussehen und Geschmack der sehr guten, aus der Picardie stammenden Rispentomaten, die er auf dem Markt im unteren Teil der Rue Lepic entdeckt hatte. Dann ging er in das kleine Schlafzimmer, wo das Futonbett stand, das er mit Karim zerlegt und wieder zusammengebaut hatte. Es erinnerte ihn an Chantal, und er wurde traurig. Er rief sie an.

»Ich habe unser Bett zerlegt und wieder zusammengebaut«, sagte er.

»Es ist nicht unser Bett, es ist dein Bett«, sagte Chantal. »Und wenn du nicht damit aufhörst, mir jeden Tag eine rote

Rose zu schicken, spreche ich nicht mehr mit dir. Jemandem jeden Tag eine rote Rose zu schicken ist lächerlich. Übrigens werfe ich sie sofort in den Mülleimer.«

»Aber ich liebe dich«, sagte Blue, »ich liebe dich fast so, wie ich Marcia geliebt habe.«

»Ich bitte dich, verschone mich mit deinen Anrufen«, antwortete Chantal und legte auf.

Laetitia saß mit einem Reinigungstuch im Schoß auf den Küchenfliesen und sah zu Blue auf. Sie hatte die Knie angewinkelt, ihre Unterschenkel lagen mit nach außen gedrehten Füßen flach auf dem Boden, eine Beweglichkeit, die Blue bewunderte.

»Und als ich nicht mehr ein noch aus wusste, lernte ich François kennen«, erzählte sie. »Wir begegneten einander in dem Hotel in Manila, wo ich als Wäscherin arbeitete, nachdem mein Mann mich verlassen hatte. Nach einer Woche fragte er mich, ob ich mit ihm nach Paris gehen wolle. Ich nahm seinen Vorschlag an und ließ die Kinder bei meinen Schwestern zurück. Dort sind sie gut aufgehoben. Mittlerweile sind wir seit neun Jahren verheiratet. François ist dreißig Jahre älter als ich. Er behandelt mich gut und schickt den Kindern regelmäßig Geld.«

Laetitia begann zu weinen.

»Aber meine Kinder fehlen mir«, sagte sie. »Verstehen Sie, es ist schwer, von seinen Kindern getrennt zu leben.«

»Ich verstehe«, sagte Blue. »Aber wie können Sie einen um so vieles älteren Mann heiraten?«

»Ich mag ihn«, sagte Laetitia und trocknete ihre Tränen mit dem Reinigungstuch. »François ist ein liebenswerter Mensch. Er behandelt mich gut, er schlägt mich nicht und trinkt nicht wie der Vater meiner Kinder, er gibt mir und den Kleinen Geld. Es fehlt mir an nichts. Wenn ich ein neues Kleid haben möchte, kauft er es mir. Zweimal im Jahr fahren wir auf

Urlaub, nach Korsika, wo François Verwandte hat. Korsika ist sehr schön.« Sie streckte sich. »Warum steht der Schreibtisch in der Mitte des Zimmers?«, fragte sie. »Wollen wir ihn nicht ans Fenster rücken, da haben Sie mehr Licht.«

Er erklärte ihr den Grund. Laetitia legte den Kopf zurück und lachte, laut und fröhlich, wie Marcia gelacht hatte. Wieder erschrak er.

»Strahlen?«, fragte sie und schüttelte den Kopf. »Sie glauben an den Einfluss von Strahlen? Das ist doch blanker Unsinn.«

Blue war derartige Einwände gewohnt und ging nicht weiter auf das Thema ein. Er beobachtete Laetitia von der Seite, während sie das feuchte Tuch mit kreisförmigen Bewegungen über die Küchenfliesen gleiten ließ. Ihr Alter war, wie häufig bei asiatischen Frauen, schwer zu schätzen. Er nahm ihren Körpergeruch wahr. Der Geruch erregte ihn ein wenig.

In Johns ebenerdig gelegenem Atelier drängten sich die Gäste. Die Tür stand offen, und die Leute, denen es im Inneren zu voll und zu heiß geworden war, hatten sich ins Freie begeben. Sie standen oder saßen mit Papptellern und Plastikbechern in den Händen auf dem Absatz oder den Stufen der kleinen Vordertreppe und auf dem von blühenden Sträuchern und Bäumen umgebenen Platz vor dem Atelier und unterhielten sich. Über den schwarzen Konturen der hohen Wohnhäuser stand der Vollmond am dunkelblauen Himmel, die Luft war warm.

Seit über zwanzig Jahren veranstaltete John Mayne nahezu jeden Sonntagabend eine Dinnerparty. Er kaufte selbst ein und kochte selbst, mit Hilfe von Freunden, und obwohl der Wein und das Essen an Qualität zu wünschen übrig ließen, waren seine Gesellschaften in Paris und darüber hinaus bekannt und wurden von Menschen aus verschiedensten Ländern besucht, ob sie nun zeitweise oder ständig in Paris lebten oder sich auf der Durchreise befanden. Bei seinem Eintreffen überreichte man dem Gastgeber einen mit seinem Namen versehenen Umschlag, in dem ein Geldschein steckte. Während der ersten ein, zwei Stunden deutete John von Zeit zu Zeit der Reihe nach auf seine Gäste und rief mit lauter Stimme, wie ein Auktionator, ihre Namen. Sein Gedächtnis war ausgezeichnet.

»Sie müssen sich vorstellen, dass die verborgenen Energieströme in ähnlicher Weise über die Erde verlaufen wie die Akupunkturmeridiane über den menschlichen Körper«, erklärte Blue einer kleinen Kanadierin aus Winnipeg mit schlankem weißem Hals, schwarzem Pagenkopf und tiefem Rückenausschnitt, die nach Paris gekommen war, um bei einem bekannten japanischen Masseur die Shiatsu-Methode zu erlernen, gleichfalls eine alte asiatische Kunst, weshalb er sich von ihr Verständnis für sein Lebensproblem versprach.

Die kleine Kanadierin mit dem Pagenkopf nickte, drückte ihm ihren leeren Pappbecher in die Hand und wandte sich einem jungen Mann zu, der an einem Holzpfosten lehnte. Der junge Mann küsste sie und streichelte ihren Rücken, worauf die kleine Kanadierin die Augen schloss und leise zu summen begann.

Eine ganz in Weiß gekleidete Frau mit einem hässlichen Gesicht trat an Blue heran und bleckte wenige Zentimeter von seinem Kinn entfernt ihre großen, dunklen, unregelmäßigen Zähne.

»John hat mir erzählt, dass Sie schreiben«, sagte sie. »Ich schreibe nämlich auch, wissen Sie. Im Augenblick bin ich mit einer Recherche zu den ehemaligen Gipsbergwerken in Paris befasst. Es ist nicht ausgeschlossen, dass *National Geographic* den Artikel veröffentlicht. Ist Ihnen bekannt, dass der Erdboden auf dem Montmartre von Zeit zu Zeit einbricht und Menschen und Fahrzeuge verschlingt? Praktisch ganz Paris ist unterhöhlt, das müssen Sie sich vorstellen, wir schreiten über eine gähnende Leere hinweg.« Die Frau machte eine unbedachte Bewegung mit der linken Hand und schüttete Rotwein auf ihr weißes Top. »O Gott«, rief sie und stürzte davon.

Blue lehnte sich an den Holzpfosten, an dem sich zuvor der junge Mann abgestützt hatte, der nun, wie er mit Bedauern feststellte, im Begriff war, hinter der kleinen Kanadierin die Treppe zu Johns Zimmern im Obergeschoss hinaufzugehen. Er fand es schwierig, mit Frauen ins Gespräch zu kommen. So gut wie alle seine weiblichen Bekanntschaften der letzten Jahre hatte er hier, bei John Mayne, kennen gelernt, auch Chantal. Die kleine Kanadierin gefiel ihm.

Mit einem Mal drängten die Gäste aus dem Inneren der Atelierwohnung ins Freie und begannen zum Mond aufzuschauen. Blue folgte ihrem Blick und sah, dass der Vollmond sich verdunkelte. Ein Mann mit einer Glatze, der schon eine ganze Weile schweigend neben ihm stand, stieß ihn in die Seite. Er kannte ihn flüchtig, es war ein deutscher Mathematiker, der am Institut Curie arbeitete und gelegentlich eine von Johns Partys besuchte. Der Mond war jetzt kupferrot.

»Jetzt durchläuft der Mond den Erdschatten«, sagte er, »endlich.«

Die Leute klatschten in die Hände.

Plötzlich stand die kleine Kanadierin vor ihm. »Beunruhigend, der Mond«, sagte sie. »Und finden Sie nicht auch, dass es unerträglich heiß ist für die Jahreszeit?« Sie lächelte ihn an, dann blies sie lange in den tiefen Ausschnitt ihres schwarzen Kleides. »Der Mangel an Klimaanlagen in Europa ist ärgerlich. Ich werde mir jedenfalls demnächst ein Gerät einbauen lassen.«

»Tun Sie das nicht!«, rief Blue, und die Kanadierin trat verblüfft einen Schritt zurück. »Von der Installation einer Klimaanlage muss ich Ihnen dringend abraten. Ich weiß, wovon ich spreche: Monatelang habe ich unter Migräne, Mattigkeit und einem Kältegefühl in allen Gliedern gelitten. Was soll ich Ihnen sagen? Es war der Filter der Klimaanlage, wie Monsieur Lu eindeutig feststellte.«

»Ich werde es trotzdem tun«, sagte die kleine Kanadierin. »Und wer ist Monsieur Lu?« Ohne eine Antwort abzuwarten, wandte sie sich dem Mathematiker zu. »Finden Sie nicht, dass es unerträglich heiß ist?«, fragte sie ihn, fächelte sich Luft zu und blies in ihren Ausschnitt.

»Es wird noch eine Weile dauern, bis der Mond den Kernschatten der Erde verlässt«, sagte der Mathematiker nachdenklich und hob den Blick zum Himmel.

Gegen elf Uhr verließ Blue die Dinnerparty. Auf dem Weg zur Metro Denfert-Rochereau hörte er rasch näher kommende Frauenschritte hinter sich. Es war die Frau in Weiß mit den schlechten Zähnen.

»Sie sind es also doch«, sagte sie, nachdem sie ihn eingeholt hatte, »ich war mir nicht ganz sicher. Haben Sie nicht auch den Eindruck, dass Johns Partys zusehends langweiliger werden?«

In der Metro saß die Frau ihm gegenüber. Auf ihrem Top zeichnete sich ein großer rosa Fleck ab.

»Und wenn man bedenkt, dass zu den Aushöhlungen der Gipsbergwerke auch noch die der U-Bahn-Schächte kommen«, sagte sie. »Beängstigend, finden Sie nicht? Ganz Paris wird noch einmal einstürzen, glauben Sie mir, früher oder später kommt es zu einer furchtbaren Katastrophe.« Sie blickte ihr Spiegelbild in der Fensterscheibe an und fuhr sich durch das halblange, leicht ergraute Haar. »So ein Zufall«, sagte sie dann, »da wohnen wir in derselben Straße und wussten es bis heute nicht.«

Blue betrachtete ihr hässliches Gesicht.

»Haben Sie Lust, noch ein Glas bei mir zu trinken?«, fragte er und wollte den Satz auf der Stelle zurücknehmen.

»Ja, gern«, meinte sie und sah ihn überrascht an. »Gut, dass der Generalstreik vorüber ist.«

Die Frau in Weiß saß mit einem Glas Whisky in der Hand auf dem Sofa im Wohnzimmer.

»Stahlbetonbauten sind das Schlimmste, Jennifer«, sagte Blue und beugte sich emphatisch in seinem Polstersessel vor. »Es war sehr unklug von Ihnen, in einen Stahlbetonbau einzuziehen, glauben Sie mir. Es ist nicht der Beton selbst, es sind die Stahlarmierungen, verstehen Sie. Sie wirken wie ein faradayscher Käfig. Ziehen Sie aus, ziehen Sie möglichst rasch aus, wenn Sie nicht in eine permanente Depression verfallen wollen.«

»Aber ich wohne seit Jahren in dem Haus, die Wohnung ist sehr angenehm«, meinte Jennifer und gähnte. »Ich werde jetzt gehen«, sagte sie dann, »es ist spät.«

Die Frau stand auf. Blue trat auf sie zu. Sie war wirklich hässlich, dachte er, während er versuchte, sie an sich zu ziehen.

»Ich gehe jetzt«, wiederholte sie und entwand sich ihm. »Kaufen Sie sich wenigstens einen Ionisator«, rief er, auf der Türschwelle stehend, während sie die Treppe hinunterging. »Ein Ionisator verhindert unter Umständen das Ärgste.« Nach einer kleinen Pause setzte er hinzu: »Und viel Glück mit Ihrer Studie.«

Sie drehte sich um. »Ich wette, auch Ihr Haus steht auf einem riesigen Hohlraum, Vincent«, sagte sie und lachte kurz auf.

Blue telefonierte mit der Besitzerin der Wohnung.

»Tatsächlich«, sagte er, »er ist tatsächlich an einem Gehirntumor gestorben?«

»Ja, mit dreiundvierzig Jahren, stellen Sie sich das vor«, erwiderte Madame Junot. »Eine tragische Geschichte. Aber jetzt muss ich gehen, die Ärzte in der Salpetrière passen mir heute einen Herzschrittmacher an. Ich verspreche mir sehr viel von dieser Apparatur. Gottlob ist der Generalstreik zu Ende.«

Das Gespräch mit Madame Junot beunruhigte Blue. Bei jedem Einzug in eine neue Wohnung pflegte er sich sicherheitshalber nach Krankheits- und Todesfällen unter seinen Vormietern zu erkundigen. Ein Gehirntumor war ein für schwere Störzonen geradezu typisches Leiden. Seit einiger Zeit wachte Blue am Morgen mit einem Stechen in der Schläfengegend auf. Er fragte sich, ob Monsieur Lus Einschätzung des Standortes der Wohnung richtig gewesen war, und zum ersten Mal empfand er leises Misstrauen dem Mann gegenüber, auf dessen Urteil er sich seit Jahren verließ. Er beschloss, mit Doctor Pashayan, seinem ehemaligen, seit zwei Jahren in Honolulu lebenden Radiästhesisten, per E-Mail in Verbindung zu treten und eine Ferndiagnose zu erbitten. Doctor Pashayan war Spezialist auf diesem Gebiet. Nach einigen Tagen erhielt er einen Anruf.

»Hallo Vincent, wie ist das Wetter in Paris? Um es gleich zu sagen, die Visualisierung Ihrer Wohnung war nicht einfach, sie hat mich viel Kraft gekostet. Es gibt da eine sehr kritische Stelle mitten in Ihrer Küche, die offenbar auf alle Zimmer ausstrahlt. Etwa einen Meter vom Fenster entfernt. Lassen Sie den Raum zur Sicherheit nochmals überprüfen, aber nicht von Ihrem Chinesen. Ihr Chinese scheint mir wenig kompetent.« Er nannte eine Pariser Telefonnummer. »Madame Sotirchou ist Rutengängerin. Sie ist nicht billig, aber eine der sensitivsten Personen, die ich kenne. Ich lege meine Hand für sie ins Feuer. Grüßen Sie sie herzlich von mir. Ach ja, und schicken Sie den Scheck direkt an meine Bank.«

Die Küche war es also. Und Laetitia hatte sich genau auf diesen Platz gesetzt. Eine Strahlensucherin, wie eine Katze. Wie Bienen. Blue fand Strahlensucher faszinierend. Intuitiv ließen sie sich auf den problematischsten Plätzen nieder. Diese Orte konnten ihnen nichts anhaben, im Gegenteil, solche Geschöpfe bezogen noch Kraft daraus.

Es läutete an der Wohnungstür. Die zwei Handwerker, die er hatte kommen lassen, damit sie ein feines Drahtgitter an der der elektrischen Leitung zugewandten Hauswand anbrachten, um die Wohnung wenigstens notdürftig abzuschirmen, waren mit ihrer Arbeit fertig. Neben ihnen stand die Concierge, eine stämmige Portugiesin von etwa sechzig Jahren.

»Monsieur Blue, ich habe die unangenehme Aufgabe, Ihnen mitzuteilen, dass die restlichen Hausbewohner sich über Ihre Aktivitäten beklagen«, sagte sie. »Sie können die Fassade des Hauses nicht ohne Erlaubnis verändern, das muss Ihnen einleuchten. Es tut uns Leid, aber wir sehen uns genötigt, Madame Junot in dieser Angelegenheit zu verständigen.«

In diesem Augenblick kam der etwa vierzigjährige Mann mit der rechteckigen schwarzen Brille, der direkt über ihm wohnte und in dessen Gesicht es ununterbrochen zuckte, die Treppe herauf.

»Ein Verrückter«, sagte der Mann leise zur Concierge, »wenn Sie mich fragen, Madame Ferreira, diese Amerikaner sind doch alle vollkommen verrückt.«

Die beiden Handwerker blickten interessiert von einem zum anderen.

Es war still im Haus. Blue schob eine CD mit Songs der Everly Brothers ein. Seine Mutter hatte ihm in einer verständnisvollen E-Mail dazu geraten, nachdem er ihr anvertraut hatte, dass die Arbeit an seinem großen Roman stagnierte.

»Es geht um das Lokalkolorit, Vincent«, hatte sie geschrieben. »Das Lokalkolorit ist das Wesentliche. Wenn Du mich fragst, ich habe es immer eigenartig gefunden, dass Du Deinen großen Roman in Paris schreibst. Nur weil Henry Miller auch in Paris geschrieben hat. Du solltest hier sitzen, in Little Rapids, in Deinem alten Zimmer mit Aussicht auf die

Stangenbohnen und den See. Der Anblick von Wasserflächen und Gemüsepflanzen fördert die Kreativität.« So, wie die Dinge nun stünden, könne sie ihm nur raten, das Lokalkolorit des Mittleren Westens der fünfziger Jahre auf dem Montmartre künstlich herzustellen.

»All I have to do is dream«, sangen die Everly Brothers, und ihre Stimmen wurden augenblicklich vom Timbre Jacques Brels überlagert. Durch die dünnen Wände vernahm man jedes Geräusch, und sobald Blue sich die Musik von Buddy Holly und den Everly Brothers anhörte, konterte der Vierzigjährige mit der Brille und den Gesichtszuckungen über ihm mit französischen Chansons. Vor zwei Tagen war es Blue endlich gelungen, sich mit Hilfe von Elvis Presleys »Are you lonesome tonight?« den Abend ins Gedächtnis zu rufen, als Marcia ihm im Pontiac seines Vaters eröffnet hatte, dass sie schwanger sei, da ertönte von oben die Stimme von Georges Brassens, und der Pontiac und Marcias Gesicht lösten sich in nichts auf. Es war nicht einfach.

Er unterbrach seine Schreibarbeit und sah in der Mailbox nach, ob Nachrichten eingegangen waren. Eine britische Drehbuchautorin interessierte sich für die Filmrechte an seiner Novelle *Pariser Passion*, der Liebesgeschichte zwischen einem zwanzigjährigen Vietnamesen und einer dreiundfünfzigjährigen polnischen Malerin, die mit dem Sprung der beiden von der Terrasse des Restaurants auf dem Dach des *Institut du Monde Arabe* endete, und bat ihn um ein Treffen. Falls er dazu bereit sei, werde sie mit dem Eurostar nach Paris kommen. Die verstörend luzide Deskription der Verzweiflung des Paares habe sie tief berührt, schrieb sie. Blue antwortete, sie könnten sich am folgenden Sonntag um ein Uhr dreißig im Restaurant *Le Temps Perdu* in Saint-Germain-des-Prés treffen. Dann schloss er die Mailbox und formulierte die nächsten beiden Sätze seines Romans: »Das tragbare froschgrüne Kofferradio von Motorola ans Ohr gepresst, sah Phil Marcia dabei zu, wie sie den hellgelben Schaumstoffpetticoat langsam abstreifte und barfuß auf der Veranda zu tanzen begann. Plötzlich fröstelte ihn.«

Die Everly Brothers waren verklungen, Jacques Brel auch. Dafür durchschnitt die Stimme der Piaf mühelos die Zimmerdecke. Seit Doctor Pashayan seine Ferndiagnose getroffen hatte, betrat er die Küche so selten wie möglich. Trotzdem überkam ihn häufig eine nervöse Unruhe, und die pochenden Schmerzen in den Schläfen ließen nicht nach. Er hatte Monsieur Lu telefonisch mitgeteilt, dass er vorläufig auf seine Dienste verzichten und eventuell anfallende Messungen bis auf weiteres von einer Rutengängerin vornehmen lassen wolle. Dies richte sich keinesfalls gegen ihn, Monsieur Lu, persönlich, es handle sich lediglich um ein Experimentieren mit anderen Möglichkeiten. Monsieur Lu hatte gekränkt reagiert. Die Lehre des Feng Shui sei viertausend Jahre vor Christi Geburt schriftlich niedergelegt worden, sagte er, es bestehe kein Grund, sie gegen neumodische Methoden einzutauschen, deren Wirksamkeit völlig unbewiesen sei. Er habe mit seinem Kristallpendel auf einem von Luciano Pavarotti an der Côte d'Azur erworbenen Grundstück in zweihundertfünfzig Metern Tiefe innerhalb kürzester Zeit eine Quelle geortet und sei von dem Arzt, der Picasso während der letzten Jahre seines Lebens behandelt habe, mehrmals bei der Erstellung von Diagnosen hinzugezogen worden. In Anbetracht der internationalen Auszeichnungen, die man ihm verliehen hätte, sei es auch sehr entgegenkommend von ihm gewesen, zu einem Tarif für ihn zu arbeiten, der weit unter dem liege, was man ihm üblicherweise biete. Dann hatte er den Hörer aufgelegt.

Blue stand auf. Er hatte voreilig gehandelt. Denn als er die ihm von Doctor Pashayan empfohlene Rutengängerin anrief, wurde ihm von ihrem Anrufbeantworter mitgeteilt, Madame Kassandra Sotirchou weile bis Anfang September auf der Insel Kos.

Er ging vom Wohnzimmer ins Schlafzimmer und wieder zurück. Niemand schützte ihn nun vor dem Einfluss der elektromagnetischen Wellen, die ihn von allen Seiten umgaben. Er war vierundfünfzig Jahre alt, ein Alter, in welchem man sich starken Strahlendosen möglichst nicht mehr aussetzte. Einem plötzlichen Impuls folgend, zerrte er die dicke Futon-Matratze von den darunter liegenden Tatami-Matten. Sein Vertrauen in die magnetisierten Stahldrähte war geschwunden. Man musste auf einfache, natürliche Hilfsmittel zurückgreifen. Er öffnete den Schrank im Vorzimmer und entnahm ihm die Elchhaut, die er vor Jahren auf Anraten von Doctor Pashayan auf einer kleinen Lesereise in Ontario gekauft hatte. Von nun an würde er wieder auf der Elchhaut schlafen, er verstand nicht, wie er sie überhaupt gegen die Futon-Matratze hatte austauschen können.

Es läutete an der Tür. Er hatte den Handwerker völlig vergessen, den er bestellt hatte, damit er im Schlafzimmer die vorhandenen Elektrokabel durch Biokabel mit Kupfergeflechtummantelung und mitgeführtem Bleidraht ersetzte. Der rothaarige junge Mann entschuldigte sich wegen seiner Verspätung, es sei so gut wie unmöglich, um diese Tageszeit einen Parkplatz zu finden.

»Machen Sie sich keine Gedanken«, sagte Blue und führte ihn ins Schlafzimmer.

Blue sah sich mehrmals von den halbblinden Spiegeln des Restaurants *Le Temps Perdu* reflektiert, was ihn irritierte. Ihm gegenüber saß Candice Holliwell, die Drehbuchautorin.

»Der Eurostar ist eine bestechende Einrichtung«, sagte sie und saugte die letzten Fleischfasern aus einer Garnele. »Man fährt am Morgen von der Waterloo Station ab und kommt drei Stunden später an der Gare du Nord an. Ein Ende der *splendid isolation*. Endlich ein Ende unserer *splendid isolation*. Wirklich, eine äußerst sinnvolle Einrichtung.«

»Haben Sie keine Angst bei dem Gedanken, sich in einer Stahlröhre unter Wasser zu befinden?«, fragte Blue.

»Im Gegenteil!«, rief Candice Holliwell und schüttelte ihr seidiges blondes Haar. »Ganz im Gegenteil! Diese Vorstellung belebt mich ungemein. – Aber um auf Ihre Novelle zurückzukommen: Ich würde sagen, wir verändern den Schauplatz und lassen die beiden vom Millenniumstower springen, was meinen Sie? Statt des jungen Vietnamesen nehmen wir eine kleine Pakistani. Ich kenne da eine knapp vierzigjährige Schauspielerin aus dem Pandschab, die mit Frears gearbeitet hat und sich hervorragend für die Rolle eignen würde. Wir müssen sie eben auf etwas jünger schminken. Die Malerin kann bleiben, das verleiht der Geschichte etwas Pikantes, allerdings habe ich Probleme mit ihrer Nationalität. Polen sind ein wenig banal, finden Sie nicht auch? Ich würde sagen, wir nehmen eine russische Jüdin, das ist wesentlich farbiger. Mein Bruder ist mit einer sehr talentierten, im Augenblick leider arbeitslosen Theaterschauspielerin verheiratet. Sie stammt aus Holland, doch ich bin davon überzeugt, sie könnte die komplexen Gefühle der russischen Malerin wunderbar darstellen. Mit vierunddreißig ist sie ein wenig jung für den Part, wir müssen sie eben auf etwas älter schminken.«

Der Kellner trat an den Tisch und fragte, ob ein Dessert erwünscht sei.

»Ich möchte eine Crème Brûlée«, sagte die Drehbuchautorin. »Wissen Sie, in London ist es ausgesprochen schwierig, eine authentische Crème Brûlée zu bekommen. Es gibt ein kleines französisches Bistro in der Charlotte Street, wo die aus dem Périgord stammende Schwiegermutter des Besitzers gelegentlich eine Crème Brûlée zubereitet, aber es gehört natürlich ausgesprochenes Glück dazu, von einer solchen Gelegenheit zu erfahren. In unserer Branche ist man derart beschäftigt, dass man nicht über alles informiert sein kann.«

Blue bestellte noch eine Flasche Saint-Emilion. Er verspürte einen ziehenden Schmerz in der rechten Schulter und fragte sich, ob der Tisch, den er intuitiv ausgewählt hatte, an einer absolut störungsfreien Stelle stand. Das Restaurant war nicht weit von der Seine entfernt, vielleicht lag es daran. Große Wasserflächen in der Nähe waren immer etwas problematisch. Er entschloss sich, Candice Holliwell zu fragen, ob sie etwas dagegen hätte, wenn sie den Tisch wechselten.

Laetitia stand in der Sonne auf dem Fensterbrett des Schlafzimmers und polierte eine Glasscheibe mit der *Monde* vom Vortag. Sie sang leise ein Lied. Blue saß zurückgelehnt an seinem Schreibtisch und betrachtete über die Schlafzimmerschwelle hinweg Laetitias kurze nackte Waden und ihre eher breiten Fußgelenke.

»*O lola, mahalkita*«, sang Laetitia und knüllte die Kulturseite der *Monde* vom Vortag zusammen.

»Nicht die Kulturseite, Laetitia!«, rief Blue, stand auf und ging ins Schlafzimmer. Er wollte sich den Artikel über Peter Brooks sieben Stunden lang dauernde Inszenierung von Dantes *Purgatorio* im *Théâtre Bouffes du Nord* genauer ansehen, vielleicht ließen sich daraus Anregungen für das vorletzte Kapitel des zweiten Teils seines großen Romans beziehen, in welchem Phil und Marcia nach dem verheerenden Brand, der die Veranda in Schutt und Asche gelegt hatte, durch den Vergnügungspark von Little Rapids schlendern, einer ziemlich exakten, auf das Minnesota der fünfziger Jahre zugeschnittenen Entsprechung der mittelalterlichen Höllenvorstellung.

»*Mai lolang kuriput*«, sang Laetitia leise, und er nahm ihr die Kulturseite der *Monde* vom Vortag aus der etwas plumpen kleinen Hand und versuchte sie glatt zu streichen. Der Artikel hatte kaum gelitten.

»Was singen Sie da, Laetitia?«, fragte er dann, setzte sich neben sie aufs Fensterbrett und atmete den Geruch ein, der unter dem dünnen, blauweiß gestreiften Kittel aufstieg, den sie immer in seinem Badezimmer anzog, bevor sie sich an die Arbeit machte.

»Ach, das ist ein altes philippinisches Lied über eine Großmutter«, sagte sie und lachte ihr helles Lachen.

Blue hatte Laetitias dicke Waden direkt vor sich. Er streckte die rechte Hand aus und umfasste leicht ihren rechten Knöchel.

»Über eine Großmutter«, wiederholte er. »Passen Sie bloß auf, dass Sie nicht fallen.«

Als Laetitia nicht reagierte, ließ er die Hand langsam ein wenig höher gleiten. Ihre Wade fühlte sich angenehm an, fest und weich zugleich.

»*Mai lolang pakiput*«, sang Laetitia und stieg vom Fensterbrett. Blue legte ihr die Hände auf die Schultern und schob sie sacht ein paar Schritte auf das Bett mit der Elchhaut zu. Sie ließ sich kurz von ihm führen wie in einem Tanz. Dann tauchte sie unter seinen Händen hindurch, ergriff den Eimer mit Wasser, der am Fenster stand, und ging damit in die Küche. Er folgte ihr, blieb jedoch auf der Küchenschwelle stehen.

»Ihr Mann ist viel zu alt für Sie«, sagte er. »Ein so großer Altersunterschied ist nicht natürlich.«

Laetitia wandte sich zu ihm um.

»François ist alt, aber ich fühle mich von ihm angezogen«, sagte sie. »Während der neun Jahre, die wir zusammen sind, bin ich ihm niemals untreu gewesen.«

Sie schüttete das Wasser aus dem Eimer in den Ausguss, dann ging sie ins Badezimmer und schloss die Tür. Blue ging ihr nach und stand unschlüssig vor der Tür, dann öffnete er sie. Laetitia war im Begriff, aus ihrem gestreiften Arbeitskittel zu schlüpfen. Ihre Unterwäsche war altmodisch geschnitten und aus weißer Baumwolle. Das Bild erinnerte ihn an die Szene, als Marcia den Schaumstoffpetticoat abgestreift hatte, und er trat auf die Frau zu. Sie hielt in ihrer Bewegung inne.

»Sie sind sehr schön, Laetitia«, sagte Blue. Das Stechen in seinen Schläfen setzte ein. Daran war zweifellos die extrem ionenarme Inversionswetterlage schuld. Mit beiden Händen rieb er sich die Haut an den Stirnseiten in kreisförmigen Bewegungen, dann wandte er sich um und ging aus dem Badezimmer.

Es war zwei Uhr nachts. In einem weiten, schillernden blaugrünen Pyjama saß Blue an seinem Schreibtisch. Die Skizze des Schlafzimmers im Verhältnis eins zu fünfundzwanzig war fertig. Er hatte die Grundfläche des Raumes in Quadrate von einem halben Meter Seitenlänge aufgeteilt, so wie seriöse Rutengänger dies tun. Nun zwickte er einen Kleiderbügel aus Draht mit einer Zange entzwei und bog die beiden Teile zurecht. Dann ging er ins Badezimmer und trank mit Mühe etwa einen Liter Wasser, da er wusste, dass man seine Empfänglichkeit für elektromagnetische Felder auf diese Weise erhöhen konnte. Er nahm das jeweils kürzere Ende der Drähte in die Hand und bewegte sich damit langsam von einem gedachten Schnittpunkt der Längs- und Querlinien zum anderen. Nachdem er auf das Futonbett mit der Elchhaut gestiegen war, vermeinte er ein leichtes Ziehen in den Händen zu spüren, und ihm schien, das längere Ende eines der Drahtstäbe drehe sich um etliche Grade nach außen. Diese Reaktion erstaunte ihn nicht, hatte er doch während der letzten Nächte sehr schlecht geschlafen und war mit starken Kopfschmerzen aufgewacht. Er ließ sich auf das Bett fallen. Es war klar, er musste umziehen. Am besten wäre es wohl, Paris, dieses Sodom und Gomorrha sich überkreuzender Wasseradern und Erdstrahlen, dieses unselige Ballungszentrum positiv geladener Ionen, in dem niemand seines

Lebens sicher sein konnte, ganz zu verlassen und eine Wohnung an der Atlantikküste zu mieten, in Dieppe oder Deauville oder Honfleur, oder in den französischen Alpen, wo die wohltuenden negativen Ionen in beruhigender Überzahl waren. Er würde Monsieur Rocher, seinen Immobilier in Belleville, anrufen und ihn mit der Suche nach einer passenden Wohnung beauftragen. Anlässlich eines überraschenden Besuchs vor drei Tagen hatte Madame Junot ihm einen Auszug aus der Rue Lepic ohnehin nahe gelegt. Sie hatte sich kurz umgesehen, nach Atem gerungen, die Hand auf die Stelle gelegt, unter der der frisch implantierte Herzschrittmacher saß, und gemeint, die hundert Jahre alten, mit Hilfe eines Restaurators aus dem sechsten Arrondissement sorgfältig ausgebesserten Eichenholzbohlen seien ruiniert, er könne doch nicht ununterbrochen die Möbel hin- und herschieben, die Risse im Fußboden seien ein Skandal, abgesehen davon, dass der Lärm, den er dabei verursache, auch nachts, wie sie habe in Erfahrung bringen müssen, die Nachbarn allmählich um den Verstand bringe. Es sei immer dasselbe mit diesen amerikanischen Mietern, die, praktisch geschichtslos, wie sie seien, die europäischen Traditionen nicht zu respektieren wüssten.

»Und entfernen Sie die Aluminiumfolie augenblicklich von den Wänden«, hatte sie mit einem Blick zurück gesagt, bevor sie ging. »Hier sieht es ja aus wie in einem Raumschiff.«

Blue trat ans Fenster und öffnete es. Aus dem kleinen, unter seinem Schlafzimmerfenster liegenden Garten stieg der Duft von Flieder zu ihm hoch. Im Licht der Laterne in der schmalen Seitenstraße sah er die Besitzerin des Gartens, eine junge Schauspielerin, in einem hellen Nachthemd auf der Bank unter den Fliederbüschen sitzen und eine Katze streicheln. Aus der halb geöffneten Tür ihres kleinen Hauses drang leise Cellomusik. Weit unten glitzerten die Lichter der Stadt. Ein so friedlicher Ort, und doch so gefährlich.

Vor seinem Auszug aber würde er Laetitia zum Essen einladen, und danach würde er einen kleinen Spaziergang auf dem Friedhof Montmartre vorschlagen. Er würde ihr das prächtige Grabmal zeigen, in dem er sich seine Mutter so gut vorstellen konnte.

2

»Paare in geschlossener Gegenüberstellung, freie Aufstellung im Raum!«, rief der Tangolehrer und klatschte in die Hände.

Julieta und Pierre waren beide Anfänger, es war ihre erste Tangostunde. Eine Zeit lang waren sie schweigend nebeneinander auf der langen Holzbank in dem großen Saal gesessen und hatten die Tänzer beobachtet. Nur fünf Paare bewegten sich in dem länglichen Raum mit den grün gestrichenen Wänden. Unter dem Putz, der teilweise abgeblättert war, kam der alte gelbe Anstrich zum Vorschein. An den Schmalseiten des Saales waren Spiegel angebracht, sodass er sich ins Unendliche auszudehnen schien. Einige Paare tanzten gut, die anderen hatten offenbar nicht viel Erfahrung. Die Damen trugen enge Kleider und Schuhe mit hohen Absätzen, und Julieta fühlte sich plump und unscheinbar in ihrer weit geschnittenen Hose, den flachen Schuhen und dem losen T-Shirt. Sie stand auf und fragte Pierre, ob er es mit ihr versuchen wolle. Pierre schaute ihr in das kleine Gesicht mit den dunklen Augen, dem weichen Kinn und den sonnengelben Ohrringen, die wie Bernstein aussahen. In einem ersten Impuls wollte er ihre Aufforderung ablehnen, doch dann nickte er nach kurzem Zögern, und sie stellten sich vor eines der hohen Fenster ohne Vorhänge, von denen aus man die Place de la République mit dem Denkmal in ihrer Mitte überblicken konnte.

»Wir beginnen mit dem Grundschritt«, sagte der untersetzte kleine Tangolehrer mit den glatten, halblangen, in der Mitte gescheitelten braunen Haaren, die im Licht der Kristallluster glänzten, und schaltete den CD-Player ein. Ein Bandoneon ertönte. »Und rechter Fuß rückwärts der Herr, linker Fuß vorwärts die Dame, Vierteldrehung nach links, und linker Fuß seitwärts der Herr, rechter Fuß seitwärts die Dame.«

Pierre schaute in einen der hohen, halb blinden Spiegel und nahm sich und Julieta darin wahr. Er sah sich groß und schmal neben seiner kleinen, rundlichen Partnerin. Der Größenunterschied amüsierte ihn, und er wandte sich erst von dem Anblick des ungleichen Paares ab, als er Julieta auf den Fuß trat.

»Entschuldigen Sie«, sagte er.

»*Con un lazarillo llegás por las noches*«, sang der Tangolehrer. »Und leicht mit dem unbelasteten Fuß das Standbein berühren. Leicht, habe ich gesagt. – *Tu rara silueta de flaco rocín.*«

Als Julieta aus der Metrostation ins Freie trat, war es dunkel. Sie überquerte die Avenue de Clichy und bog in die schmale Straße ein, in der sie wohnte. Nicht wenige der Häuser waren baufällig, die Fassaden bröckelten ab, ganze Gebäudeteile waren eingestürzt oder wurden von Balken und Pfosten gestützt, manche Fensteröffnungen hatten keine Scheiben oder waren mit Brettern verschlagen. Es war warm, aus den vielen Bars und Cafés, deren Türen offen standen, drangen Musik, Gesang, Gelächter und unterschiedliche Gerüche. Auch auf dem Gehsteig vor den Lokalen standen gedrängt Araber und Schwarze mit ihren aufreizend geschminkten und gekleideten Freundinnen, und Julieta musste zweimal vom Trottoir auf die Straße ausweichen, um die lärmenden Gruppen zu umgehen. Meist aber traten die jungen Leute zur Seite, und sie schritt, von dem einen oder anderen gegrüßt, zwischen ihnen hindurch wie durch ein Spalier. Sie wohnte seit zwei Jahren in diesem ärmlichen Viertel, in dem man auf wenige Weiße traf, und hatte sich nie bedroht gefühlt, selbst nachdem sich während der letzten Monate ein Teil der Drogensüchtigen und Drogenhändler, die von der Polizei aus der Gegend um den Ostbahnhof vertrieben worden waren, hier niedergelassen hatte.

Sie kam in den ruhigeren Teil der Straße, in dem ihr Haus lag. Auf der gegenüberliegenden Seite füllte eine Schwarze mit mächtigen Schultern in einem durchsichtigen weißen Kleid mit dünnen Trägern, unter dem die rote Unterwäsche gut sichtbar war, den Türrahmen der Bar »Sans Jalousie« fast völlig aus. Ihre Haare waren auf dem Kopf aufgetürmt und glänzten blauschwarz. Das aus dem Inneren des Raumes dringende Licht umgab ihr Gesicht wie ein Heiligenschein.

»Gute Nacht, meine Schöne!«, rief die Schwarze ihr zu und lachte laut. Ein sehr kleiner, sehr dünner Mann zwängte sich von hinten neben sie in den Türeingang, und die Frau schlang den Arm um seinen Hals und klemmte seinen Kopf in ihrer Ellenbeuge ein wie in einem Schraubstock.

Ein paar Meter vor Julieta standen zwei Männer einander auf dem Gehsteig gegenüber, breitbeinig, die Arme leicht abgewinkelt vor sich ausgestreckt und die Hände zu Fäusten geballt. Sie verlangsamte ihre Schritte. Die Männer starrten einander in die Augen. Der Oberkörper des einen, der einen Schnurrbart hatte und im Licht der Straßenlampe aussah wie ein Inder, war nackt und muskulös. Der zweite Mann war schwarz, glatzköpfig und mager und trug ein weißes Unterhemd. Der Mann mit dem Schnurrbart ging leicht in die Knie, machte einen Schritt auf den anderen zu und schrie ihn in fast weinendem Ton an. Julieta wandte den Blick ab und trat erneut vom Gehsteig auf die Straße. Nachdem sie die beiden Männer umgangen hatte, hörte sie hinter sich ein dumpfes Geräusch, einen Schlag auf menschliches Fleisch, und ein Wimmern. Sie schaute sich nicht um.

Vor ihrem Haus angelangt, tippte Julieta den Code ein und drückte das blau gestrichene Tor auf. Dann ging sie über die knarrende Holztreppe mit den unterschiedlich hohen Stufen, auf der sie vor kurzem gestürzt war, in den vierten Stock und öffnete die drei Wohnungsschlösser. Sie betrat die kleine Küche und nahm eine Flasche Mineralwasser aus dem Kühlschrank. Ana kam aus ihrem Zimmer.

»François hat Laetitia schon wieder geschlagen. Sie schläft bei mir auf der Couch«, sagte sie gähnend. »Nur damit du es weißt. Wie war die Tangostunde, bist du dem Mann deiner Träume begegnet? Dämonischer Blick, geöltes Haar, eine Gardenie im Knopfloch des Nadelstreifs und zweifarbige Schuhe?«

»Es ist schwieriger, als ich dachte«, sagte Julieta. »Ich habe mit einem Typen namens Pierre getanzt, der ebenso wenig Ahnung hatte wie ich und mir ständig auf die Füße trat. Trotzdem habe ich mich dazu überreden lassen, hinterher ein Glas mit ihm zu trinken. Er ist ganz nett, aber er hat nur von Jesus gesprochen.«

»O Gott«, sagte Ana, ging in ihr Zimmer zurück und schloss leise die Tür.

Ana war Julietas Cousine, die etwas später als sie aus Mexiko nach Paris gekommen war, nachdem ihr Mann bei einem Autounfall das Leben verloren hatte. Sie hoffte, durch den Ortswechsel weniger von schmerzhaften Erinnerungen an ihn heimgesucht zu werden. Auch wollte sie einen alten Wunsch verwirklichen und sich eine Existenz als Sängerin aufbauen.

»Ich will ein neues Leben anfangen, verstehst du, mit einundvierzig ist man nicht zu alt«, hatte sie zu Julieta gesagt, die nicht sehr erfreut gewesen war über Anas Bitte, während der ersten Monate bei ihr wohnen zu dürfen, sie ihr jedoch aus Familienrücksichten nicht abzuschlagen gewagt hatte. In überraschend kurzer Zeit war es Ana gelungen, einen Gitarristen und einen Schlagzeuger, beide aus Chile, aufzutreiben, die bereit waren, mit ihr zu musizieren. Sie hatte eine sehr schöne Stimme, komponierte ihre Lieder selbst und schrieb auch die Texte. Im Augenblick sang sie dreimal pro Woche in einer kleinen Bar in der Nähe der

Bastille. Da das Geld, das sie damit verdiente, für ihren Lebensunterhalt nicht reichte, war sie ein Verhältnis mit einem verheirateten französischen Geschäftsmann eingegangen, der sie aushielt und derart von ihr eingenommen war, dass er die Beziehung duldete, die sie gleichzeitig mit dem chilenischen Gitarristen unterhielt. Obwohl dieser offensichtliche Mangel an Moral Julieta störte, bewunderte sie die Energie und Raffinesse, mit der Ana sich ein zweites Leben aufbaute. Sie selbst war wegen der ungünstigen wirtschaftlichen Lage aus Mexiko weggegangen. Nicht nur sie, sondern vier ihrer sechs Geschwister waren arbeitslos, eine Situation, die sie so deprimierte, dass sie sich entschloss, ihr Land zu verlassen. In Paris hatte sie, so wie viele andere Ausländer, Arbeit in der Hauskrankenpflege gefunden, und sobald sie etwas Geld verdient hatte, wollte sie eine Ausbildung zur Psychologin beginnen.

Julieta trat ans offene Fenster ihres kleinen Zimmers. Nur wenige Fenster waren noch erleuchtet, darunter die der Wohnung direkt gegenüber. Dort fand ein Fest statt, bunt gekleidete Menschen tanzten ausgelassen zu arabischer Musik auf der großen Terrasse. Es roch nach gegrilltem Lammfleisch. Sie zog das weiße Baumwollrollo herunter. Während sie sich auskleidete, wiederholte sie die Tanzschritte, die sie gelernt hatte.

»Linker Fuß rückwärts, rechter Fuß vorwärts, linker Fuß vorkreuzen«, sagte sie leise. Dann legte sie sich ins Bett, hob ein großformatiges Buch mit dem Titel *Melancholie der Vorstadt: Tango* auf, das neben dem Kopfende auf dem Fußboden lag, und begann darin zu lesen.

Pierre saß, die Beine ineinander verschlungen, gebückt auf einem Hocker in einer Ecke des esoterischen Buchladens und las halblaut in der Bibel, wobei er mit dem Zeigefinger unter den Wörtern, die er las, entlangfuhr.

»Lukas, Kapitel elf, Vers sieben«, murmelte er. »Ebenso

wird auch im Himmel mehr Freude herrschen über einen einzigen Sünder, der umkehrt, als über neunundneunzig Gerechte, die es nicht nötig haben umzukehren.«

Er nickte und legte die Bibel beiseite, da das Glockenspiel ertönte, das über der Tür angebracht war. Das kleine Geschäft lag versteckt in einer Sackgasse und wurde selten von Kunden aufgesucht. Im Schaufenster waren außer verstaubten Büchern auch ebenso verstaubte Tarotkarten, Amulette, Kristallkugeln und Pendel ausgestellt. Der Besitzer war ein Handliniendeuter, dem die Chiromantie ein Vermögen eingebracht hatte und der in Antibes an der Côte d'Azur wohnte. Einmal im Monat kam er für drei Tage nach Paris und empfing seine Klienten im Hinterzimmer des Ladens.

Eine kleine alte Frau mit wirren weißen Haaren in einem abgetragenen karierten Hausmantel, deren nackte Füße in Filzpantoffeln steckten, betrat grußlos das Geschäft. Auf ihrer linken Schulter saß ein Rabe, dessen Gefieder schwarzblau glänzte. Ohne Pierre zu beachten, trat sie zu einem Regal, zog ein Buch heraus und schlug es auf. Pierre kannte die Frau mit dem Raben. Sie wohnte im Haus nebenan und kam gelegentlich in die Buchhandlung, hatte aber noch nie etwas gekauft.

»Viel zu teuer, viel zu teuer«, sagte die Frau leise zu sich und stellte den Band zurück. Dann trat sie an den Ladentisch.

»Haben Sie das Buch *Siebenhundertsiebenundsiebzig und andere kabbalistische Schriften inklusive Gematria und Sepher Sephirot* von Aleister Crowley?«, fragte sie barsch.

»Crowley, Crowley!«, krächzte der Rabe.

»Still, Philippe«, rief die Alte.

»Wir haben das Buch nicht lagernd, aber ich kann es bestellen«, sagte Pierre.

»Nein, bestellen Sie es nicht«, sagte die Frau, »bestellen Sie es auf keinen Fall. Es ist viel zu teuer, viel zu teuer.«

»Crowley!«, schrie der Rabe.

Die Frau versetzte ihm einen Hieb auf den Schnabel.

»Halt's Maul, Philippe«, sagte sie. »Gehen wir, Philippe.«

Sie drehte sich um und verließ den Laden. Der Rabe blickte zu Pierre zurück.

»Crowley!«, rief er nochmals, wie zum Trotz.

»Sie können sich nicht vorstellen, wie eifersüchtig die Dietrich auf mich war«, sagte die ehemalige Schauspielerin, die sich für Leni Riefenstahl hielt, und versuchte sich im Bett aufzurichten. Julieta, die damit beschäftigt war, die Einkäufe, die sie für die alte Dame erledigt hatte, im Kühlschrank zu verstauen, trat an den Bettrand und half ihr dabei. »Als Josef von Sternberg mich in sein Atelier einlud, schäumte sie vor Wut.« Sie kicherte mit heiserer Stimme. »Wissen Sie, wenn man die Dietrich aus der Nähe betrachtete, war sie ausgesprochen hässlich. Bleich und ausgemergelt, die Augen tief in den Höhlen, wie ein Totenkopf. Auch die Garbo wirkte eher abstoßend, als sie mir damals bei der Sonnwendfeier in Göteborg vorgestellt wurde. Sie trug ihre große dunkle Sonnenbrille aus gutem Grund. Eine eiskalte Person. Ich hingegen war damals auf dem Höhepunkt meiner Schönheit, Scharen von Männern umwarben mich, ein Silberminenbesitzer aus Südamerika brachte sich meinetwegen um, es sollte nicht der Einzige bleiben. Allerdings der Einzige, der sich vor dem Spiegel mit dem Rasiermesser die Kehle durchschnitt. Es war nur natürlich, dass mich meine Geschlechtsgenossinnen hassten. Pola Negri, stellen Sie sich das vor, Pola Negri versetzte mir auf der Rennbahn einen Schlag mit ihrem Schirm, da ihr Geliebter, der damalige stellvertretende Polizeichef von Berlin, mich anbetete.«

Die Schauspielerin, die in Wirklichkeit Hilde Sikorski hieß und vor einigen Monaten aus der psychiatrischen Klinik Sainte-Anne entlassen worden war, deutete auf die vielen Fotos, die die Wände ihrer Wohnung bedeckten und alle

Leni Riefenstahl darstellten. »Überzeugen Sie sich selbst«, sagte sie.

»Ja, Sie waren wirklich sehr schön«, bemerkte Julieta und schaute der Frau, die sie betreute, in das mit Altersflecken übersäte und von Falten wie von einem Raster durchzogene Gesicht. Die Augen waren gerötet und wimpernlos, der Mund ein violetter Strich. »Wunderschön.«

Man hatte Julieta nicht viel über den Gesundheitszustand der Patientin mitgeteilt, ihr lediglich erklärt, sie leide an Alzheimer, der Abbau ihres Gehirns gehe rasch vor sich, ihr Wahn sei harmlos und ein weiterer Aufenthalt in Sainte-Anne nicht gerechtfertigt. So pflegte sie nun die alte Frau abwechselnd mit deren ehemaligem Lebensgefährten und nunmehrigem Vormund, einem Fotografen namens Gérard, von dem sie bei der ersten Begegnung geglaubt hatte, er sei ihr Enkel.

»Ich war groß und vollkommen gewachsen«, sagte Hilde Sikorski und warf Julieta einen schrägen Blick unter fast geschlossenen Augenlidern zu. »Vollkommen. Nicht klein und krummbeinig wie Sie. Sie sind jung, aber hässlich. Sind Sie Jüdin?«

»Ich bin Mexikanerin«, erwiderte Julieta und ging aus dem Zimmer, um das Bügelbrett aus dem Schrank in der Diele zu holen.

»Mexikanerin, was Sie nicht sagen«, rief die Schauspielerin ihr mit schwacher Stimme nach. »Unsympathische Leute, die Mexikaner. Hatten die Stirn, seinerzeit gegen den Anschluss Österreichs zu protestieren. Hitler war empört, ich erinnere mich genau. Er besuchte mich kurz vor dem Anschluss gemeinsam mit Goebbels in meinem Haus in München. Die Mexikaner werden uns noch kennen lernen, sagte er zu mir, Mexiko ist weit, aber nicht zu weit für uns Deutsche.«

Julieta kam mit dem Bügelbrett ins Zimmer zurück. Hilde Sikorski beobachtete sie feindselig.

»Neunzehnhundertdreiundzwanzig tanzte ich im Deutschen Theater«, fuhr sie fort, hob den Kopf und schob das Kinn vor. »Die Presse sprach von einer Sensation. Ganz Berlin kopierte meine transparenten Gewänder. Wissen Sie, Tanzen ist unglaublich befreiend. Etwas, das Ihnen mit Ihren krummen Beinen natürlich versagt ist. Da können Sie noch so jung sein, dieser Bereich bleibt Ihnen bedauerlicherweise verschlossen.«

Julieta stellte das Bügelbrett auf. Dann steckte sie das Bügeleisen ein.

»Haben Sie gehört, was ich gesagt habe?«, fragte die alte Frau scharf.

»Zärtlich, verstehen Sie«, sagte der Tangolehrer. »Die Beine der Frau streifen die des Mannes. Zärtlich, aber leicht, leicht. Nur andeutungsweise. Und einander während der ganzen Figur keine Sekunde aus den Augen lassen. Es geht um den Blick, verstehen Sie. Um den Blick und um nichts anderes.«

Julieta schaute Pierre in die Augen. Sie waren graugrün. Er starrte konzentriert geradeaus. Die Pupillen waren von einer schmalen gelben Korona umgeben. Sie trat ihm auf den Fuß.

»Entschuldigung«, flüsterte sie.

»Der Ocho ist nicht einfach«, sagte der Tangolehrer. »Wer hat behauptet, dass der Ocho einfach ist? – Und der Herr belastet den linken Fuß rückwärts, und Achteldrehung mit der Dame. Nicht so steif, Mademoiselle Sylvie, etwas nachgiebiger.« Er trat auf einen kleinen Mann mit einem Schnurrbart in einem weißen Sakko zu, in dessen Arm eine blasse, schwarz gekleidete Dame mit blasiertem Blick lag, trennte das Paar und schwenkte den Oberkörper der Frau in einer eleganten Bewegung herum. »So ist es besser, viel besser«, sagte er. »*Arrabal amargo*«, sang er dann mit Carlos Gardel. »*Tus sombras torturan mis horas de sueno.*«

Nach der Tangostunde saßen Pierre und Julieta an einem kleinen Tisch auf dem Gehsteig vor dem Café *Le Libre Échange*.

»Das ist alles, was Jesus von uns will«, sagte Pierre, der einen warmen grauen Wollpullover trug, dessen Ärmel ihm bis über die Fingerknöchel reichten, und nahm einen Schluck von seinem Tee. »Im Brief des Paulus an die Römer, Kapitel dreizehn, wird es klar und deutlich formuliert: Lasst uns ehrenhaft leben, ohne maßloses Essen und Trinken, ohne Unzucht und Ausschweifung.«

Die Luft war angenehm, und Julieta lehnte sich zurück, hob die Arme, verschränkte sie hinter dem Kopf und seufzte leise.

»Ich liebe den Sommer«, warf sie ein. Dann lachte sie. »Wie können Sie nur an einem solchen Abend heißen Tee trinken?«

Pierre schien ihren Einwurf und ihre Frage nicht gehört zu haben.

»Und im Buch Jesus Sirach steht geschrieben: Flieh vor der Sünde wie vor der Schlange; kommst du ihr zu nahe, so beißt sie dich«, sagte er, den Blick auf Julietas unbedeckte Achselhöhlen gerichtet.

Julieta betrachtete die schwarz glänzende Wasseroberfläche des Canal Saint-Martin auf der anderen Seite der Uferstraße. Auf dem höchsten Punkt der Fußgängerbrücke, die sich über den Kanal wölbte, schlug eine Frau auf einen Mann ein. Der Mann wehrte sich nicht.

»Sag mir die Wahrheit«, schrie die Frau, »ich will die Wahrheit wissen.«

Der Besitzer des Cafés, ein Mann mittleren Alters mit gelockten grau melierten Haaren, einem Schnurrbart und eleganten Bewegungen, kam, durch die Stimme aufgeschreckt, mit einem Geschirrtuch und einem Bierglas in der Hand aus dem Café.

»Da streiten sich zwei«, sagte er und trocknete das Glas weiter ab.

»Sag mir endlich die Wahrheit«, rief die Frau und hämmerte dem Mann mit beiden Fäusten auf die Brust. Der Mann wehrte sich nicht. Die Frau hörte auf, ihn zu schlagen, und legte den Kopf schluchzend an seine Schulter.

»Ach, die Frauen«, sagte der Wirt und ging zurück hinter den Schanktisch.

Julieta schüttelte den Kopf und schlug ein Bein über das andere. Sie trug einen kurzen schwarzen Rock.

»Es ist eine Tragödie«, sagte sie und wandte den Blick von dem Paar.

»Ja, eine Tragödie«, sagte Pierre und legte das Teesäckchen in einen Aschenbecher. Seine Augen waren der Bewegung von Julietas Beinen gefolgt. »Wir müssen die Sünde meiden, das ist die einzige Möglichkeit.«

Ein kleines Mädchen mit einer blauen Schultasche auf dem Rücken überquerte die Straße und betrat das Café.

»Ich habe gehört, dass die Leute sich jeden Sonntagabend am Seineufer treffen und Tango tanzen«, sagte Julieta. »Es ist für alle zugänglich, man muss nicht zu den Fortgeschrittenen gehören. In diesem Skulpturenpark in der Nähe der Gare d'Austerlitz. Hätten Sie nicht Lust, nächsten Sonntag mit mir dorthin zu gehen? Wir könnten ein wenig üben.«

»Warum nicht?«, sagte Pierre und blickte auf Julietas rundes Knie. »Ausreichend körperliche Bewegung schützt vor Versuchungen. Das war meine Überlegung, als ich mich zum Tangokurs entschloss.«

Der Besitzer des Cafés trat an ihren Tisch, nahm Julietas leeres Glas und fragte, ob sie noch einen Wunsch hätten.

Als Julieta nach Hause kam, saßen Ana und Laetitia am Küchentisch. Laetitia hatte verweinte Augen.

»Verlass ihn endlich«, rief Ana. »Er wird sich nicht ändern, niemals! Und er wird dich auch nie heiraten.« Als sie Julieta sah, zog sie den Ärmel von Laetitias T-Shirt hoch und deutete auf einen großen blauroten Fleck auf ihrem Oberarm.

»Sieh dir das an«, sagte sie, »sieh dir das an. Ich habe ihr angeboten, mit ihr ins Krankenhaus zu fahren, aber sie will nicht. Seit Jahren schlägt er sie, und sie lässt es sich gefallen. Der Mann gehört ins Gefängnis.«

»Er schickt den Kindern Geld«, schluchzte Laetitia. »Die Kinder brauchen das Geld.«

»Dieser Frau ist nicht zu helfen«, sagte Ana. »Sie arbeitet für einen reichen Amerikaner, einen Schriftsteller, der eine schicke Wohnung auf dem Montmartre hat und verrückt nach ihr ist. Er versucht sie zu verführen, sie weicht ihm aus. Er lädt sie ständig zum Essen ein, sie lehnt ab. Dieser Frau ist einfach nicht zu helfen.«

»Aber er ist verrückt«, weinte Laetitia. »Er zieht alle paar Monate um, weil er sich vor Strahlen fürchtet. Und er gefällt mir nicht.«

»Wir haben alle unsere Marotten«, meinte Ana. »Immerhin ist er jünger als François.«

Jemand schlug an die Wohnungstür. Es klang, als würde mit dem Fuß dagegengestoßen. Laetitia hörte auf zu weinen.

»Das ist er«, flüsterte sie.

»Komm heraus!«, rief eine Männerstimme. »Du bist meine Frau, komm heraus, oder ich trete die Tür ein!«

»Es ist immer dasselbe«, seufzte Ana, »es ist immer dasselbe.« Sie stand auf. »Ich rufe jetzt die Polizei an.«

»Nein, nicht die Polizei!«, sagte Laetitia. »Nicht die Polizei, auf keinen Fall.«

»Komm heraus, oder ich bring dich um!«, schrie die Männerstimme.

Julieta verließ die Küche, ging in ihr Zimmer und machte die Tür hinter sich zu. Sie stellte die Papiertüte, die sie in der Hand trug, auf das Bett, entnahm ihr ein Kleidungsstück in Seidenpapier und entfaltete es. Es war ein enges kurzes Kleid aus einem glänzenden dunkelroten Stoff. Sie hielt es an ihren Körper und stellte sich in Tanzhaltung vor die Spiegelfliesen, die sie an die Wand geklebt hatte.

»Rechter Fuß vorwärts und Dreiachteldrehung nach außen«, murmelte sie und bewegte sich mit dem Kleid im Arm, »und den linken Fuß ohne Gewicht schließen.«

Draußen wurde eine Zeit lang weiter an die Tür geschlagen, dann hörte der Lärm auf.

In der Nacht träumte sie von der Stadt im Süden der Halbinsel Yucatán, in der sie ihre Kindheit verbracht hatte. Sie saß neben ihrem jüngeren Bruder, der viel zu klein war, um ein Auto zu lenken, und es im Traum doch tat. Auf einer Staubstraße fuhren sie zu den Ruinen des Tempels der Masken. Sie stiegen die baufälligen Stufen hinauf, bis es nicht mehr höher ging, und setzten sich nebeneinander hin. Der Bruder legte seinen mageren Arm um ihre Schultern. Es war heiß. Von hier aus reichte der Blick über den Dschungel bis ans Meer. Ein Tukan flog vorüber.

»Das bringt Glück«, sagte der Bruder und deutete mit dem anderen Arm auf den Vogel. »Einen Tukan im Flug zu sehen bringt großes Glück.«

Am nächsten Morgen betrat Julieta in ihrem neuen dunkelroten Kleid die Küche. Ana saß im Sonnenlicht am Tisch und tauchte ein Croissant in die Schale mit Milchkaffee.

»Sie ist mit ihm in die Wohnung zurückgegangen«, sagte sie. »Das blöde Luder. Es ist immer dasselbe. Wenn sie das nächste Mal bei uns übernachten will, lassen wir sie nicht mehr ein. Uns ständig aus dem Schlaf zu reißen. Sie wird sich nicht ändern.«

»Wie findest du mein Kleid? Ich habe es mir für den Tangotanzkurs gekauft. Bei Zara.«

»Nicht schlecht. Die Farbe steht dir. Was macht dein frommer Partner?«

»Hitler war völlig besessen von mir«, sagte die Frau, die sich für Leni Riefenstahl hielt, reckte den faltigen Hals und lächelte ihrem Spiegelbild in dem kleinen runden Spiegel mit Horngriff zu, den sie vor ihr Gesicht hielt, während sie sich die dünnen gelbgrauen Haare kämmte. »Goebbels natürlich auch, aber ich zog Hitler vor. Goebbels war ein Intrigant. Fast wäre es ihm gelungen, meine Karriere zu zerstören. Nachdem ich ihn auf der Geburtstagsfeier von Albert Speer abgewiesen hatte, hasste er mich. Sein Rachebedürfnis kannte keine Grenzen. Gottlob war der Führer mir seit den Dreharbeiten zu *Triumph des Willens* praktisch hörig. Wissen Sie, während der Dreharbeiten zu *Triumph des Willens* hatte er mir einen offiziellen Besuch abgestattet. Er war zu mir in den Aufzug gestiegen, den ich an einem Fahnenmast hatte installieren lassen, um die vertikalen Fahrtaufnahmen zu drehen. In fünfunddreißig Metern Höhe hatte er mir seine Liebe gestanden. Er sah spitzbübisch aus, ein Luftzug wehte ihm das Haar aus der Stirn. Ich erinnere mich, als wäre es gestern gewesen. Goebbels spürte seine Obsession, er war ja ungeheuer sensibel. Auch Eva Braun blieb sie nicht verborgen. Seine Leidenschaft für mich stand ihm ins Gesicht geschrieben. Eva schäumte vor Wut. Das war nur natürlich, ich war jung, berühmt und auf dem Höhepunkt meiner Schönheit, und mit ihr ging es bergab.«

Die Schauspielerin hörte auf, sich zu kämmen, und warf Julieta, die im Begriff war, die Fenster zu öffnen, um das Zimmer zu lüften, einen hasserfüllten Blick zu.

»Heben Sie mich in den Rollstuhl und fahren Sie mich zur Toilette«, befahl sie, »augenblicklich.«

Julieta schob den Rollstuhl an den Bettrand und schlug die Decke zurück. Die Kranke war durchaus fähig, kurze Strecken ohne Hilfe zu bewältigen, doch ermüdete sie leicht. Julieta ließ den rechten Arm unter die Oberschenkel ihrer Patientin gleiten und umfasste mit dem linken ihre Taille, um sie aus dem Bett zu heben. In diesem Augenblick fuhr ihr die alte Frau mit einer welken Hand in die Haare und riss daran, so fest sie konnte. Julieta schrie auf und versuchte sich aus ihrem Griff zu befreien. Der Schmerz war so heftig, dass ihr die Tränen in die Augen traten.

»Auch mit dir geht es bergab!«, rief die Frau. »Du bist jung, aber nicht mehr lange. Hässlich bist du ohnedies, von Geburt an, hässlich wie alle Jüdinnen. Ich werde Hitler jedenfalls nahe legen, mit den mexikanischen Juden kurzen Prozess zu machen, mein Einfluss auf ihn ist immer noch groß. Binnen kürzester Zeit wird die Annexion Mexikos eine vollendete Tatsache sein.«

Hilde Sikorski ließ von Julieta ab, sank in ihr Kissen zurück und schloss die Augen. Julieta blickte auf das kleine Büschel dunkler Haare in der nur aus Haut und Knochen bestehenden Faust der Schauspielerin. Ihre Kopfhaut schmerzte. Es war nicht das erste Mal, dass sie von der Patientin attackiert wurde. Man hatte sie vorgewarnt. Gérard, der Fotograf, hatte ihr nahe gelegt, sich vorzusehen, aufgrund ihrer Krankheit sei die Frau unberechenbar und neige zu plötzlichen Angriffen. Am liebsten hätte Julieta ihn angerufen und ihm gesagt, sie sehe sich nicht in der Lage, die Kranke länger zu betreuen. Aber sie brauchte das Geld, und er war großzügig und bezahlte ihr um einiges mehr als den üblichen Stundenlohn. Sie würde in Paris ausharren und ihre Ausbildung abschließen. Und dann würde sie nach Mexiko City gehen und als Psychologin arbeiten.

Sie hörte, wie die Eingangstür aufgesperrt wurde, und schaute auf ihre Armbanduhr. Gérard kam, um sie abzulösen. Sie würde den Vorfall mit keinem Wort erwähnen.

Auf der kleinen, halbrunden Plattform am Ufer des Flusses gegenüber der Île Saint-Louis drehten sich die Paare zu Tangomusik aus einem Lautsprecher. Dann und wann wurden die

Tänzer von den vorüberfahrenden Vergnügungsschiffen grell beleuchtet. Der Abend war lau, Touristen schlenderten den Kai entlang und bewunderten die Aussicht auf die Rückseite der Kirche Notre Dame. Von hinten gesehen sah die Kathedrale aus wie eine ungeheuer große steinerne Galeere. Julieta trug das neue, enge dunkelrote Kleid, Netzstrümpfe mit Naht und Schuhe mit hohen Absätzen. Sie begann Gefallen daran zu finden, sich weiblich, verführerisch zu kleiden, wenn sie zum Tanzen ging.

»*Solo y triste por la acera va este corazón transido, con tristeza de tapera*«, tönte die Stimme der Tangosängerin aus dem Lautsprecher.

Pierre und Julieta stießen gegen ein Paar, das eng umschlungen und selbstvergessen in der Mitte der Tanzfläche stand.

»Entschuldigung«, sagten beide gleichzeitig. Der Mann und das Mädchen reagierten nicht. Julieta brach den Tanz ab.

»Wir sind nicht gut genug«, sagte sie. »Ich bin müde. Ich möchte lieber zusehen. Kommen Sie, ich habe Wein, Brot und Käse mitgebracht.«

Sie zog Pierre hinter sich her, hin zum Rand der Tanzfläche, wo man sich auf Steinstufen niederlassen konnte, entnahm der Tasche, die sie dort abgestellt hatte, eine Flasche Rotwein, einen Korkenzieher und zwei Gläser und bat ihn, die Flasche zu öffnen.

»Aber ich vertrage keinen Alkohol«, gab Pierre zu bedenken und berief sich erneut auf den Apostel Paulus, der die Römer dazu ermahnt hätte, nicht unmäßig zu essen und zu trinken. Nachdem Julieta eingewandt hatte, man könne ein wenig Wein nicht als Unmäßigkeit bezeichnen, ließ er sich zu einem Glas und darauf zu einem zweiten überreden. Er aß nichts. Sein Gesicht rötete sich, und er zog den grauen Wollpullover aus, ohne den sie ihn noch nie gesehen hatte. Darunter trug er ein buntes T-Shirt in hässlichen Farben.

Zum ersten Mal, seit sie ihn kannte, begann er von sich zu sprechen.

»Ich wollte nie nach Paris«, sagte er und deutete auf die dunkle Silhouette der Häuser auf der anderen Seite der Seine. »Nie. Aber dann ist meine Großmutter gestorben, und der Onkel hat das Haus verkauft, in dem ich mit ihr wohnte. Wissen Sie, die Großmutter war krank, und niemand aus der Familie wollte sich um sie kümmern. Also tat ich es, es war mir gleichgültig. Vier Jahre lang wohnten wir zu zweit in dem großen alten Haus hinter den Dünen auf der Île de Ré. Die Großmutter litt an Wassersucht, sie lag den ganzen Tag im Bett, las in der Bibel und löste Kreuzworträtsel. Manchmal, wenn es ihr gut ging, setzte sie sich an den Tisch, und wir spielten *Memory.* Bestimmt kennen Sie das Spiel. Sie ärgerte sich sehr, wenn sie verlor. Das Leben war billig, wir hatten einen Gemüsegarten, und ich fing Fische. Bevor die Großmutter starb, sagte sie zu meinem Onkel, die Jahre mit mir seien die glücklichsten in ihrem Leben gewesen.«

Julieta hörte ihm zu, während er von der Île de Ré und seiner Großmutter erzählte. Gleichzeitig beobachtete sie ein kleines, chinesisch aussehendes Mädchen in einem glitzernden rosa Kleid mit einem hohen Diadem aus Golddraht auf dem Kopf, das sich zu den Tanzenden auf die Plattform begab und mit ihren dünnen Armen anmutige Bewegungen zum Rhythmus der Musik vollführte.

Pierre zog einen Schlüsselbund aus der Hosentasche, an dem als Anhänger ein kleiner Esel befestigt war, dessen Beine mit kariertem Stoff bedeckt waren.

»Haben Sie schon einmal einen Esel in Hosen gesehen?«, fragte er. »Auf der Insel wird Salz abgebaut, und die Esel, die früher in Körben das Salz trugen, wurden so vor den Stichen der Insekten geschützt.« Nach einer kleinen Pause löste er das Eselchen vom Schlüsselring und bot es ihr auf der offenen Handfläche an.

»Da, nehmen Sie«, sagte er, »ein Talisman.«

Julieta nahm den Gegenstand und schaute Pierre ins Gesicht. Noch nie hatte sie ihn so gelöst gesehen, noch nie hatte er so viel gesprochen. Seine Augen blickten lebhafter als sonst, die Lippen wirkten breiter und entspannter, und aus dem Haar, das immer sorgfältig zurückgekämmt war, hatte sich eine Strähne gelöst. Sie hob die Hand, schob die Strähne zurück und strich ihm über das Gesicht. Überrascht zuckte er zurück, dann nahm er ihre Hand, legte sie leicht auf seinen Mund und küsste die Innenfläche.

»Ich bin betrunken«, lachte er dann, ließ die Hand fallen und schlug sich an die Stirn, »ich bin wirklich ein wenig betrunken.«

»Komm mit mir nach Hause«, sagte Julieta leise und legte den Kopf an seine Schulter, »wir können bei mir weitertanzen. Da sieht niemand unsere Fehler.«

Julieta und Pierre verließen die Metrostation und atmeten den Duft der Alleebäume ein, der sich auf der Avenue de Clichy mit den Abgasen mischte. Sie gingen in geringem Abstand rasch nebeneinanderher. Es regnete, ein warmer Regen. Auf dem nassen Asphalt und in den Pfützen lagen weißgelbe Blüten. Die schwarz glänzenden Gehsteige waren fast leer, doch aus den hell erleuchteten Türöffnungen der Bars und Cafés flutete Stimmengewirr und verebbte, während sie weitergingen. Auch die Lichter wurden seltener. Das Geräusch von Julietas Absätzen hallte in der schmalen Straße wider. Sie schwiegen.

Plötzlich schlug ein Gegenstand mit einem dumpfen Geräusch zwischen ihnen auf dem Gehsteig auf. Gleichzeitig vernahmen sie ein kurzes Auflachen über sich. Sie blieben stehen, und Pierre beugte sich hinunter und hob eine volle, goldgrün schimmernde Halbliterdose Bier vom Straßenpflaster auf, die leicht eingedellt war und deren Verschluss sich bei dem Aufprall geöffnet hatte, sodass Schaum hervorquoll. Er hob den Kopf, doch die Fenster über ihnen lagen alle im Dunkel.

»Sie hätten uns umbringen können«, sagte er und sah Julieta erstaunt an. »Ein paar Zentimeter weiter rechts oder links, und einer von uns beiden wäre jetzt tot.«

Auf der anderen Straßenseite waren drei junge Schwarze stehen geblieben.

»Ich hab sie gesehen«, rief einer ihnen zu und deutete auf die Fassade des Hauses, vor dem sie standen. »Am Fenster, dort oben, im vierten Stock. Es waren zwei. Sie haben die Dose mit Absicht hinuntergeworfen. Mit voller Absicht. Sie wollten euch treffen.«

Pierre nahm das Haus näher in Augenschein. »Nummer siebenunddreißig. Vierter Stock. Ich werde sie anzeigen.«

»Aber das hat doch keinen Sinn«, erwiderte Julieta. »Das hat doch alles keinen Sinn.«

Julieta öffnete die Tür zur Küche. Ana saß am Tisch, die Ellbogen auf die Tischplatte und den Kopf auf die Arme gelegt. Bei Julietas Eintreten schaute sie auf, und Julieta sah, dass sie geweint hatte.

»Was ist los?«, fragte sie, trat zu ihr und legte ihr eine Hand auf die Schulter.

»Marcel ist im Krankenhaus«, sagte Ana. »Wir trafen uns im Hotel, wie immer, und er hatte einen Herzanfall. Im Bett, verstehst du, er ist nicht mehr der Jüngste. Und er hat einen Herzklappenfehler. Es war schrecklich, er bekam keine Luft und hatte Angst zu ersticken. Er wurde totenbleich, und seine Lippen und Fingernägel färbten sich blau. Ich rief einen Krankenwagen, und sie brachten ihn ins Saint-Louis-Krankenhaus. Ich wollte mitfahren, aber sie meinten, ich könne nichts tun, sie würden mich benachrichtigen.«

Julieta blickte etwas verlegen zu Pierre hin, der auf der Küchenschwelle stand. Ana brach in Tränen aus.

»Er hat sich aufgeregt, schon vorher. Machte mir Vorwürfe wegen Carlos, zum ersten Mal. Er fing an zu schreien und sagte, wie käme er dazu, alles zu bezahlen, die Miete, das Studio, meine Kleider, und ich ließe mich inzwischen von meinen Musikern aufs Kreuz legen. Ich hätte nie gedacht, dass er eifersüchtig sein könnte, anfangs war er so tolerant.« Sie machte eine Pause und fing dann von neuem an zu weinen, noch heftiger. »Dabei habe ich mich mit Carlos gestritten, weil ich ihn mit diesem bleichen polnischen Flittchen erwischt habe, dieser Irena, die im Loco hinter der Theke steht, und nun will Carlos nicht mehr mit mir und Ramón spielen, er will aussteigen und sich eine neue Band suchen. Wie soll ich so schnell einen neuen Gitarristen finden, kannst du mir das verraten, außerdem liebe ich ihn.«

Erst jetzt nahm Ana Pierre wahr, der in die Küche getreten war und am Kühlschrank lehnte.

»Wer ist denn das?«, fragte sie und hörte auf zu weinen.

Pierre schüttelte langsam den Kopf.

»Gott sah sich die Erde an«, sagte er leise. »Sie war verdorben.«

Ana starrte Pierre an.

»Was ist das für ein Verrückter? Marcel liegt auf der Intensivstation, und du bringst Verrückte ins Haus. Ich glaube, ich gehe zurück nach Mexico City und ziehe mit meiner Mutter zusammen.«

»Kann ich etwas für dich tun?«, fragte Julieta.

»Nein, gar nichts. Ich warte hier, bis sie mich aus dem Krankenhaus anrufen.«

Julieta und Pierre tanzten lange vor dem geöffneten Fenster. Der Regen rauschte leise, ab und zu hörte man einen Tropfen laut auf dem Fensterbrett aus Blech aufschlagen. Julieta legte eine CD mit Tangomusik von Federico auf und sang leise in Pierres Ohr:

»Por qué vas a llorar? Acaso no has vivido? Acaso no aprendiste a amar, a sufrir, a esperar, y también a callar?«

»Was singst du da?«, fragte Pierre.

»Ach, es ist ein Lied über die vergangene Jugend, die unerfüllten Sehnsüchte, das Leiden und die Traurigkeit«, antwortete sie und drückte sich an ihn. Er schob sie ein Stück von sich weg.

»Ja«, sagte er und schaute sie streng an.

»Komm«, sagte Julieta und versuchte ihn wieder an sich zu ziehen. »Versuchen wir die Cunita.«

Pierre machte sich von ihr los, setzte sich auf das Bett, streckte die Beine darauf aus und lehnte sich mit dem Rücken an die Wand. Julieta tanzte allein weiter. Er verschränkte die Hände auf dem Hinterkopf und sah ihr zu.

»Ein solches Kleid ist Sünde«, sagte er. »Ein solches Kleid, solche Strümpfe, solche Schuhe. Alles.«

Julieta sah ihn an und brach den Tanz ab. Sie schlüpfte aus dem Kleid, zog Schuhe und Strümpfe aus und legte sich neben ihn. Dann nahm sie seine Hand und führte sie an ihre Brust.

»Nein«, sagte er und bewegte die Finger seiner Hand auf dem seidigen schwarzen Stoff ihres Bodys. »Nein. Wer die Sünde tut, stammt vom Teufel. So steht es in der Bibel.«

Sie zog ihn zu sich herunter und küsste ihn lange.

»Nein«, wiederholte Pierre, nachdem er sich dem Kuss überlassen hatte. »Ich kann nicht bleiben.« Er streifte seine hohen Schuhe ab, dann breitete er die dünne Decke, die auf dem Bett lag, über sie beide. »Ich kann nicht bleiben.«

Es klopfte. Die Tür ging auf, und Ana trat ins Zimmer.

»Marcel ist vor einer halben Stunde gestorben«, sagte sie. »An einem Lungenödem. Kann mir jemand erklären, weshalb ein Mensch, der einen Herzklappenfehler hat, an einem Lungenödem stirbt?«

Das Erste, was Julieta nach dem Aufwachen bemerkte, war, dass das Geräusch des Regens aufgehört hatte und dass die Luft im Raum kühl und frisch war. Sie tastete nach Pierre, doch ihre Hand spürte nur den Stoff der dünnen Decke. Ihr fiel ein, dass Marcel gestorben war und dass sie versucht hatte, Ana in der Küche zu trösten. Als sie in ihr Zimmer zurückgekehrt war, hatte Pierre tief und fest geschlafen. Er war vollständig angekleidet gewesen. Sie lächelte. Dann öffnete sie die Augen und sah sich im Zimmer um. Pierre war nicht da. Sie stand auf, schlüpfte in ihren Bademantel und ging in die Küche. In einem hübschen rotweißen Kimono saß Ana am Tisch, eine Tasse Kaffee vor sich. Sie wirkte gefasst und ausgeruht.

»Wie geht es dir?«, fragte Julieta. »Hast du schlafen können?«

»Es geht«, antwortete Ana mit gesenktem Blick. »Es geht einigermaßen.«

»Weißt du, wo Pierre ist?«

»Wir haben gemeinsam Kaffee getrunken, und er hat mich mit ein paar Bibelsprüchen genervt. Dann ist er gegangen. In irgendeinen Buchladen, hat er gesagt.« Ana hob den Kopf und blickte an Julieta vorbei. »Merkwürdige Typen kennst du. Wie alt ist er eigentlich?«

Mit kleinen Schritten lief Julieta über die Treppen der Metrostation République ins Freie, dann schlängelte sie sich zwischen den Autos auf dem großen Platz hindurch, hin zu den erleuchteten Fenstern der Tanzschule. Vor dem Schaufenster einer Kleiderreinigung, in dem, von einer dünnen Nylonfolie bedeckt, neben einem Spiegel ein langes weißes Brautkleid hing, blieb sie kurz stehen, ordnete sich das Haar und zog die Nähte ihrer Strümpfe gerade. Sie freute sich darauf, Pierre wiederzusehen, und eilte weiter. Bevor sie das Gebäude betrat, in dem die Tangoschule untergebracht war, wurde sie von einem jungen Bettler angesprochen.

»Haben Sie zwei Francs, Mademoiselle?«, fragte er.

»Nein«, sagte sie und schüttelte den Kopf.

»Dann wenigstens ein bisschen Liebe?«

Sie lachte, warf ihm ein Zehnfrancstück zu und drückte das Tor auf. Als sie den Tanzsaal betrat, hatte die Stunde noch nicht angefangen. Der Tangolehrer trat mit ausgebreiteten Armen auf sie zu.

»Ach, Mademoiselle Julieta«, sagte er, »wir müssen einen neuen Partner für Sie suchen. Monsieur Pierre hat angerufen, er sieht sich außerstande, den Kurs fortzusetzen. Weshalb, hat er mir nicht verraten. Er ist ja ein sehr reservierter junger Mann. Reserviert und ein wenig steif. Es wird nicht schwierig sein, einen Ersatz für ihn zu finden. Aber für heute müssen Sie mit mir vorlieb nehmen.« Lächelnd schlang er einen Arm um sie, ergriff ihre Hand und begann zu singen:

»*Quiero emborrachar el corazón para después poder brindar por los fracasos del amor.*«

Die Bäume auf dem kleinen Platz in der Nähe der Moschee trugen lila Blütenkerzen. Es war Freitag, und vor dem Gotteshaus hatten sich viele Gläubige und Bettler eingefunden. Schöne Stoffe glänzten in der Sonne. Julieta erhob sich von der Bank, auf der sie eine Weile gesessen war, und setzte ihre Suche fort. Sie wusste nicht, wo Pierre wohnte, aber er hatte ihr gesagt, dass er in einem kleinen Geschäft für esoterische Literatur im fünften oder dreizehnten Bezirk arbeitete. Trotz ihrer Schüchternheit hatte sie eine ganze Reihe von Buchläden in dieser Gegend betreten, sich in ihnen umgesehen und gelegentlich auch nach ihm gefragt. Allmählich schwand ihre Hoffnung. Sie verstand weder, weshalb er ihr fernblieb, noch, warum sie ihn suchte.

In der Rue Monge lag in einem Schaufenster zwischen alten Traumbüchern mit goldgeprägten Rücken eine schwarze Katze in der Sonne. Julieta beschattete die Augen mit der rechten Hand und spähte ins Halbdunkel des Geschäftes. Hinter dem Ladentisch stand ein großer, schmaler junger Mann in einem dunklen Wollpullover und unterhielt sich mit einer Kundin mit schneeweiß geschminktem Gesicht und streichholzkurzen roten Haaren. Julieta stürzte in das Lokal, so dass die schwarze Katze von ihrem Platz am Fenster sprang und sie mit gesträubtem Fell anfauchte. Sie wich zurück.

»Keine Angst«, sagte der junge Mann, der nicht Pierre war, zu ihr. »Sie ist nicht bösartig. Ich bin gleich für Sie da.« Dann wandte er sich wieder an die Frau mit den roten Haaren und notierte ihre Bestellung.

»*Sui sogni e sul sonnambulismo, pensieri fisiologico-metafisici* von Domenico Bacci, Venedig achtzehnhundertsiebenundfünfzig. Es wird nicht einfach sein, aber ich kann es versuchen. Sie müssen allerdings etwas Geduld haben.«

»Entschuldigen Sie, ich habe mich in der Hausnummer geirrt«, murmelte Julieta und schloss die Tür. Sie ging weiter die Rue Monge entlang, bog dann rechts in eine Seitenstraße und gleich darauf links ein. Hinter der Fassade der Häuser öffnete sich ein großer runder Platz, der Mittelpunkt eines alten Amphitheaters, dessen steinerne Sitzreihen in einem aufsteigenden Halbrund angelegt waren. Julieta betrat das Areal, erklomm eine der höher gelegenen Reihen und setzte sich auf den hellen Stein. Unter ihr auf dem Sand spielten Araberjungen Fußball. Eine ungepflegte alte Frau in Filzpantoffeln und einem karierten Hausmantel überquerte den Platz. Auf ihrer Schulter saß ein großer schwarzer Vogel.

»Philippe!«, schrien die Jungen, ließen den Ball liegen und umringten die Alte, indem sie mit den Armen Flügelbewegungen vollführten und krächzende Laute ausstießen. »Philippe!«

Die Frau begann zu zetern und mit den Filzpantoffeln um sich zu treten. Julieta barg den Kopf in ihren Händen und begann zu weinen.

Gérard öffnete die Wohnungstür.

»Sie müssen entschuldigen, dass ich Sie angerufen habe, aber ich fühlte mich etwas hilflos. Fürs Erste ist sie versorgt, aber ich glaube, wir werden uns überlegen müssen, wie es weitergehen soll. So ein Schreck!«

»Ich war gerade auf dem Weg zu meinem Tangokurs«, sagte Julieta.

Sie betraten das Krankenzimmer. Hilde Sikorski lag mit verbundener Nase und einem großen Heftpflaster auf dem Kinn im Bett und blickte unter halb geschlossenen Augenlidern argwöhnisch zu ihnen hin.

»Schaff mir diese Jüdin vom Hals!«, rief sie mit schwacher Stimme. »Diese Mulattin hat mich gestoßen, sodass ich mit dem Gesicht auf die Fliesen gefallen bin. Sie will mich umbringen. Ein Ausländerkomplott, nichts anderes, sie warten, bis wir alt und gebrechlich und auf sie angewiesen sind, und unter dem Vorwand, uns zu pflegen, rotten sie uns aus. Ich hätte nicht nach Paris gehen sollen, Paris ist voll von diesem ausländischen Gelichter.«

Julieta wandte sich zu Gérard.

»Wovon spricht sie?«, fragte sie.

»Als ich kam, lag sie bewusstlos auf dem Boden des Badezimmers. Ich nehme an, sie ist ausgeglitten.«

»Ich bin nicht ausgeglitten, sie hat mich gestoßen. Es war ein Mordversuch!«

»Aber Mademoiselle Julieta war doch vor fast einer Woche das letzte Mal hier, Hilde«, sagte Gérard. »Sie kann es nicht gewesen sein, das ist nicht möglich!«

»Natürlich ist es möglich!«, schrie die Frau, die sich für Leni Riefenstahl hielt. »Frauen haben mich immer gehasst, schon als Kind haben sie mich gehasst, weil ich schön und jung und begabt war, schöner und jünger und begabter als sie alle!«

»Beruhige dich«, sagte Gérard, trat an ihr Bett und nahm ihre Hand, »du sollst dich nicht aufregen, hat der Arzt gesagt.«

»Ich hätte nicht nach Paris gehen sollen, ich habe es von Anfang an gewusst«, sagte die Kranke leise und schüttelte den Kopf. »Paris ist mein Tod. Aber ich hatte keine andere Wahl, in Deutschland machte man mir das Leben zur Hölle.«

»Sie tanzen Tango?«, sagte Gérard, zu Julieta gewandt. »Das interessiert mich. Kennen Sie eine gute Schule?«

»Tango, was für ein vulgärer Tanz!«, sagte Hilde Sikorski. »Du wirst dich doch nicht von dieser hässlichen Mestizin beraten lassen. Klassisches Ballett, keusche Körperkunst, die Duncan, das ja – aber Tango! Enttäuschend.«

»Meine Schule heißt *Tangomania* und liegt zwischen der Place de la République und dem Canal Saint-Martin«, sagte Julieta, »der Lehrer ist sehr gut. Sie können ja bei Gelegenheit kommen und zusehen.«

»Männer haben mich immer enttäuscht«, murmelte die alte Frau wie zu sich selbst, »schon als Kind haben sie mich enttäuscht. Gérard war keine Ausnahme.« Sie drehte sich zur Seite und schloss die Augen.

»Ja, vielleicht mache ich das«, sagte Gérard. »Ich bin ziemlich außer Form, aber die meisten Sportarten finde ich langweilig. – Sie ist eingeschlafen, Gott sei Dank.«

Vor dem Haus standen François und Laetitia mit großen hellen Strohhüten auf dem Kopf inmitten von Koffern. François trug einen weißen Anzug und hatte einen Arm um Laetitia gelegt, den anderen streckte er gestikulierend in die Höhe.

»Taxi!«, rief er. »Taxi!«

Laetitia lächelte Julieta entgegen. Die Haut unter ihrem rechten Auge war violett verfärbt.

»François und ich fliegen für zwei Wochen nach Korsika«, sagte sie strahlend. »Diesmal wohnen wir nicht bei seinen Verwandten. Er hat im Nachbardorf ein altes Steinhaus gemietet, das einer Gräfin gehört. Stell dir vor, im Wohnzimmer gibt es ein Himmelbett. Und von der Terrasse hat man einen Blick auf das Gebirge und auf das Meer.«

»Lauter Faschisten, diese Taxifahrer!«, schimpfte François. »Wozu bestellt man ein Taxi, wenn es dann nicht kommt? Unzuverlässige Faschisten!«

»Das Taxi ist da«, rief Laetitia. »Dort hält es, an der Ecke. Nummer 324.«

»Schönen Urlaub«, sagte Julieta, während sie den Code drückte.

»Wir bringen dir ein Glas Kastanienhonig mit«, sagte Laetitia.

Julieta ging die Treppe hinauf. Zwischen dem zweiten und dritten Stockwerk kam ihr Carlos mit einem Gitarrenkasten entgegen.

»Hallo Carlos«, sagte Julieta. »Seltener Besuch. Seid ihr wieder ein Paar, Ana und du?«

»Das nicht. Aber ich spiele wieder für sie. Sag mal, was ist denn das für ein Typ, mit dem sie jetzt zusammen ist? Ist er bei einer Sekte? Er fängt dauernd von Gott an.«

»Ich weiß von nichts.«

»Letztes Mal hat sie ihn zur Probe mitgebracht. Ich bin vor Hitze fast gestorben, und der Typ trug einen dicken Wollpullover und trank heißen Tee. Verrückt. Wir sehen uns.«

Julieta stieg weiter die Treppe hinauf, sperrte die Wohnung auf und ging in ihr Zimmer. Sie setzte sich auf das Bett, nahm den kleinen Esel mit den karierten Hosen von dem Bücherregal, auf dem er stand, und drehte ihn in den Fingern. Es klopfte. Ana öffnete die Tür.

»Du wirst mich endlich los«, sagte sie und lachte. »Marcel hat mir eine Menge Geld hinterlassen, stell dir vor. Ich habe eine Wohnung auf dem Montmartre gefunden, ziemlich weit oben, in der Rue Lepic. Der amerikanische Schriftsteller, für den Laetitia arbeitet, zieht um. Was hast du denn da in der Hand? Einen Esel in Hosen? Süß.«

»A nadie le digas que yo no me quieres. Si a mí preguntan diré que vendrás«, sang Carlos Gardel.

»Und jetzt die Salida!«, rief der Tangolehrer und klatschte in die Hände. »Alles übt die Salida. Rechter Fuß vorwärts der Herr, linker Fuß rückwärts die Dame. Und linker Fuß vorwärts der Herr, rechter Fuß rückwärts die Dame. So ist es recht. Und rechts schließen der Herr, und links vorkreuzen die Dame. Ein Kinderspiel.«

Gérard blickte konzentriert auf seine Schuhe.

»Nicht auf den Boden starren, Monsieur Gérard. Schauen Sie Mademoiselle Julieta in die schönen schwarzen Augen, versinken Sie in ihren Pupillen. Beim Tango geht es um den Blick, ich kann es nicht oft genug betonen.«

Gérard hob den Kopf und sah Julieta an.

Der Wirt des Cafés *Le Libre Échange* stand in der Eingangstür des Cafés. Eine schlanke junge Asiatin in einem eng anliegenden roten Kleid ging vorüber. Er pfiff leise durch die Zähne.

»Was für ein Gang!«, sagte er und nickte Gérard zu, der Julieta gerade von Hilde Sikorski erzählte. »Ach, die Frauen.«

Gérard unterbrach sich und lächelte.

»Ja, die Frauen«, sagte er. »Wissen Sie, Julieta, ich bin froh über meinen Entschluss, Hilde wieder nach Sainte-Anne zu bringen. Das Risiko, dass sie sich verletzt, ist zu groß. Ich hänge an ihr, ich habe ihr viel zu verdanken. Wir sind uns begegnet, als ich achtzehn war. Ohne sie würde ich heute im Hinterzimmer eines Fotogeschäfts in einer Kleinstadt Babys auf Eisbärfellen ablichten. Sie hat mich mit den richtigen Leuten bekannt gemacht, mir beigebracht, wie man sich in Gesellschaft benimmt, wie man sich anzieht, wie man isst, alles. Was nicht besagen will, dass ich während der ersten Jahre nicht völlig verrückt nach ihr war.«

Er machte eine Pause. Dann legte er Julieta die Hand aufs Knie.

»Der Tangolehrer hat Recht«, sagte er. »Sie haben wirklich schöne Augen.«

3

Der Wirt des Cafés *Le Libre Échange* ging langsam durch die Küche in den kleinen Hinterhof des Gebäudes, um seine Giftpflanzen zu gießen.

»Was machst du, Jacques? Kümmere dich um die Gäste!«, rief Lisa Moretti, die dabei war, Tomaten- und Mozzarellascheiben kreisförmig auf einem Teller anzuordnen.

»Das sieht hübsch aus«, sagte Jacques, blieb neben seiner Frau stehen, legte ihr den Arm um die Schultern und drückte sein Gesicht in ihr dichtes langes Haar. Es roch nach dem Shampoo, das auf dem Badewannenrand stand. *Lisa und er in der Wanne, zwischen Schaumbergen, sie trägt hochhackige rote Lacksandalen, die Schuhe liegen links und rechts auf dem Wannenrand auf, das Wasser ist heiß, es läuft über, Lisa wirft den Kopf zurück, der Schaum kleidet sie, eine weiße Tüllrobe.*

Lisa schüttelte heftig den Kopf, wandte sich zu ihm und setzte ihm die Spitze des Messers mit dem Wellenschliff leicht auf das Brustbein.

»Lass mich in Ruhe, Jacques, siehst du nicht, dass ich zu tun habe?« Sie nahm das Messer von seiner Brust und deutete damit auf zwei Teller mit Toasts. »Du kannst die beiden Croques servieren, worauf wartest du?«

Nadine betrat die Küche.

»Einen Café Crème!«, rief sie. »Und wo sind die Croques?«

Jacques setzte seinen Weg fort und trat über die Schwelle der offenen Glastür in den Hinterhof. Nadine sah ihm nach.

»Ich kenne niemanden, der so faul ist wie mein Vater«, sagte sie. »Es ist widerwärtig.« Sie nahm die beiden Teller mit den Toasts und ging zurück in den Schankraum.

Auf einer der fünf Abfalltonnen, die an der rechten Seite des ummauerten kleinen Gevierts aufgereiht standen, saß eine getigerte Katze mit einem großen weißen Fleck um das linke Auge und nagte an einem Knochen. Jacques jagte sie davon. Dann besah er die Pflanzen, die in Töpfen auf dem Erdboden und auf einem Holzregal an der den Mülltonnen gegenüberliegenden Mauer standen. Seine Pfingstrose war am Verwelken. Mit einem kleinen Reisigbesen kehrte er die vielen um den Topf herumliegenden dunkelroten Blütenblätter vom Regalbrett. *Seine schöne siebzehnjährige Tochter, mit geschlossenen Augen daliegend, begraben unter diesen Blättern, einen Kranz aus weißen Pfingstrosenknospen um die Stirn, er entfernt langsam ein Blütenblatt nach dem anderen von ihrem Körper, bis sie weiß und samtweich daliegt, sie schlägt die Augen auf, sieht ihn an, streckt die Arme aus und schiebt die Zungenspitze vor.* Jacques schüttelte den Kopf, legte den Reisigbesen weg und zupfte Unkraut aus dem Topf mit dem Oleander. Zwei weitere der zarten Blüten des Mohns hatten sich geöffnet. Die Akelei war ein Stück gewachsen. Er fand diese violette Blume besonders schön. Auf dem seidig behaarten Stängel der Kuhschelle kletterte ein Marienkäfer auf sein Weibchen. Der Cafetier beugte sich dicht über die beiden Käfer und beobachtete sie eine Weile. Dann nahm er die große Gießkanne aus Blech, die neben dem kleinen, in die Mauer eingelassenen Brunnen stand, füllte sie mit Wasser und schwemmte die beiden Marienkäfer weg, bevor er die übrigen Pflanzen begoss. Die gelben Narzissen und die Tulpen waren bereits verblüht. Es gab viele Gewächse, von denen die meisten Leute nicht wussten, dass sie giftig waren, harmlos aussehende Pflanzen mit hübschen Blüten, Maiglöckchen, Primeln, Goldregen. Der Gedanke, solche Blumen zu besitzen und um ihre Giftigkeit zu wissen, gefiel ihm.

Er hob den Kopf. Es war elf Uhr vormittags. Viel Sonne fiel nicht in den Hinterhof. Am wenigsten Pflege benötigten der Efeu und der wilde Wein, die sich an der Mauer emporrankten. Die beiden Pflanzen hatten ihre Wurzeln im Erdboden, sie waren schon da gewesen, als sie das Café pachteten. Lisa hasste seine Sammlung, sie fand es abartig, dass man Gefallen an giftigen Pflanzen haben konnte. Außerdem hatte die Kleine mehrmals Vergiftungen davongetragen. Sie hatte versucht, die Blüten der Akelei auszusaugen, und einmal hatte sie ins Krankenhaus gebracht werden müssen, weil sie die roten Beeren des Eibenstrauchs gegessen hatte. Lisa hatte die Eibe in die Mülltonne geworfen, ihn ein verantwortungsloses Subjekt genannt und gedroht, ihn zu verlassen. Schon damals hatte er ihre Drohungen nicht ernst genommen.

Jacques begoss den blauen Eisenhut, der in voller Blüte stand. Er lächelte. Lisa hatte keine Ahnung, wie giftig er war, sie verstand nichts von Pflanzen. Er stellte die Gießkanne ab und ging zurück ins Café. Seine Frau stand gebückt am Herd und zog einen Apfelkuchen aus dem Backrohr. In der Küche war es heiß, es roch nach Äpfeln und Zimt. *Er stellt sich hinter sie, hebt ihr den Rock, drückt ihren Kopf hinunter, stößt ihn ins schwarze Backrohr, wieder und wieder, die Haare hängen ihr über das Gesicht.* Er seufzte, durchquerte die Küche und ging in den Schankraum.

»Na endlich!«, sagte Nadine. »Einen Kir, ein Perrier und ein Glas Sancerre, für die drei in der Nische, aber schnell, bitte.«

Jacques seufzte, nahm seinen Platz hinter dem Schanktisch ein und griff nach der Flasche mit dem Cassis. Er spürte, dass Nadine ihn verachtete und nur ihrer Mutter zuliebe im Café arbeitete. Das Geschäft ging nicht besonders, obwohl die Lage am Canal Saint-Martin nicht schlecht war. Vielleicht hätten sie doch die Viennoiserie von Lisas Eltern übernehmen sollen. Aber sie hatten ein eigenes Unternehmen gründen wollen.

Mit einem Walkman auf dem Kopf betrat Michel das Café.

»Hallo Michel«, sagte Jacques und lächelte.

Ohne zu reagieren, ging sein Sohn an ihm vorüber, stellte

sich an den Billardtisch, nahm ein Queue und rieb die Spitze mit Kreide ein. Jacques verstand nicht, weshalb der Junge ihn ignorierte. Nadine wechselte immerhin ab und zu ein paar gereizte Worte mit ihm. Er hatte keine Ahnung, was seine Kinder dachten, was sie fühlten, was für Menschen sie waren, er wusste nicht, wie Michel seine Tage verbrachte, außer dass er sich ein bisschen Geld als Filmvorführer in einem kleinen Kino verdiente. Lisa hatte ihn von Anfang an aus ihrer Erziehung ausgeschlossen.

»Kindererziehung ist Frauensache«, hatte sie gesagt.

Der Cafetier stellte die drei Getränke auf ein Tablett und trug es zu dem Tisch in der Ecke, an dem ein junger Mann mit zwei Frauen saß. Die Frauen trugen enge ärmellose T-Shirts mit weiten Ausschnitten und kurze Röcke, und der Typ saß auf der in einem Halbkreis verlaufenden dunkelroten Polsterbank in ihrer Mitte und hatte die Arme um sie gelegt. Jacques kannte ihn flüchtig, er arbeitete eine Straße weiter in einem Möbelgeschäft. Die Haut der einen Frau schimmerte golden. *Er setzt sich zu ihnen, nimmt sie auf seine Knie, zieht ihr das T-Shirt über den Kopf, öffnet den Reißverschluss ihres engen Rocks und streift ihn ihr ab, sie wölbt den weichen Rücken, er streicht ihr mit den Fingerspitzen über die goldene Haut und küsst den Ansatz ihrer aufgesteckten blonden Haare.* Er räusperte sich.

»Bitte sehr«, sagte er und stellte die Getränke auf den Tisch, »ein Perrier, ein Sancerre und ein Kir.«

»Könnten Sie den Fernsehapparat einschalten? Die Sportschau von gestern Abend wird in zehn Minuten wiederholt, ich möchte wissen, wie das Spiel ausgegangen ist«, sagte der Typ aus dem Möbelgeschäft und nahm seine Hände von den Schultern der Frauen. Jacques ging zu dem Gerät, das ziemlich hoch oben an der Wand angebracht war, schob einen Stuhl darunter, stieg auf die Sitzfläche und schaltete es ein.

Kleine türkise Sandalen schwangen zehn Zentimeter über dem Erdboden hin und her. Darin steckten Kinderfüße in weißen, schmutzigen Socken mit überdehntem Gummizug, die hinuntergerutscht waren und in einem Wulst auf den schmalen Lederbändern saßen. Die große Zehe des rechten Fußes drang durch ein Loch, sie war violett lackiert, am oberen Nagelrand blätterte der Lack ab. Die Schuhe waren parallel ausgerichtet und berührten einander. Hin und her.

Eine Kinderstimme sang in fallenden Terzen: *»Und die Schuh,/ Und die Schuh,/ Und die Füße auch dazu.«*

Die Bewegung der Schuhe endete. Zwei kleine Hände näherten sich dem Loch, die Zeigefinger krümmten sich und dehnten die Baumwolle, bis drei Zehen herausragten. Dann fuhr die rechte Hand durch die Luft. Am Zeigefinger steckte ein Ring mit einem blauweißen Schmetterling. Die Hand ballte sich zur Faust, nur der Zeigefinger blieb gestreckt und vollzog eine Wellenbewegung. *»Schmetterling, flieg«*, sang die Stimme. *»Der Vater ist im Krieg.«* Die Hand senkte sich und blieb auf einer kalten glatten Fläche liegen.

Die Füße bewegten sich wieder. Hin und her. Ein Kopf mit glänzenden kastanienbraunen Haaren beugte sich nach vorn und blickte auf die Beine in den türkisen Sandalen und den weißen Socken. Durch die Vorwärtsbewegung fielen dem Kind die Haare ins Gesicht.

»Kleine Beine«, murmelte es. »Meine Beine.« Vor den Beinen stand eine leere Coladose. Das Kind blickte zur Seite. Neben ihm lag ein Schwarzer auf der Bank aus hellem Stein. Seine Füße in schweren hohen Schnürschuhen berührten den Rock des kleinen Mädchens. Die Bank hatte keine Lehne. Das Kind drehte sich um und sah der roten Sonne beim Untergehen zu. Hinter der dicken Brille, die es trug, wirkten seine Augen verschwommen und viel zu groß. Es schielte leicht. Die Sonne ging schnell unter, schon war sie verschwunden. In der Ferne, jenseits der Gleise der Metro, die hier hoch über der Erde verliefen, sah man die dunklen Umrisse von Sacré-Cœur. Das Mädchen kannte die Kirche, es war mit seiner Mutter schon öfter dort gewesen. Jetzt sah das Gebäude dunkel aus, dachte es, aber in Wirklichkeit war es weiß, schneeweiß. Auf dem Vorplatz liefen Afrikaner mit bunten, auf ihren Köpfen befestigten Sonnenschirmchen umher und verkauften Taschen und Sonnenbrillen. Auch auf dem Platz, wo es jetzt saß, gab es viele Afrikaner. Sie spazierten über den Platz, saßen am Brunnen, beugten sich über das Geländer und schauten ins Wasser. Die Mutter sagte immer, sie solle den Schwarzen aus dem Weg gehen.

»Sie sind arbeitsscheu und stinken«, behauptete sie.

Das Kind beugte sich näher zu dem Schwarzen hin, der neben ihr auf der Bank lag, schnupperte vorsichtig, verzog das Gesicht und drehte sich angewidert weg. Die Mutter hatte Recht, dachte es. Sie sagte auch, Papa sei arbeitsscheu. Aber Papa war nicht schwarz, Papa war auf einer Insel bei Neapel geboren, die Procida hieß.

»Alle Italiener sind Nichtsnutze«, sagte die Mutter.

Das Mädchen blickte zur großen rechteckigen Brunnenanlage hin, von deren kreisförmigem Zentrum dünne Wasserstrahlen in sanften Bögen nach außen strömten. Spinnenbeine, eine Wasserspinne. Ihm gefiel der Platz um die Metrostation mit dem runden Tempel in der Mitte. Manchmal kam es nach der Vorschule hierher. Es gab immer etwas zu sehen. Jetzt gerade stand ein Mann bis zu den Knien im Wasser des Brunnenbeckens und trank aus einer halb vollen Flasche. Eine rote Spur zog sich über sein Kinn. Er fiel ins Wasser und blieb liegen.

»Mercier, hilf mir!«, rief er und winkte einem Mann, der bisher am Beckenrand gesessen und geraucht hatte. Der Mann hatte lange, auf dem Hinterkopf mit einem Gummiband zusammengeraffte Haare. Er legte die Zigarette weg, streifte Schuhe und Socken ab, watete ins Wasser und zog den anderen hoch. Die beiden stiegen aus dem Becken und gingen auf die Bank zu, auf der das Kind saß. Der Mann mit der Flasche war völlig durchnässt, die Kleider klebten ihm am Körper.

»Wach auf und trink!«, rief er dem auf der Bank schlafenden Mann zu. »Es ist der schönste Tag.«

Der Schlafende rührte sich nicht. Der Mann stellte sich neben ihn und goss den Inhalt der Weinflasche auf seinen Kopf. Das Kind blickte auf den Kopf mit den nassen Haaren.

»*Schmetterling flieg*«, sang es.

Der Schlafende erwachte und sprang auf. Er stieß den Mann mit der Flasche zu Boden und trat mit den Füßen nach ihm. Das kleine Mädchen rutschte von der Bank und sah den beiden Männern zu.

»*Zieh nicht in den Krieg*«, sang es leise.

»Hau ab«, sagte der Mann, der Mercier hieß, und zog an seiner Zigarette. »Was schaust du so? Hau schon ab.«

Er begann zu husten und klopfte sich mit der Hand auf die Brust.

Das Mädchen hatte eine blaue, gelb eingefasste Schultasche auf dem Rücken und begann zu laufen. Bei jedem zweiten Schritt versetzte ihm die große, schwere Tasche von hinten einen Stoß, und es taumelte weiter. Es lief quer über den großen Platz, versteckte sich hinter einem Baum und beobachtete die Männer.

Gefährlich, dachte das Kind. Es war gefährlich. Die drei Männer tanzten auf dem Platz. Sie tanzten einen Kriegstanz. Männer waren gefährlich. Frauen waren auch gefährlich. Alle waren gefährlich.

Der Mann mit der Flasche war aufgestanden. Er hob die Hand, in der er die Flasche hielt, und zerschlug sie auf der Schulter des anderen. Der andere Mann schrie auf. Der Mann, der Mercier hieß, stand daneben. Er sah das Mädchen hinter dem Baum. Es hielt sich die Ohren zu.

»Verschwinde!«, rief er. »Aber schnell!«

Das Kind stieß sich vom Baum ab und lief zum Quai. In

der anbrechenden Dunkelheit sah man undeutlich das Gelb der Kajaks, in denen Kinder auf dem Kanal fuhren, auch ihre gelben Schwimmwesten und die roten und blauen Ruderblätter. Das Mädchen schlenderte den Quai entlang und winkte den Kajakfahrern zu. Niemand winkte zurück. Es liebte den Weg am Wasser, die Schiffe, die Schleusen, die Anlegestege, die kleinen Boote.

Es würde der Mutter nichts erzählen, beschloss es. Die Mutter brauchte es nicht zu wissen. Sie verstand ohnehin nichts. Sie schrie und kochte. Heute würde sie schreien.

Das Licht einer Straßenlampe beleuchtete ein Frauenbildnis, das mit bunter Kreide auf den Gehweg gemalt war. Das Bild war verblasst. Das Kind blieb stehen und blickte auf das lächelnde Gesicht hinunter. Dann trat es mit seinen türkisen Sandalen auf die Mundwinkel der Frau, sodass das Lächeln verschwand.

»Du sollst nicht lächeln«, murmelte es. »Und sehen sollst du auch nichts.«

Das kleine Mädchen hüpfte von den Mundwinkeln auf die Augen der Frau.

»Jetzt siehst du nichts mehr.«

Es grätschte die Beine und trat auf die Ohren.

»Du hast keine Ohren mehr. Du brauchst nichts zu hören. Wenn die Mutter schreit, hörst du es nicht. Deine Ohren tun dir nicht weh. Du kannst froh sein.«

Das Kind stand mit gespreizten Beinen und gesenktem Blick auf dem Gehweg, bis eine ältere Frau es zur Seite stieß, ohne etwas zu sagen. Dann ging es weiter am Kanal Saint-Martin entlang.

Der Mann, der Mercier hieß, hatte es verjagt. Was machte er? War er nach Hause gegangen? Er hatte dem Mann mit der Flasche geholfen. Er hatte eine große Nase gehabt und glatte schwarze Haare wie Michel, nur länger. Vielleicht war er ein Indianer.

Es war nun vollkommen dunkel. Das Kind bog ab und lief über eine Treppe hinauf zur gut beleuchteten Uferstraße. Von der Straße aus sah es, wie eine Frau auf der Fußgängerbrücke einem Mann mit beiden Fäusten auf die Brust schlug.

»Sag mir die Wahrheit!«, schrie die Frau.

Das Mädchen blieb kurz stehen, betrachtete das Paar und drehte an seinem Ring mit dem blauweißen Schmetterling.

»*Schmetterling flieg*«, flüsterte es.

Es überquerte einen Fußgängerweg und ging auf den Eingang des Cafés *Le Libre Échange* zu. Im Türeingang stand sein Vater mit einem Geschirrtuch in der Hand. Er drehte sich um und ging ins Innere des Cafés zurück. Er hatte es nicht kommen sehen. An einem Tisch saß ein Paar. Der Mann hatte einen dicken Wollpullover an, obwohl es heiß war.

»Wir müssen die Sünde meiden«, sagte er. Das Kind fragte sich, was er damit meinte, und trat über die Schwelle.

Nadine stand hinter dem Zapfhahn.

»Wo bist du so lange gewesen, Mira?«, fragte sie. »Mama macht sich Sorgen. Geh sofort zu ihr in die Küche.«

Die Mutter stand am Herd, schnitt Lauchstangen in kleine Ringe und summte.

»Hallo Mama«, sagte das kleine Mädchen.

Lisa hörte zu summen auf.

»Jetzt kommst du erst!«, rief sie. »Weißt du eigentlich, wie spät es ist? Wo hast du dich schon wieder herumgetrieben? Komm hierher!«

Mira zögerte.

»Hast du mich nicht verstanden? Komm sofort hierher, habe ich gesagt!«, wiederholte die Mutter.

Mira trat langsam auf die Mutter zu. Lisa legte das Messer weg und riss das Kind an den halblangen Haaren. Mit trotzigem Blick versuchte es, den Kopf gerade zu halten. Es gab keinen Laut von sich. Auch als die Mutter seine Haare losließ und es mit beiden Händen mehrmals ins Gesicht schlug, blieb es stumm.

Der Wagen der Metrolinie fünf war sehr voll. Vor zehn Minuten hatte der Zug im U-Bahn-Tunnel zwischen zwei Stationen gehalten. Es war heiß und still, niemand beklagte sich. Jacques stand eingezwängt im Einstiegsbereich. Er war auf dem Weg zu seinem Italienischkurs in der Nähe der Bastille. Die nackte runde Schulter einer dicht vor ihm stehenden schwarzen Frau mit einer Fülle nachlässig hochgesteckter dunkler Haare berührte seinen Oberarm. Jacques neigte sich näher zu ihr hin, atmete ihren süßlichen Duft ein und nahm die kreisförmige Narbe einer Impfung auf ihrer violett schimmernden Haut wahr. Plötzlich rief jemand verzweifelt: »Ludovic, wo bist du?«, und die Fahrgäste brachen in Lachen aus. Gleichzeitig setzte sich der Waggon in Bewegung. Die schwarze Frau wandte sich an ein neben ihr stehendes blasses Mädchen, verdrehte die Augen und sagte in schrillem Ton: »Endlich! Ich wäre fast ohnmächtig geworden vor Hitze.« Das blasse Mädchen wurde rot und antwortete nicht. Jacques sah jetzt, dass die Frau, die vor ihm stand, jung war und ein hübsches, rundes Gesicht hatte. In der oberen Reihe fehlte ihr ein Schneidezahn. An der Station République stiegen viele Leute ein und aus, und Jacques nützte das entstehende Gedränge, um sich der Frau von hinten zu nähern und ihr eine Hand auf das Gesäß unter dem glatten, eng anliegenden grünen Rock zu legen. Sie wich der Berührung nicht aus, sondern drückte sich an ihn, ohne sich umzuwenden. Ihr Fleisch war warm und elastisch, es erregte ihn. Das blasse Mädchen beobachtete ihn aufmerksam, wobei es noch röter wurde. An der Bastille stieg die Frau aus, und Jacques ging ihr durch die langen Gänge voller dahinhastender Menschen hinterher, wobei er sie beinahe aus den Augen verlor. Vor dem Gebäude der Oper trat er hinter ihr ins Freie.

Sie ging ein Stück die Rue du Faubourg-Saint-Antoine entlang, blickte sich um und bog in eine Nebenstraße ein. Jacques folgte ihr. *Sie betritt einen dunklen Hinterhof, er holt sie ein, drückt sie an eine Mauer und löst ihr die Haare, eine schwarze Flut ergießt sich über ihre violetten Schultern, er greift mit den Händen in die weiche Fülle und küsst sie auf den Mund.* Die Frau trat auf einen großen, sehr mageren Schwarzen in einem blauen Overall zu, der an einer Straßenecke stand.

»Hallo, Amadou«, sagte sie und küsste ihn auf den Mund, »bitte entschuldige die Verspätung.«

»Endlich bist du da«, erwiderte der Mann und schlang die Arme um sie. »Du siehst hübsch aus. Endlich haben wir Zeit für uns. Ich habe meiner Frau gesagt, dass ich in der Spedition Überstunden machen muss, sie erwartet mich nicht vor elf Uhr. Komm, wir fahren.«

Die beiden gingen auf einen geparkten Lieferwagen mit der Aufschrift *Umzüge national und international* zu und stiegen ein. Bevor der Wagen sich in Bewegung setzte und um die Ecke bog, wandte die Frau, die auf dem Beifahrersitz saß, den Kopf und lächelte Jacques, der auf der gegenüberliegenden Straßenseite stand und die Szene beobachtete, strahlend an. Er konnte die Zahnlücke gut erkennen.

Mit einem Gefühl leichten Bedauerns schlenderte Jacques zurück in Richtung Bastille. Er nahm eine Straße, die für den Autoverkehr gesperrt war und auf der viele Menschen flanierten. Die Türen der Cafés und Bars standen offen, der Abend war warm, die Frauen wirkten verführerisch in ihren leichten Sommerkleidern. Er beschloss, auch diesmal nicht zu seinem Italienischkurs zu gehen. Im Grunde war der Kurs nichts als ein Vorwand, um dem Café wenigstens einmal pro Woche für ein paar Stunden zu entfliehen.

»Sich mit seinen Wurzeln zu beschäftigen ist ein verständliches Bedürfnis«, hatte er sich Lisa gegenüber gerechtfertigt.

»Man glaubt es nicht«, meinte Nadine, die mit zwei Tellern dampfender Zwiebelsuppe an ihnen vorüberging und ihn gehört hatte. »Lass dir das nicht bieten, Mama. Er will sich doch nur vor der Arbeit drücken. Widerwärtig.«

Und die Kleine, die an einem Ende des langen Küchentisches saß und ihre Aufgaben machte, hob den Kopf und sagte: »Alle Italiener sind Nichtsnutze.«

Jacques seufzte. Es deprimierte ihn, dass seine Familie ihm keinen Respekt entgegenbrachte. Schon seine Eltern hatten ihn nicht ernst genommen. Sie hatten Procida verlassen, als er ein Jahr alt war, aber später hatten sie oft die Ferien dort verbracht, in der Wohnung seiner Großeltern in Corricella, von deren nach Süden ausgerichteten Fenstern man den alten Hafen mit den blauweißen Fischerbooten und den auf der Mole aufgehäuften braunen, grauen, weißen und roten Netzen sah. Einmal, als er vor Luigis Restaurant an der Hafenmauer gesessen hatte, waren Rauchsäulen aus dem Meer aufgestiegen, und Luigi hatte gemeint, sie kämen aus dem Krater von Vulkanen auf dem Meeresgrund. Ganz hatte ihm diese Erklärung nie eingeleuchtet. Die Wohnung seiner Großeltern war dunkel und hatte einen kleinen quadratischen Innenhof mit einem Boden aus gestampfter Erde. Die von Früchten schweren Zweige der Orangen- und Zitronenbäume der Nachbarn hingen über die weiße Mauer. An der Eingangstür des Hauses war, wie an vielen Türen auf der Insel, eine zarte Frauenhand aus Messing mit einem Ring am vierten Finger angebracht, die man Fatimahändchen nannte und deren Berührung er vermied, da sie ihm unheimlich erschien. Als Kind fuhr er gern mit dem klapprigen Fahrrad seiner Tante über die glänzenden schwarzen Pflastersteine, und die alten Männer und Frauen, die vor den Häusern in der Sonne saßen, nickten und lächelten und sagten: »*Fa molto rumore!*« Im April und Mai lag der Duft der Orangen- und Zitronenblüten über der Insel, und seine Großmutter setzte ihr Gebiss ein, nahm ihn an der Hand, stellte sich mit ihm an den Straßenrand und reckte den faltigen dünnen Hals, um möglichst viel von den Heiligenstatuen zu sehen, die bei den Prozessionen vorübergetragen wurden.

Das Erste, was seine Mutter Lisa fragte, als er sie seinem Vater und ihr vorstellte, war, ob sie katholisch sei. Und Lisa, die aus dem wallonischen Teil Belgiens stammte, hatte diese Frage glücklicherweise mit einem eindeutigen Ja beantworten können, was das Verhältnis zu ihren Schwiegereltern begünstigte. Aber auch auf ihr Eheleben übte die Tatsache, dass Lisa fest in der katholischen Religion und ihren Riten verankert war, seiner Meinung nach einen wohltuenden und stabilisierenden Einfluss aus. Für jemanden wie seine Frau war der Treueschwur, den sie vor dem Altar abgelegt hatte, bindend. Wenn ihn seine Frau und seine Kinder auch nicht achteten, so konnte er doch sicher sein, dass Lisa sich an das Gebot der ehelichen Treue in Gedanken, Worten und Werken hielt und dass körperlicher Betrug für sie ausgeschlossen war. Diese Gewissheit erleichterte Jacques, und er streckte sich im Gehen und atmete tief ein und aus. Ein Nachteil dieses starken Glaubens war Lisas Mangel an Aufgeschlossenheit in sexueller Hinsicht. Am Anfang ihrer Ehe hatte er versucht, einige seiner liebsten Fantasien mit ihr in die Tat umzusetzen, war jedoch auf Ablehnung gestoßen. Allmählich hatte er resigniert und sich mit ihrer Zurückhaltung abgefunden. Wieder seufzte er. Man konnte nicht alles haben.

Im Vorübergehen blickte Jacques in einen großen Saal mit glitzernden Kristalllüstern hinein, in dem ältere Paare sich langsam zur Musette drehten. Eine große schlanke Dame mit ausgeprägten Wangenknochen und kurzen grauen Haaren in einem langen, engen, leuchtend blauen Kleid und hochhackigen Schuhen trat aus der Tür und ging vor ihm her. Er beschloss, ihr zu folgen. Sie brauchten eine Weile, um die riesige Place de la Bastille zu überqueren, an deren Rand die Menschen an den Tischen der vielen Cafés saßen, sich unterhielten und die Vorübergehenden beobachteten. Hoch oben auf der Julisäule stand mit ausgebreiteten Flügeln und erhobenen Armen auf einem Bein der Genius der Freiheit und leuchtete golden. *Fa bella figura*, dachte er beim Anblick der Skulptur, und wieder fiel ihm der Italienischkurs für Fortgeschrittene ein, den er vor zwei Monaten begonnen hatte. Er war nur die ersten beiden Male dort gewesen, danach hatte er keine Lust mehr gehabt, sich die unsympathische Lehrerin mit den leicht wahnsinnig blickenden blauen Augen, den Pferdezähnen und der eingefallenen Brust weiter anzusehen und ihr zu antworten, wenn sie auf ihn zukam, mit ihrem Zeigefinger fast auf ihn einstach und fragte: »*Giacomo, da quale binario parte il treno locale per Frascati?*« Es war viel interessanter, sich auf der Straße eine Frau auszusuchen und ihr nachzugehen.

Die große schlanke Dame vor ihm bog in eine Seitenstraße ein. Es war nun dunkel. Vor einem Tor, neben dem ein Feigenbaum mit kleinen Früchten stand, blieb sie stehen, holte einen Schlüsselbund aus ihrer Handtasche und steckte einen der Schlüssel ins Schloss. *Bevor sie durch das Tor geht, dreht sie sich um und gibt ihm ein Zeichen, er tritt nach ihr in den kühlen dunklen Hausflur und geht hinter ihr die Treppe hinauf, ihr Gesäß schwingt hin und her, sie winkt ihm, zieht ihn in eine große leere Wohnung hinein, lehnt sich an die weiße Wand und legt seine Hände auf ihre vollen Brüste.* Jacques trat von hinten auf die Frau zu und legte ihr die Hand auf die Schulter. Sie schrie leise auf und wandte sich um. Er fragte: »*Signora, da quale binario parte il treno locale per Frascati?*« Die Dame zog den Schlüssel aus dem Schloss und holte mit dem schweren Schlüsselbund aus. Jacques ergriff sie am Handgelenk, bevor die Schlüssel ihn an der Schläfe trafen.

»Sie verstehen mich falsch«, sagte er, »ich liebe die Frauen. Ich liebe sie alle.« Dann ließ er die Frau los, die sofort ins Haus schlüpfte und das Tor schloss, und ging weiter.

Einmal, als er abends im Ehebett lag, hatte er Lisa beim Auskleiden zugesehen und sie gefragt, ob sie sich vorstellen könne, ihm zuliebe so zu tun, als sei sie eine fremde Frau, und sich von ihm verfolgen zu lassen. Lisa hatte mitten in ihrer Bewegung innegehalten und ihn angesehen, als sei er verrückt. Etwas kleinlaut hatte er hinzugefügt, er habe sich gedacht, dieses Spiel könnte Abwechslung in ihr Eheleben bringen.

»Abwechslung?«, hatte Lisa gesagt, sich das Nachthemd übergestreift, ihre Hälfte des Bettes eingenommen, ihm den Rücken zugewandt und das Licht ausgeschaltet. Er fragte sich, wie sie reagieren würde, wenn sie wüsste, dass er tatsächlich fremden Frauen hinterherging. Wahrscheinlich wäre sie eifersüchtig, dachte er, eifersüchtig und verletzt. Wahrscheinlich würde sie ihm drohen, ihn zu verlassen. Aber natürlich würde sie ihn nicht verlassen, sie liebte ihn.

»Hast du heute viel gelernt, Papa?«, fragte Mira, die an einem der Tische des Cafés saß und mit einem grellrosa Filzstift lachende Gesichter auf ihre Fingernägel malte. Jacques stellte ein Glas Menthe à l'Eau auf ein Tablett und neigte sich lächelnd zu seiner Tochter, während er damit an ihrem Tisch vorüberging. Mira war ein aufgewecktes Kind. Manchmal ging Lisa zu hart mit ihr um, fand er. Schließlich war sie erst fünf. Aber er hatte nicht den Mut, die Kleine ihr gegenüber zu verteidigen, Lisa würde sich jede Einmischung in ihre Erziehung verbitten.

»*Signorina, da quale binario parte il treno locale per Frascati?*«, sagte er und küsste sie auf den glänzend braunen Scheitel.

»Was heißt das?«, fragte Mira.

Nadine, die den Zapfhahn bediente, sagte: »Geh schlafen, Mira, es ist schon spät. Mama mag es nicht, wenn du abends im Café herumsitzt. Und hör auf, deine Fingernägel zu beschmieren. Das ist ja widerwärtig.«

Mira schob die Unterlippe vor, rutschte von der Bank und ging mit dem Filzstift in der Hand am Billardtisch vorüber, an dem Michel mit einem anderen Jungen stand und spielte.

»Darf ich morgen ins Kino kommen, Michel?«, fragte sie.

»Stör mich nicht, ich muss mich konzentrieren«, sagte Michel, ohne sie anzusehen. Er hatte ein Auge zugekniffen und stieß eine rote Kugel an.

»Darf ich?«

Die rote Kugel traf mit einem leisen Klicken auf eine weiße.

»Von mir aus. In die Sechs-Uhr-Vorstellung.«

Langsam rollte die weiße Kugel ins Loch.

»Ha!«, rief Mira und grinste. Sie verließ das Café hüpfend durch die Tür, die auf den Flur hinausführte, und sprang die Treppe zur Wohnung im ersten Stock hinauf.

Mercier saß mit übergeschlagenen Beinen auf dem Brunnenrand und rauchte. Mira setzte sich neben ihn.

»Ich habe mir gedacht, dass du wieder hier bist«, sagte sie. »Kommst du jeden Tag her?«

Mercier sah das Mädchen überrascht an, dann erkannte er es wieder.

»Nicht jeden Tag«, sagte er langsam.

»Bist du ein Indianer?«, fragte Mira und legte den Kopf schief.

»Wie kommst du darauf?«, antwortete er.

»Deine Haare«, sagte Mira. »Wo sind die anderen?«

»Was weiß ich«, sagte Mercier.

»Madame Rougerie ist heute mit uns in den Zirkus gegangen«, erzählte Mira.

Mercier schwieg und musterte das Kind. Hinter der dicken Brille waren seine Augen nur undeutlich zu erkennen.

»Madame Rougerie ist unsere Lehrerin«, erklärte es. »Der Zirkus ist bei der Place de Clichy. Wir sind zu Fuß hingegangen. Es ist nur ein kleiner Zirkus. Das Zelt war ganz blau, und die Artisten sind durch einen langen roten Vorhang gekommen. Die Musik hat gespielt, und ein Mädchen in einem hellblauen Kostüm ist auf einem Seil gegangen. Es sind Zigeuner, hat Madame Rougerie gesagt.«

Mercier blickte in eine andere Richtung und schwieg.

»Wo wohnst du denn?«, fragte Mira.

Mercier wandte sein Gesicht wieder dem Kind zu, zog an seiner Zigarette und musterte es weiter. Ihm schien, es schielte auch. Dann fragte er: »Willst du mich besuchen?« Er nahm die Zigarette aus dem Mund und begann zu husten.

»Ja«, sagte Mira, »du siehst aus wie Michel, weißt du.«

»Sollen wir gleich gehen?«, fragte Mercier, nachdem er zu husten aufgehört hatte.

»Heute kann ich dich nicht besuchen, heute gehe ich zu Michel ins Kino.«

»Und morgen?«, fragte Mercier.

»Ja, morgen.«

»Gut, dann treffen wir uns morgen Nachmittag hier.«

»Ja, morgen Nachmittag.«

Mira saß im dunklen Zuschauerraum des kleinen Kinos. Der Bruder hatte ihr erlaubt, sich in die letzte Reihe zu setzen, nachdem der Film begonnen hatte. Sie liebte die Dunkelheit und den Geruch der weichen roten Plüschsessel. Auf der Leinwand tanzten die Menschen. Es war wieder ein Kriegstanz. Sie starrten finster vor sich hin und stampften mit den Schuhen auf einen Bretterboden. Sie hoben die Arme über den Kopf und sangen mit klagenden Stimmen. Mira verstand nichts von dem, was die Menschen in dem Film sagten. Ein Mann und eine Frau standen einander gegenüber und schauten sich wütend an. Dann ging der Mann auf die Frau zu, packte sie an den Armen, schüttelte sie und schrie: »*Mira! Mirame!*« Überrascht hob Mira den Kopf von der Lehne des Sessels, in dem sie sich lümmelte, und setzte sich aufrecht hin.

Sie kannte niemanden, der so hieß wie sie. Es gab also noch eine Frau mit diesem Namen, eine schöne, erwachsene Frau mit roten Lippen und einem langen schwarzweißen Kleid mit vielen Rüschen. Der Mann umarmte die Frau und stach gleich darauf mit einem Messer auf sie ein. Die schöne Frau sank zu Boden und rührte sich nicht mehr.

Nach der Vorstellung saß Mira auf einem hohen Hocker neben ihrem Bruder an der Kasse, aß Gummibärchen, betrachtete die Vorübergehenden und ließ die Beine baumeln. Michel zählte das Geld.

»Warum sitzt du heute hier?«, fragte sie. »Wo ist Coralie?«

»Sie ist krank«, sagte Michel und lächelte in sich hinein.

»Was lachst du so?«, fragte Mira. »So anders.«

»Ich bin verliebt«, sagte Michel.

»Ist es ein Geheimnis?«, fragte Mira.

»Ja, es ist ein Geheimnis.«

»Ich habe auch ein Geheimnis«, sagte Mira.

Sie rutschte vom Hocker, verließ den Verschlag und sah sich im Schaukasten die Bilder des Films an, den sie gerade gesehen hatte.

»*Carmen*«, buchstabierte sie. »Das war ein komischer Film. Das nächste Mal möchte ich wieder einen sehen, in dem ich die Leute verstehen kann.«

Mercier erwachte nach Atem ringend. Sein Blick fiel auf das Foto eines kleinen Mädchens, das er in einer Buchhandlung aus einem Kalender herausgerissen und am Fußende seiner Matratze mit vier Nägeln an der Wand befestigt hatte. Es war ein Foto in Brauntönen, bestimmt fünfzig Jahre alt oder noch älter. Er begann zu husten und setzte sich auf. Er musste mehrere Stunden geschlafen haben, denn es war schon dunkel, und das Mädchen war kaum zu erkennen. Es war das Foto für den Monat August, das Kind stand in einer nassen Badehose am Strand, hatte die große Zehe ins Wasser getaucht und lachte. Das Mädchen mit der Brille, das ihn heute auf der Place de Stalingrad angesprochen hatte, hatte ihn an das auf dem Foto erinnert. In einer nassen Badehose sah sie sicher genauso aus. Das Ausatmen fiel ihm schwer und verursachte ein pfeifendes Geräusch. Er tastete nach dem Inhalationsspray für akute Anfälle, der griffbereit neben seiner Matratze lag, und sprühte sich das Mittel in die Mundhöhle. Dann stand er auf, setzte sich aufrecht an den kleinen Tisch und stützte sich mit den Armen auf der Tischplatte ab, während er weiter hustete. So war es etwas besser. Er erhob sich vom Tisch, schaltete das Licht ein, ging zum Ausguss, spuckte in das Becken, entnahm dem Röhrchen, das auf einem Bord darüber stand, eine Kortisontablette und schluckte sie mit etwas Wasser. Er hätte nicht rauchen sollen, Rauchen war Gift für sein Asthma. Aber gestern Abend war Vollmond gewesen, und bei Vollmond stieg sein Bedürfnis nach Nikotin. Er vertrug den Anblick dieser kalten Scheibe nicht, ihre weiße Helligkeit machte ihn unruhig und ließ ihn keinen Schlaf finden. Deshalb war er mitten in der Nacht aus dem Haus gegangen und hatte in mehreren Bars getrunken und geraucht, in der Hoffnung, auf eine Frau zu stoßen, die ihn zu sich mitnehmen würde. Aber es hatte sich keine gefunden. Er hatte wenig Glück bei Frauen, wahrscheinlich spürten sie, dass er sie verachtete. Als Mädchen waren sie unschuldig und begehrenswert, doch sobald sie in die Pubertät kamen, wurden alle zu Huren. Bei diesem Gedanken begann ihn erneut ein Hustenreiz zu quälen, und er krümmte sich und überließ sich dem Bedürfnis. Dann richtete er sich wieder auf und sah sein Gesicht im Rasierspiegel, den er an einem Nagel über dem Spülbecken aufgehängt hatte. Er fragte sich, ob es das Gesicht eines bösen Menschen war, und kam zu keinem Schluss. Jedenfalls fand er, dass er älter aussah als neunundzwanzig. Er wandte sich um, ging quer durch das Zimmer, trat auf einen Balkon mit einer schmiedeeisernen Brüstung, der kaum größer war als ein Quadratmeter, und atmete tief ein. Draußen war die Luft nicht viel frischer als in seinem engen Zimmer, aber ein wenig linderte sie den Anfall doch. Sechs Stockwerke unter ihm floss die Seine, die Wellen waren schwarz und glänzten im Licht des Mondes, der ebenso rund erschien wie gestern Abend, aber genau genommen kein Vollmond mehr war. Auf der anderen Seite des Flusses lag das Rathaus, vor dem sich ein ausgedehnter, von schönen Lampen bestrahlter Platz erstreckte, an dessen Rand die weiß schimmernden Wasserfontänen der Brunnen in die Höhe stiegen. Links dahinter sah man undeutlich das Röhrenwerk des Centre Beaubourg, und weiter entfernt leuchteten die Kuppeln der Kirche Sacré-Cœur, bei deren Anblick ihm immer die Farbtafeln aus dem Märchenbuch mit den Geschichten aus Tausendundeiner Nacht einfielen, das er als Kind besessen hatte. Die Aussicht von seinem Zimmer über die Stadt gefiel ihm, doch wenn er daran dachte, dass dieser Raum fünfzehn Jahre lang die Behausung seiner Mutter gewesen war, überkam ihn die Wut, und wieder befiel ihn der Drang zu husten. Sein ganzes bisheriges Leben hatte in der Anstrengung bestanden, ihr zu entkommen, aus Angst, er könnte sie in einem Augenblick alles überschwemmenden Hasses erschlagen, und nun wohnte er hier, wo ihr abgestandener alter Geruch in allen Ecken hing.

Was hätte er machen sollen? Vor fünf Monaten hatte man ihm in der Anstalt ein amtliches Schreiben ausgehändigt, mit dem Bescheid, dass sie im Krankenhaus Salpêtrière an Leberzirrhose verstorben war. Die Nachricht hatte ihn sehr erleichtert, denn sie bedeutete, dass er nicht zum Mörder werden musste. Er hatte nie eine andere Person umbringen wollen als seine Mutter. In demselben Schreiben wurde ihm mitgeteilt, dass sie ihm das dreizehn Quadratmeter große Dachzimmer am Quai aux Fleurs hinterlassen hatte. Da er nach der Entlassung aus der Anstalt weder Arbeit noch Wohnung gehabt hatte, war er gezwungen gewesen, das Erbe anzutreten.

Mercier wandte sich vom Fenster ab und betrachtete eine Zeit lang die Spinne, die in der Ecke über dem Kinderfoto kopfunter in der Mitte ihres Netzes hing. Dass man ihn in die Anstalt gebracht hatte, war eine große Ungerechtigkeit gewesen. Er hatte das Mädchen, das er damals in das Abbruchhaus mitnahm, in dem er eine Zeit lang wohnte, zu nichts gezwungen. Sie war mit allem einverstanden gewesen, es hatte ihr gefallen. Es war auch nicht das Mädchen gewesen, das ihn beschuldigt hatte, sondern dessen Mutter. In der Anstalt hatte sich das Asthma, das er schon als Kind gehabt hatte, verstärkt. Einmal hatte er sogar ins Krankenhaus gebracht und künstlich beatmet werden müssen.

Die Spinne bewegte sich. Er hatte sie im Bois de Boulogne gefunden, wo er beinahe in ihr großes Netz hineingelaufen wäre. Weil er dieses kreisrunde Gespinst schön fand, hatte er sie in einer Zündholzschachtel mit in sein Zimmer genommen, in der Hoffnung, sie würde ein neues Netz bauen. Das tat sie auch, fast jeden Tag. Es faszinierte ihn zu sehen, wie sie ihr altes Netz auffraß und ein neues spann. Er fand, dass das Netz das Schönste in seinem Zimmer war. Manchmal glitzerten die Fäden in der Sonne wie ein kostbares Schmuckstück. Seine Spinne war etwas über einen Zentimeter groß und gelbbraun, ihre Beine waren behaart, und sie hatte eine kreuzförmige Zeichnung auf dem Hinterleib. Er fütterte sie mit Fliegen. Da es interessant war, sie zu beobachten, lag ihm daran, dass sie lange lebte.

Mercier verspürte Hunger und öffnete den Kühlschrank, in dem sich nur noch ein kleines Stück Käse und eine halb volle Dose Kondensmilch befanden. Auch in dem kleinen Holzschrank an der Wand darüber fand er nichts Essbares. Es war der Tag der Ausstellungseröffnungen, er würde ins Marais gehen und seinen Hunger auf einer Vernissage stillen. Er nahm seine Jeans von der Sessellehne, zog sie an, hob das Hemd auf, das auf dem Fußboden lag, und schlüpfte in die

Ärmel. Dann fuhr er in die Schuhe, die neben der Matratze standen. Nachdem er vor dem Rasierspiegel seine Haare mit einem Band zusammengefasst hatte, verließ er das Zimmer, wobei er sich bücken musste, um nicht mit dem Kopf anzustoßen. Er war der Einzige, der im Dachgeschoss wohnte. Die anderen Räume hatten keine Türen und waren leer und verwahrlost, voller Taubenkot. Er ging die alte Dienstbotentreppe hinunter, gut darauf achtend, wo er hintrat, da die Stufen von leicht unterschiedlicher Höhe waren und er schon einmal das Gleichgewicht verloren hatte und gestürzt war. Das Treppenhaus war sehr schmal, die Wände schmutzig. Er konnte es nicht lassen, die Stufen zu zählen, es war eine lästige Angewohnheit. Hundertvierzehn Stufen. Die Luft in dem fensterlosen Schacht war heiß und stickig. Plötzlich überfiel ihn Hass auf die vermögenden Hausbewohner, die die breite Steintreppe mit dem roten Teppich und dem kunstvoll geschmiedeten Geländer benutzen durften und im geräumigen Stiegenhaus mit den cremeweißen, stuckverzierten Wänden und den bunten Glasfenstern langsam und selbstsicher immer höher stiegen. Es war nicht gerecht.

Mercier verließ das Haus, ging den Quai aux Fleurs in Richtung Île Saint-Louis entlang und steckte sich eine Zigarette an. Wieder fiel ihm das kleine Mädchen mit der dicken Brille ein. Sie hatte etwas Argloses an sich gehabt. Bei dem Gedanken, dass sie wahrscheinlich schon morgen in seinem Zimmer stand, wurde ihm heiß. Er überquerte die Brücke zwischen den beiden Seineinseln, auf der ein Clown mit einem Einrad Kunststücke vollführte, und bahnte sich einen Weg durch die Menge der Zuschauer. Das Viertel war das ganze Jahr über voller Touristen, er konnte ihre hingerissenen Mienen beim Anblick der Stadt Paris kaum ertragen. Über den Pont Marie wechselte er auf die andere Seite der Seine und begann seine Suche nach einer Galerie, in der eine Ausstellung eröffnet wurde. Rauchend ging er in Richtung Rue Saint-Paul, da er sich erinnerte, dass es in dieser Straße eine Galerie für japanische Kunst gab. Er überholte eine Frau in einem langen, leuchtend blauen Kleid und sah, dass die beiden Türen der Galerie zur Straße hin offen waren und dass die Menschen sich auf dem Gehsteig drängten. Er mischte sich unter die Besucher und drang zu einem langen Tisch vor, auf dem Speisen und Getränke standen. Außer japanischem Knabbergebäck war nichts mehr übrig. Er schenkte sich einen Whisky ein und begann zu essen. Es störte ihn nicht, dass eine kleine, japanisch aussehende Frau in einem roten Kleid mit kurzen Beinen, glatten schwarzen Haaren und einem runden, flachen Kindergesicht, die ein Weinglas in der Hand hielt, ihm dabei zusah, wie er eine Faust voll mit buntem Gebäck nach der anderen aus einer großen Schüssel nahm. Eine hoch gewachsene Brünette trat auf sie zu.

»Kashiko! Schön, dich zu sehen!«, rief sie. »Ich war länger weg, weißt du. Ich habe eine Zeit lang in Hamburg gelebt. Diese großen, blonden, schweigsamen Menschen! Anders als die Pariser. Kühl, aber treu. Ganz anders als die Pariser! Die Pariser sind treulos. Die Hamburger sind treu bis in den Tod.«

»Wie lange warst du in Hamburg?«, fragte die Frau in dem roten Kleid. Sie hatte eine hohe, nasale Stimme, und Mercier war sich nicht sicher, ob ihm der Tonfall gefiel.

»Drei Wochen«, antwortete die Brünette und zog einen dürren kleinen Mann mit spärlichem dunklen Haar hinter sich hervor. »Darf ich dir Claus vorstellen. Er ist aus Blankenese. Er ist mir nach Paris gefolgt, weißt du. Wir leben zusammen in Aubervilliers. Aubervilliers ist fantastisch. Claus ist mir treu.«

»Guten Abend«, sagte Claus und sah Kashiko an.

»Guten Abend«, sagte Kashiko und sah Mercier an.

»Haben Sie Cioran gelesen?«, fragte der kleine Mann aus Blankenese.

»Cioran?«, wiederholte Kashiko.

»*Die Lehre vom Zerfall*. Jeder sollte dieses Buch gelesen haben.«

»Ach ja, Kashiko«, sagte die Brünette, »ich zahle dir das Geld am nächsten Monatsersten zurück. Todsicher. Ich habe mir endlich den Nomadenteppich aus Turkestan gekauft. Hast du gewusst, dass ein echter Nomadenteppich kleine Unregelmäßigkeiten im Muster aufweisen muss? Die Nomaden sind davon überzeugt, dass Gott nicht will, dass wir vollkommene Dinge erschaffen. Nur Gott darf vollkommene Dinge erschaffen. Ich liebe den Teppich aus Turkestan. Man darf ihn nicht auf den Boden legen, er muss zusammengerollt bleiben. Kein Licht darf auf die Farben fallen. Es ist ein alter Teppich, die Pflanzenfarben sind sehr empfindlich, weißt du. Du bekommst das Geld in drei Monaten zurück. Todsicher.«

»Lass dir Zeit«, sagte Kashiko und lächelte Mercier an. »Lass dir Zeit.«

Claus und die Brünette wandten sich um und gingen davon.

Mercier nahm noch eine Faust voll von dem japanischen Knabbergebäck und goss sich einen dritten Whisky ein, dann begann er sich aus Langeweile die Bilder anzusehen. Sie bestanden aus Papierstücken in verschiedenen Farben, die auf Karton geklebt waren und Titel hatten wie »Rhapsodie«, »Prämisse« und »Kailash«. Er verstand diese Wörter nicht.

»Finden Sie nicht auch, dass Yokos neue Washi wahnsinnig aufregend sind?«, fragte die kleine Japanerin mit dem Kindergesicht, die sich neben ihn gestellt hatte.

»Wie bitte?«, fragte Mercier.

Die Japanerin lachte.

»Ich habe Sie gleich gesehen«, sagte Mercier. »Wie alt sind Sie?«

Die Japanerin lachte wieder.

»Ich habe Sie auch gleich gesehen«, sagte sie.

»Wo wohnen Sie?«, fragte Mercier.

»Nicht weit von hier«, sagte die Japanerin. »Nicht sehr weit.«

»Gehen wir?«, sagte Mercier.

»Gehen wir«, sagte die Japanerin.

Mercier wartete, bis die Japanerin ihre Jacke gefunden hatte. Es dauerte ziemlich lange.

Auf dem Weg zur Wohnung der Japanerin in der Rue Beautrellis kam ein erschöpft aussehender älterer Mann auf sie zu.

»Ich bin verzweifelt«, sagte er mit monotoner Stimme. »Ich muss anrufen. Es ist sehr wichtig. Ich habe keine Telefonkarte. Alle Telefonzellen sind kaputt. Ich bin von einer Telefonzelle zur anderen gelaufen. Darf ich Ihr Telefon benützen? Ich bitte Sie. Es handelt sich um meine Tochter. Glauben Sie mir, es geht um Leben und Tod.«

Die Japanerin zog die Schultern hoch.

»Es wundert mich nicht«, sagte sie zu Mercier. »Solche Dinge passieren mir ständig.«

Zu dritt betraten sie die Wohnung der Frau. Es war eine elegante, spärlich möblierte Wohnung mit hohen, gesund aussehenden Pflanzen in großen Keramiktöpfen. Der Fremde setzte sich auf das breite, niedrige Bett, neben dem das Telefon stand, und wählte eine Nummer.

»Aber nein«, sprach er in den Hörer und schüttelte bekümmert den Kopf, »aber nein.«

»Wirf sie weg«, sagte er, »wirf sie augenblicklich weg.«

»Ich brauche dich doch«, sagte er, »ich brauche dich.«

»Warte auf mich«, sagte er, »leg dich hin und warte auf mich. Ich komme sofort.«

Er legte den Hörer auf.

»Irrsinn«, sagte er, »Irrsinn. Ich bin so müde. Alle Hotels sind ausgebucht.« Er legte sich auf den Teppich am Fußende des Bettes und rollte sich zusammen.

»Ich danke Ihnen«, sagte er, »ich danke Ihnen für Ihre Gastfreundschaft.«

Mercier und die Japanerin kleideten sich aus, legten sich ins Bett und schliefen sofort ein.

Als Mercier aufwachte, war der Fremde fort. Er schlug die Bettdecke zurück und betrachtete den Körper der Japanerin im grauen Licht des frühen Morgens. Die Japanerin drehte sich auf den Rücken und öffnete die Augen.

»Du bist weiß«, sagte er, »weiß wie ein Fisch.«

Die Japanerin lächelte und schlang die Arme um seinen Hals. Mercier machte sich los.

»Wie alt bist du?«, fragte er.

Die Japanerin schwieg.

»Du siehst aus wie ein Mädchen«, sagte er. »Ich habe es gleich gesehen. Du bist ein Mädchen. Ich mag kleine Mädchen.« Er beugte sich über sie und begann sie zu streicheln.

»Erzähl mir etwas«, sagte er. »Erzähle!«

»Ich kann nicht reden, wenn du das machst«, sagte die Japanerin.

Mercier fuhr fort, sie langsam zu streicheln.

»Ich habe dich etwas gefragt«, sagte er nach einiger Zeit. »Antworte mir!« Er betrachtete aufmerksam ihr Gesicht. »Warum antwortest du nicht?«

Seine Hände strichen über ihre Haut und legten sich leicht um ihren Hals. Die Japanerin legte den Kopf zurück, schloss die Augen halb und brummte leise.

»Was hast du gesagt?«, fragte er laut, mit gespanntem Blick. »Wiederhole es!«

Der Wecker neben Miras Bett krähte. Es war ein Wecker in der Form eines übergroßen Eierbechers mit einem Ei darin, den Nadine ihr geschenkt hatte. Er krähte dreimal wie ein Hahn, dann hörte er auf. Mira öffnete die Augen, schlug die

Decke zurück und glitt aus dem Bett. Es machte ihr nichts aus, morgens allein aufzustehen. Das Café schloss erst um zwei Uhr früh, alle anderen schliefen länger als sie. In der Nacht hatte die Stimme der Mutter sie aufgeweckt. Das Schlafzimmer der Eltern lag neben ihrem. »Dieses verfluchte Café!«, hatte sie gerufen. »Dieses verfluchte Café bringt mich noch ins Grab!« Dann war Stille gewesen. Und ein wenig später hatte sie geschrien: »Rühr mich nicht an!«

Mira stellte sich vor den Spiegel, der an der Innenseite der Zimmertür angebracht war. Sie hob die Arme über den Kopf und blickte finster.

»*Mira! Mirame!*«, sagte sie leise und dachte an den Mann, der Mercier hieß. »Rühr mich nicht an!«

Es war angenehm, an ihn zu denken, viel angenehmer als an ihre Mutter oder an die Vorschule. Mira ließ die Hände sinken und betastete ihren linken Arm. Hier hatte die Mutter sie vor ein paar Tagen getroffen. Und an den Oberschenkeln. Man konnte nichts machen. Wenn sie wütend war, schlug sie überall hin. Es war sinnlos, sich zu beklagen. Die anderen halfen ihr nicht. Sie seufzte. Aber einmal hatte sie die Mutter gesehen, als sie nach der Schule im Park Monceau herumspaziert war. Die Mutter war mit einem Mann auf einer Bank gesessen, und der Mann hatte ihre Hand geküsst. Sie hatte es niemandem erzählt. Die Mutter hatte ganz anders ausgesehen als sonst.

Mira zog an, was Nadine ihr über die Stuhllehne gelegt hatte. Ihre Sachen waren klein, und sie fand das hübsch. Sie wollte klein bleiben, um den geblümten Rock immer tragen zu können. Dann ging sie ins Badezimmer und wusch sich das Gesicht. Sie nahm den Handspiegel ihrer Schwester, blickte hinein und schüttelte langsam den Kopf.

»Ich mache Ihnen keine Hoffnungen, Mercier«, sagte sie, »es ist noch zu früh. Sie wissen, Dennis ist erst seit drei Tagen tot.«

Das hatte eine Frau mit einem schwarzen Kopftuch und einer großen schwarzen Brille in einem anderen Film gesagt. Dann brachte sie den Spiegel noch näher an ihr Gesicht heran und starrte so lange in ihre Augen, bis sie sich mit Tränen füllten. Sie beobachtete, wie die Tränenflüssigkeit am unteren Lidrand anschwoll. Eine Träne löste sich und rann ihr über die Wange.

»Ich war verliebt, müssen Sie wissen«, sagte sie. »Es war ein Geheimnis.«

Sie wischte die Träne weg, verließ das Badezimmer und holte ihre Schultasche und ein Blatt Papier, auf das sie ein Spinnennetz gezeichnet hatte, aus ihrem Zimmer. Dann ging sie in die Küche, goss heiße Schokolade aus einer Thermoskanne in eine Schale und trank. Sie setzte die Schale ab und sagte: »Sie haben keine Ahnung, Mercier.« Mit der Schultasche auf dem Rücken und der Zeichnung in der Hand verließ sie die Wohnung, stieg ein Stockwerk höher und schob die Zeichnung durch den Spalt am unteren Ende der Wohnungstür von Madame Bouquet, so wie die Concierge es mit der Post der Hausbewohner machte. Das tat sie öfter. Am liebsten zeichnete sie Prinzessinnen mit hohen, spitzen Hüten, von denen Schleier wehten, und Spinnennetze.

Die Vorschule war zu Ende. Mit dem Zeigefinger der ausgestreckten linken Hand fuhr Mira leicht über die Mauern der Häuser, an denen sie vorüberging. Ihre Fingerkuppe spürte den rauen Putz, bis sie gefühllos wurde. Sie kam an dem Fenster vorbei, aus dem sich der Mann mit dem nackten Oberkörper lehnte. Es war kein richtiger Mann, sondern ein Mann aus bemaltem Stein. Auch der blaue Vorhang, der neben ihm aus dem Fenster wehte, war aus Stein. Eine Taube saß darauf. Die Taube war echt. Mira verscheuchte sie. Sie ging oft an diesem Fenster vorüber. Es war schwül, über einem Teil des Himmels hingen schwarze Wolken. In der Nähe des Eingangs zur

Metrostation Stalingrad standen in einem Halbkreis sechs schwarze Frauen, klatschten in die Hände, wiegten sich in den Hüften und sangen. Mira blieb kurz stehen und hörte den Frauen zu, bevor sie den Platz mit der Rotunde überquerte. Von weitem schon sah sie Mercier mit übergeschlagenen Beinen auf der Einfassung des Brunnens sitzen.

»Hier geht es nicht weiter«, sagte Mira und wandte sich auf dem obersten Treppenabsatz nach Mercier um. »So viele Stufen!« Sie trat in einen der leeren, türlosen Räume des Dachgeschosses, sah sich darin um und kam ins Treppenhaus zurück. »Wohnt hier niemand?«

»Nein, niemand«, sagte Mercier und sperrte die Tür zu seinem Zimmer auf.

»Nur du?«, sagte Mira und blickte ihn kurz an.

»Nur ich«, sagte Mercier und betrat das Zimmer.

Mira lief durch den Raum und über die Schwelle der offen stehenden Glastür auf den Balkon hinaus.

»Da sieht man aber weit!«, sagte sie. »Komm auch heraus, es regnet fast nicht mehr.«

Mercier stellte sich neben das Mädchen, das über die Stadt blickte, und schaute es von der Seite an. Sie hatte nasse Haare, auch ihr T-Shirt und ihr dünner geblümter Rock waren vom Regen durchnässt und klebten an ihrem schmalen Körper. Ihm wurde plötzlich ein wenig übel, sein Magen fühlte sich hohl an, und es würgte ihn leicht.

»Ein Regenbogen! Schau, ein Regenbogen!«, rief Mira aufgeregt und berührte den Ärmel seines Hemdes. »Nadine hat gesagt, es bringt Glück, wenn man einen Regenbogen sieht.«

Mercier zog den Arm weg und folgte mit dem Blick Miras anderer Hand, die über die Dächer nach Osten deutete. Hinter dem Turm der Kirche Saint-Gervais stieg der pastellfarbene Bogen steil in die Höhe und verlor sich weit oben im dunkelgrauen Himmel.

»Wir sind ganz schön nass geworden«, sagte das Mädchen und lachte. »Ich gehe gern im Regen, du auch?«

Leicht, so leicht. Kleine Mädchen sind so leicht, dachte Mercier. Ich könnte sie mühelos aufheben und vom Balkon fallen lassen. Ohne zu antworten, ging er ins Zimmer zurück. Er setzte sich auf die Matratze und tastete in der Tasche seines Hemdes nach seinem Inhalationsspray.

»Dort oben ist die Kirche Sacré-Cœur!«, rief das Mädchen durch die offene Tür. »Ist sie nicht schön? Wie im Märchen. Ich war schon dort. Mit meiner Mutter.«

Schon wieder eine Mutter, dachte Mercier und spürte, wie er wütend wurde. Er begann zu husten und sprühte sich das Medikament in den Rachen.

»Komm herein«, sagte er. »Komm herein und mach die Tür zu.«

Mira kam seiner Aufforderung nach.

»Hast du dich erkältet?«, fragte sie und setzte sich neben ihn auf die Matratze. Mercier hörte zu husten auf.

»Dein Rock ist ganz nass«, sagte er und legte seine Hand auf den Oberschenkel des Mädchens. Mira warf ihm einen raschen Blick zu und schob den Rock hinauf.

»Schau, hier hat die Mutter mich geschlagen«, sagte sie und zeigte ihm einen blauen Fleck.

»Tut es weh?«, sagte er und strich sacht über den Bluterguss. Mira schaute ihm ins Gesicht.

»Jetzt nicht mehr«, sagte sie.

Mercier beugte sich hinunter und legte seinen Mund auf die blaurot verfärbte Stelle. Mira blieb eine Weile ruhig sitzen.

»Ich bin schon einmal mit jemandem mitgegangen«, sagte sie dann.

Sie stand auf und begann sich im Zimmer umzusehen.

»Wer ist denn das?«, sagte sie und deutete auf das Foto mit dem kleinen Mädchen. »Ist das dein Kind?«

»Nein«, sagte er und stellte sich neben das Mädchen.

»Uh, da sitzt eine Spinne!«, rief Mira. »Eine dicke fette Spinne! Aber das Netz ist schön.«

»Ja«, sagte Mercier, legte seine Hände um die Taille des Kindes und hob es hoch, sodass es die Spinne und ihr Netz besser sehen konnte. Er spürte die warme Kinderhaut unter dem nassen T-Shirt und empfand einen starken Sog in den Eingeweiden. Ein leichter Schwindel überkam ihn, und er stellte das Kind wieder auf den Fußboden.

»Wer ist das Mädchen?«, fragte Mira nochmals und schaute das Foto an. »Ich kann schon schwimmen«, sagte sie nach einer kleinen Pause und wandte ihm ihr Gesicht zu, »mein Badeanzug ist ganz neu. Aber heute habe ich ihn nicht an.«

Mercier sah die verschwommenen, übergroßen Augen des Mädchens hinter den Brillengläsern. Plötzlich hatte er Lust, die Brille zu zerschlagen.

»Was hast du denn heute an?«, fragte er leise.

Mira trat dicht auf ihn zu und zog mit beiden Händen ihr T-Shirt hoch. Ihre Haut war glatt und braun.

»Nichts«, sagte sie.

Die Tische und Stühle auf dem Gehsteig vor dem Café *Le Libre Échange* waren nass und leer. Mira schlich sich an der Tür vorüber, die von der Straße ins Café führte, betrat das Haus durch das große Eingangstor und lief über die Treppe hinauf in den ersten Stock. Es war schon neun Uhr, und wenn sie gleich in ihr Zimmer ging, würde die Mutter vielleicht nicht merken, dass sie erst jetzt nach Hause kam. Die Tür zu Nadines Zimmer stand einen Spaltbreit offen, Licht drang daraus hervor, und Mira hörte die Stimme ihres Vaters. Sie spähte durch den Spalt und sah ihn mit einem Blatt Papier in der Hand auf Nadines Bett sitzen. Ihre Schwester saß ihm gegenüber auf einem Sessel.

»Wann hat diese Geschichte denn angefangen?«, fragte der Vater.

»Das weiß ich nicht genau«, sagte Nadine, »vor längerer Zeit jedenfalls.«

»Aber das ist doch nicht möglich«, sagte der Vater, »das ist doch nicht möglich. Wo ist sie jetzt?«

»Das darf ich dir nicht sagen«, meinte Nadine. »Sie hat mir das Kuvert in die Hand gedrückt und gemeint, ich soll es dir heute Abend geben.«

»Was sollen wir ohne sie anfangen? Wie sollen wir das Café ohne sie führen?«, fragte der Vater.

»Ich weiß es nicht«, sagte Nadine. »Vielleicht kommt sie wieder. Es wird schon gehen.«

Der Vater schaute auf das Blatt Papier und schlug mit dem Handrücken leicht darauf.

»Kennst du ihn?«, fragte er. »Wer ist es?«

»Das darf ich dir auch nicht sagen«, erwiderte Nadine.

»Kannst du mir verraten, wer jetzt kochen soll? Wir werden das Café schließen müssen«, sagte der Vater.

»Übertreib nicht«, sagte Nadine ungerührt, »ich kann kochen, wir bieten eben weniger Speisen an, das ist alles. Und Michel muss auch mithelfen. Es wird schon gehen.«

Mira machte die Tür weit auf und trat ins Zimmer.

»Ist die Mama weggegangen?«, fragte sie.

»Ja, Mira«, sagte Nadine. »Aber sie kommt sicher bald wieder. Wie siehst du denn aus?«

»Ich bin in den Regen gekommen«, sagte Mira.

»Geh schlafen, sonst bist du morgen früh müde. Ich hab dir deine Sachen hingelegt.«

Mira drehte sich um und hüpfte den Korridor entlang. Sie ging in ihr Zimmer, stellte die Schultasche ab, warf sich mit ausgebreiteten Armen rücklings auf das Bett und grinste.

»Die Mama ist weg«, flüsterte sie, »die Mama ist weg.«

Eine schwarze Katze mit weißen Pfoten saß auf der Mauer des Hinterhofs in der Sonne und leckte sich das Fell. Jacques jagte sie davon und begoss den Oleander. Noch immer war der hohe Strauch voller rosa Blüten. Er wandte den Kopf und blickte durch die Glastür in die Küche. Nadine stand am Herd und rührte mit einem Kochlöffel in einer Pfanne. Er wusste, dass sie ihre Mutter gelegentlich besuchte, aber sie sagte ihm nicht, wo Lisa sich aufhielt. Im Grunde war es nicht so wichtig, es war nur eine Frage der Zeit, bis Lisa zurückkam. Lisa verließ ihn niemals. Das Einzige, was Nadine ihm verraten hatte, war, dass der Typ, mit dem seine Frau im Augenblick ein Verhältnis hatte, einundzwanzig Jahre jünger war als sie. Lisa war vierzig, also war der Typ neunzehn, nicht viel älter als Michel.

Der wilde Wein färbte sich bereits rot und trug kleine runde, blaue Früchte. Jacques betrachtete interessiert die kleinen Haftscheiben, mit denen sich die Pflanze am Mauerwerk festhielt. *Die leuchtend roten Blätter dringen durch das Fenster in ein kleines Dachzimmer, in dem Lisa, seine reife, frauliche Lisa, nur mit hochhackigen roten Lacksandalen bekleidet auf einer Matratze liegt, der Junge beugt sich zu ihr hinunter, sodass sein langes schwarzes Haar über ihr Gesicht fällt, und legt seinen Mund auf die ein wenig welke Haut an ihrem Hals, sie blickt ihn unter halb geschlossenen Augenlidern an.* Der Gedanke an seine Frau und den jungen Mann erregte ihn, und er beschloss, die Fantasie weiterzuspinnen, sobald er mehr Muße hatte. Ob sein Sohn auch Kontakt zu seiner Mutter hatte, wusste er nicht, Michel sprach so gut wie nie mit ihm. Die Kleine schien Lisas Abwesenheit erstaunlich gut zu verkraften, sie fragte nie nach ihrer Mutter. Überhaupt war die Kleine sehr selbständig für ihr Alter, man brauchte sich wenig um sie zu kümmern. Anfangs hatten die Gäste nach Lisa gefragt, jetzt fragten sie nicht mehr. Eigenartig, wie schnell man sich an veränderte Verhältnisse gewöhnte.

Jacques neigte sich zu dem kugelförmigen kleinen Buchsbaum hinunter, den Madame Bouquet ihm überlassen hatte, und sog seinen leichten, angenehm herben Duft ein. Er lächelte. Sicher hatte Madame Bouquet nicht gewusst, dass auch er giftig war. Dann ging er durch die Küche ins Café, das leer war bis auf Michel, der gerade einen Tisch abräumte, und stellte sich in den Türeingang. An einem der Tische auf dem Gehsteig saß die kleine Mexikanerin mit ihrem neuen Freund. Er gefiel ihm besser als dieser sonderbare, immer zu warm angezogene Junge, mit dem sie früher gekommen war und der bei größter Hitze eine heiße Schokolade bestellt hatte. Eine schlanke junge Asiatin in einem eng anliegenden roten Kleid ging vorüber. Jacques pfiff leise durch die Zähne.

»Was für ein Gang!«, sagte er und nickte den beiden Gästen zu. »Ach, die Frauen.«

Mercier teilte mit den Händen das Gebüsch und drang weiter in den Wald vor. Er dachte an Mira, das kleine Mädchen. Im Zimmer war es immer dunkler geworden. Jedes Mal, wenn unten ein Bateau Mouche vorüberfuhr, drang das starke grüne Licht der Scheinwerfer der großen, flachen Vergnügungsboote in sein Zimmer und warf die Schatten des schmiedeeisernen Balkongitters an die Decke. Das hübsche Muster hatte Mira gefallen, sie hatte hinaufgeblickt und den dünnen Arm ausgestreckt und war mit dem Zeigefinger den über die Wand gleitenden Schatten gefolgt, bis sie verschwanden. Bevor sie gegangen war, hatte er ihr die Brille aufgesetzt und sie gefragt, ob sie ihn wieder besuchen wolle. Sie hatte nicht gleich geantwortet, sich dann aber auf der Schwelle umgedreht.

»Vielleicht«, hatte sie gesagt und sich das Haar aus der Stirn gestrichen.

Merciers Blick glitt suchend über Baumstämme, Sträucher und Unterholz. Sonnenlicht fiel auf die Blätter, den moosigen Boden. Schließlich blieb er stehen. Im Laubwerk eines Haselstrauches spannte sich ein Spinnennetz. Er trat näher und kniff die Augen zusammen. In ihrem Schlupfwinkel neben dem Netz saß eine schwarzbraune Spinne mit kreuzförmiger Zeichnung und lauerte auf Beute. Mercier zog eine kleines Glas aus der Hosentasche, schraubte den Deckel ab und näherte sich vorsichtig. Er hatte gefunden, was er suchte. Mit einer geschickten Bewegung stülpte er das Glas über die Spinne, drehte es um und verschloss es rasch. Er wusste nicht, ob er ein Männchen oder ein Weibchen gefangen hatte, hoffte aber, dass es ein Männchen war. Ihm gefiel die Vorstellung, dass in seinem Zimmer viele winzige Spinnen über die Wände liefen.

Mercier steckte das Glas mit der Spinne wieder in seine Hosentasche und trat aus dem Gesträuch, hinaus auf einen asphaltierten Weg. Die Metrostation Château de Vincennes war nicht sehr weit entfernt, von dort aus konnte er mit der U-Bahn nach Hause fahren, ohne umzusteigen. Eine Frau mit einem kleinen Mädchen an der Hand kam ihm entgegen. Das Mädchen hatte langes, lockiges blondes Haar und eine sehr weiße Haut.

»Schau, Mama, der Mann hat ganz lange Haare«, sagte das Mädchen und deutete auf ihn. »Wie ein Indianer.«

Die Mutter des Mädchens lächelte ihn kurz an.

4

Seit drei Monaten lebte Nicole Bouquet allein. An diesem Morgen saß sie an ihrem runden Esstisch und aß mit Genuss das zweite weich gekochte Ei. Für sie war das Frühstück die wichtigste Mahlzeit des Tages. Dann goss sie sich noch eine Tasse Kaffee ein und nahm einen Schluck, bestrich eine Scheibe Brot mit Butter und Honig, biss hinein und lehnte sich in ihrem Stuhl zurück, während sie das unberührte Gedeck betrachtete. Nachdem sie mehr als die Hälfte des Brotes verzehrt hatte, stand sie auf und ging, den Rest in der einen und die Schale des weichen Eies, das sie zuerst gegessen hatte, in der anderen Hand, um den Tisch herum. Sie legte die angebissene Scheibe auf den leeren Teller des zweiten Gedecks und ließ das ausgelöffelte Ei in den danebenstehenden Eierbecher gleiten, dann goss sie Kaffee in die leere Tasse, trank sie fast zur Gänze aus, stellte sie wieder hin, tauchte den sauberen kleinen Löffel hinein und legte ihn wieder auf die Porzellanuntertasse. Bevor sie die ordentlich gefaltete weiße Stoffserviette zerknüllte, nahm sie das unbenutzte Messer, fuhr mit der Schneide kurz in das Glas mit Honig und legte es wieder an seinen Platz. Sie trat einen Schritt zurück und besah sich das Arrangement. Dann ging sie ins Vorzimmer, griff nach einem dort liegenden Zigarettenpäckchen und leerte seinen Inhalt, fünf Zigarettenkippen, in den auf dem Tisch liegenden Schraubverschluss des Konfitürenglases.

Etwas später verließ Nicole Bouquet die Wohnung, um wie jeden Samstag ihren Vater in Nogent-sur-Marne zu besuchen. Auf dem Weg zur Tür stutzte sie, bückte sich und hob ein Blatt Papier auf, das in der Nähe der Eingangstür auf dem glänzenden Parkettboden lag. Sie lächelte. Das Kind der Wirtsleute hatte ihr ein Geschenk gemacht. Alle paar Tage schob die Kleine eine Zeichnung durch die Ritze zwischen Tür und

Fußboden. Sie blickte kurz auf das Blatt. Schon wieder eines dieser merkwürdigen großen Spinnennetze, in denen kleine Strichmännchen hingen. Das Mädchen und sie hatten noch nie darüber gesprochen, und sie hatte auch nicht die Absicht, die Zeichnungen zu erwähnen. Es gefiel ihr, dass sie dieses kleine Geheimnis miteinander hatten. Sie legte das Blatt Papier auf die Kommode im Vorzimmer, neben einen an Alain Bouquet adressierten Stapel mit Post, und ging aus der Wohnung. Auf der Treppe begegnete Nicole Madame Moretti und grüßte sie kurz, ohne ihr direkt ins Gesicht zu sehen. Sie mochte Miras Mutter nicht.

In der Mitte des quadratischen, mit Bäumen, Sträuchern und Blumen bepflanzten Patios saß ein alter Mann in einem grauen Anzug mit hängenden Armen auf einem unbequemen Stuhl. Urs Berger hatte die Augen geschlossen und das Gesicht der Sonne zugewandt. Seine Nase war groß und schön geformt, die Haut mit braunen Altersflecken übersät, und die Haare waren schneeweiß und verhältnismäßig dicht. Hinter den ungewöhnlich langen Ohren trug er beiderseits ein unförmiges beiges Hörgerät.

Er blinzelte. Heute würde seine Tochter ihn besuchen. Er hatte nichts dagegen, dass sie kam, aber ihre Geschäftigkeit machte ihn nervös und störte ihn in seinen Erinnerungen. Trotz der sommerlichen Wärme war ihm häufig kalt, und sobald die Sonnenstrahlen in den Patio fielen, stellte er den Stuhl an die beschienene Stelle, blieb reglos in dem hellen Ausschnitt sitzen und nahm das warme Licht in sich auf. Wenn die Sonne weiterwanderte, rückte er mit dem Stuhl nach. Manchmal wunderte er sich darüber, dass er den Rest seines Lebens in Frankreich verbringen würde, aber im Grunde war es ihm gleichgültig, wo er sich befand. Er lebte im Haus der Kindheit, in dem kleinen Schweizer Dorf am See.

»Schieb fester, Bub!«, sagte die Großmutter mit dem Kopftuch und dem wehenden schwarzen Kittel, während sie den Wagen mit dem Grünfutter zog. Den Kopf gesenkt, stemmte er sich mit aller Kraft gegen die Holzumrandung des Gefährts und sah dabei seine bloßen braunen Füße auf dem trockenen hellen Gras zwischen den Wegfurchen gehen. »Hörst, Bub, das sind die armen Seelen!«, sagte die Großmutter, wenn es im Herd pfiff, öffnete das kleine Eisentürchen und warf eine Prise Salz ins Feuer, sodass es zischte. »Zieh fester, Bub!«, sagte der Pfarrer, und er zog, ging in die Knie und hing sich an den Glockenstrick, bis es ihn im Gegenzug in die Höhe hob.

Der alte Mann öffnete die Augen und wandte den Kopf. Von einem Ast des kleinen Weichselbaumes hing ein großer leerer Vogelkäfig und schaukelte leicht hin und her. Dieser Käfig war das Heim seines Edelrollers gewesen, eines kleinen, grün und gelb gescheckten Vogels, der ihn fast elf Jahre lang mit seinem Gesang erfreut hatte. Allerdings war es ihm im Lauf der Zeit immer schwerer gefallen, sein Lied zu vernehmen, da sich sein Gehör nach dem Tod seiner Frau rapid verschlechtert hatte. Kurz nach dem Umzug war der Edelroller gestorben, er hatte den Ortswechsel nicht verkraftet. Sein Gefieder war glanzlos und struppig geworden, er hatte keine Lust zu fliegen mehr gehabt und zu singen aufgehört. Vor einem halben Jahr war er tot im Käfig gelegen, auf dem Rücken, und er hatte ihn in einer Ecke des Patios begraben.

Urs Berger richtete den Blick wieder geradeaus und schrak zusammen. Vor ihm stand seine Tochter und lächelte. Er hatte sie nicht kommen hören. Sie wirkte ein wenig streng in ihrem dunklen Kleid, helle Farben standen ihr besser. Jetzt sagte sie etwas, aber er verstand sie nicht. Er hob die großen, schwieligen Hände und drehte an beiden Hörgeräten. Normalerweise waren sie entweder ausgeschaltet oder auf mittlere Lautstärke eingestellt, denn wenn er sie bis zur maximalen Lautstärke aufdrehte, hörte er zwar besser, aber das damit einhergehende

Pfeifen und Zischen irritierte ihn. Er brauchte nicht viel zu hören, das Wichtigste konnte er von den Lippen seiner Tochter ablesen. Außer mit Nicole und ihrem Mann verkehrte er mit niemandem, wenn man von den wenigen französischen Worten absah, die er mit den Nachbarn, den Händlern auf dem Markt und der Kassiererin im Supermarkt wechselte. In letzter Zeit hatte sich auch Alain selten blicken lassen.

»Ich habe Rinderfilet gekauft, Vater«, sagte seine Tochter. »Das magst du doch gern?«

Ihr Tonfall berührte ihn unangenehm. Gewisse Stimmlagen ertrug er schwer.

»Hörst du mich, Vater?«, fragte sie. »Rinderfilet mit einer Olivensauce.«

Olivensauce. Er aß nicht gern, was seine Tochter zubereitete. Sie kochte schlecht.

»Wunderbar!«, sagte er.

Alain Bouquet lief die Treppe hinauf. Auf halbem Wege kam ihm Mira entgegen.

»Guten Tag, Monsieur Bouquet«, sagte sie. »Wohnen Sie jetzt woanders? Ich habe Sie schon länger nicht gesehen.«

»Hallo Mira«, erwiderte Alain und strich ihr über den Kopf, ohne stehen zu bleiben. »Weißt du, dass die Nasen von neugierigen kleinen Mädchen immer länger werden?«

»Die Musik höre ich auch nie mehr!«, rief sie ihm nach, während sie mit den Fingerkuppen vorsichtig ihre Nasenspitze berührte.

Alain Bouquet betrat die Wohnung, nahm den kleinen Stapel mit Briefen von der Kommode im Vorzimmer und sah kurz nach, von wem die Post stammte. Mit den Kuverts in der Hand betrat er das geräumige Wohnzimmer, hielt nach ein paar Schritten inne und blickte auf den Esstisch. Offenbar hatte Nicole nicht allein gefrühstückt. Er kam jeden Samstag Vormittag vorbei, um seine Post zu holen, und zum dritten

Mal innerhalb weniger Wochen waren zwei Gedecke aufgelegt. Er trat an den Tisch heran und betrachtete prüfend die Essensreste. Sein Blick fiel auf die ausgedrückten Zigaretten. Fünf Kippen. Das letzte Mal waren es drei gewesen. Nicole hasste Raucher. Den Kollegen, mit dem sie an ihrem Arbeitsplatz, dem Schweizer Kulturinstitut, ein Büro teilte und den sie nett fand, lud sie nie zu sich ein, weil er rauchte. Lieber traf sie sich mit ihm in einem Café. Eigenartig. Alain ging zu seinem Marimbaphon in der Ecke, nahm die Holzschlägel in die Hand und schlug die ersten Takte von *El Carretero* an. Irgendwann musste er das Instrument zu Natalie transportieren lassen. Natalies Wohnung war voller Möbel, Pflanzen, Bücher, Bilder und anderem Kram, und er fragte sich, wo sie es hinstellen würden. Er ließ die Arme fallen, drehte sich um und stand still da.

Schön, dass Nicole sich amüsierte. Sehr schön. Sie war also doch verhältnismäßig rasch über die Trennung hinweggekommen. Sehr gut. Er streckte sich. Seine Sorge war unbegründet gewesen. Sehr gut, aber immerhin ein wenig überraschend. Kurze Zeit hatte er sogar gefürchtet, sie könnte sich etwas antun. Aber nein. Ganz im Gegenteil. Gut, dass er nicht zur Eifersucht neigte. Dabei hatte sie Raucher immer verabscheut.

Alain schlenderte, die Daumen in die Taschen der dünnen ärmellosen Weste gesteckt, die er über dem weißen T-Shirt mit der Aufschrift *Hola, Salsa!* trug, durch die Wohnung. Die Tür zum Schlafzimmer stand halb offen, und er warf einen Blick hinein. Die Bettwäsche war in Unordnung. Befremdlich. Normalerweise machte Nicole das Bett, bevor sie aus dem Haus ging. Er ging ins Badezimmer. Auf dem Wannenrand lag ein cremefarbenes Nachthemd aus Seide. Alain bückte sich und roch daran. Ihm schien, dass neben dem ihm vertrauten Duft auch ein schwacher Geruch nach Rauch an dem Kleidungsstück hing. Bemerkenswert, wie schnell man von gewissen Prinzipien Abstand nehmen konnte. Ein

Raucher. Wahrscheinlich tastete er morgens zunächst nach der Zigarette und dann erst nach Nicole. Er schüttelte den Kopf, um das Bild von seiner Frau und dem Kettenraucher in ihrem Ehebett zu vertreiben. Das Bild gefiel ihm nicht. Er hatte nie geraucht. Aber schön für sie, wirklich schön. Im Grunde war die Situation ideal für alle Beteiligten. Wie der Typ wohl aussah? Wie Serge Gainsbourg wahrscheinlich. Hatte Serge Gainsbourg nicht auch sechzig Dunhill pro Tag geraucht? Er war doch an Lungenkrebs gestorben? Die Gefahr war natürlich groß. Im Allgemeinen wurden Kettenraucher nicht sehr alt. Lungenkrebs oder Raucherbein, der Typ konnte es sich aussuchen. Es würde nicht einfach sein für Nicole, aber sie ließ ihn sicher nicht im Stich. Er kannte sie. Sie würde den Typen aufopfernd pflegen, bis ans Ende. Ob Natalie dasselbe für ihn tun würde, wenn er schwer erkrankte? Eher nicht, sie war erst vierundzwanzig. In diesem Alter war der Sinn für Verantwortung nicht sehr ausgeprägt. Er blickte in den Spiegel über dem Waschbecken, runzelte die Stirn und strich sich über die Wangen. Er sah übernächtigt aus, unter seinen Augen lagen dunkle Ringe. Gestern Nacht hatten sie bis zwei Uhr früh im *Tropical* gespielt, und dann hatte Natalie noch tanzen gehen wollen. Das ganze Konzert hindurch hatte sie ihn von einem Tisch in der Nähe der Bühne aus bewundernd angesehen. Natürlich schmeichelte ihm ihre Anbetung, aber es war fast ein wenig aufdringlich gewesen. An der Grenze zur Aufdringlichkeit.

Alain nahm das kleine runde Käppchen ab, das Nicole ihm am Anfang ihrer Verbindung aus bunten Wollresten gehäkelt hatte und das er immer trug, um seine Stirnglatze zu verbergen. Von Musikern wurde erwartet, dass sie jung wirkten. Außer von sehr erfolgreichen Musikern. Und jung war er nicht mehr. Sehr erfolgreich ebenso wenig. Achtunddreißig war nicht jung. Alt aber auch nicht. Nicole war ebenso alt wie er. Es war doch etwas erstaunlich, dass sich eine Frau mittleren Alters so kurz nach der Trennung von ihrem Ehemann mit einem derart starken Raucher einließ. Leichtsinnig. Schließlich wurde sie so zur passiven Raucherin und gefährdete ihre Gesundheit. Ihre Persönlichkeit musste sich in diesen wenigen Monaten drastisch verändert haben. Er betrachtete seine dünnen angegrauten Locken, die ihm fast bis auf die Schultern reichten. Kaum zu glauben, dass Natalie, dieses wunderbare, blutjunge Wesen, ihn vergötterte. Ein Geschenk. Was hätte er tun sollen? Niemand konnte von ihm erwarten, dass er ein solches Geschenk zurückwies. Nicole hatte jedenfalls sehr einsichtsvoll auf seine Eröffnung reagiert, er habe sich in eine andere Frau verliebt und wolle mit ihr leben. Sie hatte noch jedes Mal Verständnis gezeigt. Derart großherzige Frauen waren selten. Sie verdiente das neue Glück mit dem Kettenraucher. Gut, dass er nicht zur Eifersucht neigte. Er atmete tief ein und aus und wandte sich vom Spiegel ab.

Arm in Arm mit ihrem Vater spazierte Nicole an der Marne entlang. Es war heiß, aber er hatte den Anzug nicht ausziehen wollen. Ihr Vater konnte störrisch sein. Sie blickte auf die Boote, die in dem kleinen Port de Plaisance vor Anker lagen.

»Hat es dir geschmeckt, Vater?«, fragte sie.

»Warum kommt Alain nie mehr?«, sagte er und wandte ihr das Gesicht zu.

»Hat dir das Essen geschmeckt?«, wiederholte sie.

»Weißt du, ich vermisse den Vogel«, sagte der Vater und blickte hinüber auf die andere Seite des Flusses. »Er war so zutraulich und ist mir immer auf den Finger geflogen. Und ich habe ihm gern zugesehen, wenn er sich das Gefieder putzte. Die Schwingen und die Schwanzfedern hat er einzeln durch den Schnabel gezogen. Ein reinliches Tier.«

Es war mühsam, sich mit dem Vater zu unterhalten, er hörte sehr schlecht. Öfter schon hatte sie ihn zur Anschaffung eines moderneren Hörgeräts zu überreden versucht, aber er wollte sich nicht von seinen altmodischen Apparaten trennen. Sie kamen an den ehemaligen Ginguettes vorüber, einfachen kleinen Restaurants mit Gärten, in denen die Leute früher am Wochenende Wein getrunken und getanzt hatten.

»Möchtest du, dass wir uns unter einen Baum setzen und etwas trinken?«, fragte Nicole.

Ohne eine Reaktion auf ihre Frage ging der Vater weiter.

»Er hat so gern gebadet. Jeden Tag hat er ein Bad genommen.«

»Willst du nicht wieder einen Kanarienvogel?«

»Einen Vogel?«

»Ja, sollen wir nicht einen neuen Edelroller anschaffen? Das wäre doch hübsch.«

»Die Tiroler haben die Kanarienvögel aus Italien geholt und nach Norden gebracht, weißt du«, sagte der Vater. »Die Tiroler Bergleute. Es war ein guter Nebenverdienst für sie. Sie trugen hohe Holzgestelle auf dem Rücken, an denen viele kleine Vogelbauer hingen. So haben sie bis zu zweihundert Kanarienvögel transportiert, stell dir das vor. Die Tiroler Vogelhändler waren berühmt.« Er hielt kurz inne. »Der Edelroller fehlt mir«, sagte er dann.

»Morgen ist Vogelmarkt. Wir fahren zum Vogelmarkt und kaufen einen neuen«, sagte Nicole.

»Elf Jahre ist er geworden. Das ist alt«, sagte der Vater. »Er hat alle vier Touren gesungen. Und die Beitouren auch. Das ist selten. Er hatte eine sehr schöne Stimme.«

Nicole blieb stehen und deutete mit der Hand über das Wasser.

»Schau, die Insel!«, sagte sie.

»Wunderbar!«, sagte der Vater, während er zu Boden blickte. »Nach dem Baden hat er immer besonders schön gesungen.«

Nicole wurde ein wenig ungeduldig. Es war sehr heiß.

»Gehen wir zurück«, sagte sie. »Wir können uns noch ein wenig in den Patio setzen. Dort ist es kühler.«

Sie drehte sich um, ohne den Arm des Vaters loszulassen, und zwang ihn auf diese Weise, ihre Bewegung mitzumachen. Er stolperte und hielt sich an ihr fest.

»Ich vermisse Alain«, sagte er. »Warum kommt er nicht mehr? Er ist doch nicht gestorben?«

»Aber nein, Vater. Wir haben uns getrennt. Vor drei Monaten.«

»Wunderbar!«, sagte Urs Berger, hob den Blick und schaute seine Tochter lächelnd an.

Nicole parkte den Wagen in der Rue Beaurepaire und stieg aus. Sie war erschöpft. Auf der Périphérique war der Verkehr sehr dicht gewesen, und es war ihr schwer gefallen, sich zu konzentrieren. Sie sperrte das Auto ab und ging in Richtung Quai. Manchmal fragte sie sich, ob es eine gute Idee gewesen war, ihren Vater nach dem Tod der Mutter zu sich nach Paris zu holen. Er war so einsam hier. Aber sie war ein Einzelkind, und kein anderer Verwandter hatte ihn zu sich nehmen wollen. Also hatte sie die Wohnung in Nogent gekauft, in der Absicht, später mit Alain hinzuziehen. Die Wohnung der Eltern in Glarus war eng und ohne Zugang ins Freie gewesen, und in Nogent konnte sich der Vater im Patio aufhalten. Der Ort gefiel ihr, er lag am Wasser, und es war ruhiger als in der Stadt. Ihr Vater war sechsundachtzig Jahre alt, aufgrund seiner zunehmenden Taubheit wäre er inzwischen wohl auch in der Schweiz kaum noch fähig, sich ausreichend mit seiner Umwelt zu verständigen.

Sie überquerte die Straße und ging dicht an einem großen Abfallcontainer vorüber, in dem zusammengeknüllt ein Berg rosa Tüll lag. Aus den kleinen Fenstern eines Dachgeschosses riefen ihr ein paar junge Männer mit nackten Oberkörpern zweideutige Bemerkungen zu und lachten. Im Türeingang des Cafés in ihrem Haus stand Monsieur Moretti, der Besitzer, ganz versunken in den Anblick einer jungen Frau in engen

Jeans, die im Begriff war, eine der Brücken zu überqueren, die sich über den Kanal wölbten. Nicole stieg die Treppe hinauf und betrat ihre Wohnung. Der Stapel Briefe war verschwunden. Sie öffnete die beiden Fenster des Wohnzimmers. Von unten drang die zeternde Stimme der Wirtin zu ihr. Madame Moretti schlug das Kind, und sein Vater schützte es nicht. Nicole blieb starr am Fenster stehen, bis die Frau zu schreien aufgehört hatte. Sie fragte sich, weshalb sie nicht eingriff, weshalb sie die Mutter des Mädchens nicht zurechtwies. Auf der anderen Seite des Hofes stand die Tür zur ehemaligen Conciergewohnung im Erdgeschoss offen. Unter einem kleinen Kristalllüster saß der Maler, der seit kurzem darin wohnte, und betrachtete ein halb fertiges Bild. Mit seiner kleinen Hinterkopfglatze sah er aus wie ein Mönch.

»Und im August fliegen wir nach Kuba. Versprichst du mir das?«, sagte Natalie und schlang ihre braunen Arme um Alains Nacken. »Ich verstehe überhaupt nicht, dass du noch nie dort gewesen bist. Schließlich spielst du seit Jahren mit kubanischen Musikern.«

Alain gab keine Antwort. Das Mobiltelefon piepste. Natalie suchte danach und fand es unter ein paar Kleidungsstücken neben dem Bett. Das musste Pascale sein, sie rief ihre Schwester fast jeden Morgen an und besprach ihre Träume mit ihr. Er stand auf und stieß einen unterdrückten Fluch aus, als er in eine Holzschüssel mit Chips trat. Durch ein Gewirr auf dem Boden stehender und liegender Kartons, Plastiktüten, Bücher, Teller, Flaschen und Kleidungsstücke hindurch bahnte er sich auf Zehenspitzen, wie ein Tänzer, einen Weg in Richtung Kochnische, wo Natalies Kater Robespierre miauend auf sein Fressen wartete und um seine Beine herumzustreichen begann. Der Kater war alt und stank, Alain hatte ihn von Anfang an nicht leiden können. Er stieß ihn mit dem Fuß zur Seite. Die Fliesen unter seinen Füßen fühlten sich klebrig an. Er hielt

Ausschau nach der Espressomaschine, fand sie zuunterst in einem Berg schmutzigen Geschirrs und wusch sie ab. Dann öffnete er den kleinen Hochschrank, in dem die Dose mit dem Kaffee stand. Die Tür hing halb aus den Angeln, bald würde sie zu Boden fallen. Die Dose war leer. Wieder fluchte er leise, dann stellte er einen kleinen Topf mit Wasser auf eine der beiden Herdplatten. Allmählich begann ihn die Unordnung in Natalies Wohnung zu stören. Alles war voll geräumt, man konnte sich kaum bewegen.

»Meine Schwester hat geträumt, dass ihr Zimmer voll mit englischen Rosen war«, rief Natalie aus dem Schlafzimmer. »Weiß und rosa. Faszinierend, nicht? Ich hatte sie ihr geschenkt. Hast du eine Ahnung, was das bedeuten könnte? Etwas mit lesbischer Liebe und latentem Inzest jedenfalls.«

Er sagte nichts. Auf dem Küchenbord lag das Brot, das sie gestern Abend gekauft hatten. Er versuchte ein Stück davon abzuschneiden, doch es war steinhart. Dann ging er durch den langen schmalen Flur in das winzige Badezimmer, das keine Tür hatte, trat in die offen stehende Duschkabine und schob die Glasscheibe vor. Sie klemmte. Er drehte den Heißwasserhahn auf, aber es kam nur kaltes Wasser.

»Havanna soll eine unglaubliche Stadt sein. Du versprichst es mir doch?«, fragte Natalie, und er wandte sich um. Sie stand, braun, nackt und zierlich, mit schmaler Taille und runden Hüften, im Türrahmen, die dunklen Haare ringelten sich um das schläfrige Gesicht. Ihr Körper war makellos. Die Erektion, die er augenblicklich bekam, schmerzte ein wenig. Natalie lächelte, ein leicht schiefes Lächeln, und trat zu ihm unter die Dusche.

»Was hat er gesagt?«, fragte Urs Berger und drehte nervös an seinen Hörapparaten. »Das ist kein Edelroller, das ist ein anderer Vogel. Ich kenne diese Sorte nicht.«

»Das ist ein Belgischer Wasserschläger«, sagte Nicole, »der Verkäufer meint, er sei leicht zu halten. Ist er nicht hübsch?«

»Kein Edelroller«, murmelte der alte Mann und betrachtete den zarten weißgelben Vogel in dem kleinen Käfig.

»Diese Vögel sind besonders begabte Sänger«, erklärte der Verkäufer. »Sie werden in der Umgebung von Mechelen gezüchtet. Es sind interessante, temperamentvolle und widerstandsfähige Tiere. Sehr zu empfehlen. Ich mache Ihnen einen guten Preis.«

Urs Berger verstand wenig von dem, was der Verkäufer sagte. Der Mann gefiel ihm nicht, er fand, dass er aussah wie ein Betrüger, mit seinen schwarzen Knopfaugen, der messerscharfen Nase und der allzu lebhaften Mimik. Solche Leute gab es in der Ostschweiz nicht. Hier musste man auf der Hut sein. Er wandte sich mit Nachdruck von ihm ab. Hinter einem Gebäude ragten die Türme der Kathedrale Notre Dame in den Himmel. Das letzte Mal, als er sie gesehen hatte, waren sie schwarz gewesen. Inzwischen hatte man sie gereinigt, und sie waren schneeweiß. Trotzdem fand er die Kirche nicht sehr schön, sie hatte etwas Bedrohliches. Es war so finster in ihrem Inneren.

»Konzentriere dich doch bitte einen Augenblick«, sagte Nicole ärgerlich. »Wir haben nicht viel Zeit, ich habe den Wagen in der Kurzparkzone abgestellt. Was meinst du? Ich finde, er ist entzückend.«

Urs Berger wandte sich um, neigte sich zum Käfig hin und verschränkte die Hände auf dem Rücken. Er hörte leises Glucksen und Schluchzen. Wie eine Nachtigall, dachte er.

»Aber er singt ja nicht«, sagte er dann.

»Natürlich singt er«, sagte Nicole laut. »Hörst du gar nichts? Dreh den Apparat ganz auf. Mit neuen Hörhilfen wäre das überhaupt kein Problem, aber du sperrst dich seit Jahren dagegen. Manchmal begreife ich dich nicht. Wie ein Mensch nur so starrköpfig sein kann!«

Genau das war es, was er an seiner Tochter nicht mochte. Ständig wollte sie alles erneuern. Er verstand nicht, was sie an seinen Hörgeräten auszusetzen hatte, es waren stabile Apparaturen, die seit Jahren einwandfrei funktionierten. In der Ostschweiz gab es noch Spezialisten. Wer weiß, was für wertloses Zeug ihm Leute wie dieser Verkäufer in Paris für viel Geld andrehen würden. Der alte Mann blickte um sich. Der Platz, auf dem der Vogelmarkt stattfand, lag in der Sonne. Es war ein sehr schöner Platz. Überall standen und hingen Käfige. Ihm schien, es wurden Hunderte von Vogelarten feilgeboten. Erstaunlich. Wie von weit her kam leises Pfeifen, Flöten und Zirpen. Das Einzige, was ihn störte, waren die vielen Menschen.

»Ein Edelroller wäre mir lieber«, sagte er.

»Die gibt es hier aber nicht«, sagte Nicole gereizt.

»Wunderbar!«, sagte der alte Mann. »Nehmen wir den. Er sieht nicht unsympathisch aus.«

Nicole saß beim Frühstück. Das Mobiltelefon läutete.

»Hallo«, sagte sie.

»Ich bin es«, sagte Alains Stimme.

Nicole schwieg.

»Wir müssen uns sehen, Nicole. Es ist nicht so einfach.«

Nicole schwieg.

»Bist du noch da, Nicole?«

»Ja.«

»Ich muss mit dir reden. Möglichst bald. Es ist alles nicht so einfach. Kann ich vorbeikommen?«

»Ich bin im Weggehen«, sagte Nicole. »Ich fahre nach Nogent. Nächste Woche vielleicht. Ruf mich Mitte nächster Woche wieder an.«

»Aber –«

Nicole unterbrach die Verbindung. Während sie noch eine Scheibe Brot mit Butter und Honig bestrich, dachte sie an ihren Vater. Dann nahm sie den Brief, den sie vor wenigen Tagen in einer Schrift, die ihrer eigenen nicht ähnlich sah, verfasst und an sich selbst geschickt hatte, riss ihn auf und legte ihn zu Alains Post auf die Kommode. Sie schlüpfte in eine leichte Jacke und ging aus dem Haus.

»Blumen für Madame?«, fragte der Wirt des Cafés *Le Libre Échange*, der dabei war, die Tische auf dem Gehsteig mit einem Tuch abzuwischen, und lächelte Alain an. In der Nacht hatte es geregnet.

Alain erwiderte das Lächeln.

»Guten Morgen, Monsieur Moretti«, sagte er.

»Ach, die Frauen«, sagte Jacques Moretti und drehte die Augäpfel himmelwärts.

Nachdem er die Wohnung betreten hatte, ging Alain unverzüglich ins Esszimmer. Sechs Zigarettenkippen lagen in der leeren Kaffeetasse seines Rivalen. Ekel erregend. Wie Nicole das aushielt. Wahrscheinlich war sie verrückt nach ihm. Anders ließ sich dieser Geschmackswandel nicht erklären. Alain entfernte die durchsichtige Hülle über dem Strauß und ordnete die Blumen in einer großen Vase an. Englische Rosen. Pascale hatte ihn auf den Gedanken gebracht. Nach der Geschichte mit der kleinen Brasilianerin vor zwei Jahren hatte er Nicole mit weißen Lilien zurückgewonnen, den Blumen, die sie für ihren Hochzeitsstrauß ausgewählt hatte. Er war kein Mann, der sich wiederholte. Und die Situation war schwieriger als damals. Serge Gainsbourg war ein ernst zu nehmender Gegner. Die englischen Rosen waren prachtvoll, ihre Stängel bogen sich, sie waren fast zu schwach, um die schweren Blüten zu tragen. Er war den beiden schönen Schwestern dankbar für die Anregung.

Alain stellte sich ans Marimbaphon und spielte das Lied von den zwei Gardenien. Dann trat er ans Fenster und schaute hinaus. Dass das empfindliche Instrument zu Natalie transportiert wurde, kam nicht in Frage. In dem dort herrschenden Chaos würde es unweigerlich Schaden nehmen. Außerdem verstand das Mädchen nichts von Musik. Und Robespierre würde die Palisanderstäbe zerkratzen. Dem Kater war nichts heilig, vor kurzem hatte er mit seinen Krallen die Wollumwicklung und den Hartfilzbelag seiner Marimbaschlägel zerfetzt.

Überhaupt war Natalie anstrengend. Aufregend, aber anstrengend. Obwohl ihn jeder im Salsaorchester um das prachtvolle Geschöpf beneidete, das Abend für Abend allein im Club gesessen war und ihn hingerissen angestarrt hatte, wünschte er sich manchmal, er könnte die Nacht ungeschehen machen, in der er sich nach dem Ende des Konzerts zu ihr an den Tisch gesetzt hatte.

Er ging ins Vorzimmer und sah nach der Post. Zwischen den an ihn adressierten Briefen lag einer, der an Nicole gerichtet war. Sie musste ihn irrtümlich dazugelegt haben. Alain drehte den Umschlag aus dickem Büttenpapier in den Händen. Er war offen. R.G. stand in rechtsgeneigter Schrift auf der Rückseite. Er zog den Briefbogen aus dem Kuvert und entfaltete ihn. Er würde den Brief nicht lesen, nur überfliegen. »Ich küsse Dich überall«, stand da – und »meine Zunge in Dir«. Schnell überfliegen. »Dein herrlicher Körper«, las er, »ich verzehre mich in Sehnsucht«, »diese zarten Knospen«, »für immer und ewig«. Die Handschrift war kraftvoll. Erstaunlich. Der Stil des Schreibens erinnerte ihn an den Briefwechsel zwischen Paul Éluard und Gala Dalí, den er vor einigen Jahren gelesen hatte. Dieselbe Leidenschaftlichkeit. Der Brief war unterzeichnet mit »Allein der Deine – R.« René? Robert? Rémy? Richard? Jedenfalls nicht Serge. Er hieß nicht Serge. Das wunderte ihn.

Alain faltete das Blatt zusammen und schob es wieder in den Umschlag. Derart intensive Gefühle hätte er einem gesundheitlich geschwächten Kettenraucher nicht zugetraut.

Er schien ihm geschaffen für eine kurze Liebelei, nicht für eine solche Leidenschaft. Schön für Nicole. Schön, aber ungesund. Beziehungen dieser Art waren lebensgefährlich. In den meisten Fällen endeten sie katastrophal. Rémy würde auch noch zu trinken beginnen und die Bettdecke, unter der er mit Nicole lag, eines Nachts mit seiner sechzigsten Dunhill in Brand stecken. Das durfte nicht geschehen. Er musste seine Frau zurückgewinnen, in ihrem eigenen Interesse. Mit den englischen Rosen war ein Anfang gemacht. Natalie war zauberhaft, aber sie kannte nicht einmal den Unterschied zwischen einer Rumba und einem Mambo. Die Bemerkungen, die sie in Gegenwart seiner Kollegen über lateinamerikanische Musik machte, waren peinlich. Auch bestand sie darauf, bei den Proben anwesend zu sein und die Cabazas und Maracas zu schütteln, obwohl sie nicht das geringste Gefühl für die komplizierten Rhythmen des Salsa hatte. Peinlich. Wenn er da an Nicoles feines Taktgefühl dachte. In jeder Hinsicht. Nicole war zurückhaltend. Voller Zartgefühl und Zurückhaltung. Sie tanzte wunderbar. Die Vorstellung, dass Rémy eine CD von Gainsbourg in seinen CD-Player schob, den Dimmer der Wohnzimmerlampe zurückdrehte, Nicole in die Arme nahm und sie langsam drehte, während Gainsbourgs raue Stimme den Raum ausfüllte bis in die letzte Ecke, rief ein Empfinden in ihm hervor, das er Eifersucht genannt hätte, wenn er zu diesem Gefühl geneigt hätte. Natalie war betörend, aber in ihren Bewegungen lag eine Spur von Vulgarität. Ein leichter Anflug.

Alain spazierte durch die Wohnung. Die Tür zum Badezimmer war offen. Beim Gedanken an die verzehrende Passion seines Rivalen war ihm heiß geworden, und er hatte das Bedürfnis, sein Gesicht mit kaltem Wasser zu waschen. Er betrat den Raum und stellte sich an das weiße Porzellanbecken. Zwei Zahnbürsten. Ein häuslicher Anblick. War Rémy bereits eingezogen? Seine Leidenschaft schien doch nicht so explosiv zu sein, wie er eben noch angenommen hatte. Die einträchtig nebeneinander im Glas stehenden Zahnbürsten wiesen eher auf ein ruhiges Gefühl hin. Wahrscheinlich war es der ruhigen und tiefen Zuneigung ähnlich, die Nicole und ihn verband. Er verspürte einen Stich. Eifersucht konnte es nicht sein, er tendierte nicht dazu. Jedenfalls beruhigte es ihn, dass Nicole nicht in unmittelbarer Gefahr schwebte. Auf den hellgrauen Fliesen lag eine dunkelrote Krawatte. Rémy war Krawattenträger. Auch dies sprach für zivilisiertes Verhalten. Erleichternd. Wahrscheinlich gingen die beiden regelmäßig ins Theater, in Konzerte. Nicole war eine kultivierte Frau, warum sollte Rémy das nicht sein? Er hatte sich in der Einschätzung seines Nebenbuhlers geirrt. Ein gebildeter, wenn auch suchtgefährdeter Mensch. Gestern Abend waren sie spät nach Hause gekommen, nach einer Vorstellung in der *Comédie Française*. Racine, *Andromache*. Racine und danach ein kleines Abendessen in der Galerie Colbert, abgerundet mit einem Zitronensorbet für Nicole und Profiteroles für Rémy. Aber warum lag die Krawatte auf dem Boden? Ein Anzeichen dafür, dass Nicole sie Rémy in aller Eile vom Kopf gestreift hatte. Also doch Leidenschaft. Schon in dem kleinen, gedämpft beleuchteten Restaurant hatte sie angefangen, ihn zu begehren, zwischen Käse und Sorbet. Und wer weiß, wie sie sich auf dem Rücksitz des Taxis benommen hatte, das sie nach Hause brachte? Nicoles Zurückhaltung hatte Grenzen, wer wusste das besser als er?

Alain verließ das Badezimmer. Vor der geschlossenen Schlafzimmertür blieb er stehen. Er würde das Zimmer nicht betreten, er war ein diskreter Mensch. Was Nicole und Rémy gestern Nacht hinter dieser Tür getrieben hatten, nachdem sie bereits auf der Treppe angefangen hatten, einander die Kleider vom Leib zu reißen, ging ihn nichts an. Er öffnete die Tür. Nur ein flüchtiger Blick. Zerwühlte Laken, Zeichen der

Ausschweifung. Ein zerknüllter schwarzer Slip auf dem Bett. Noch ein kurzer Blick. Zigarettenkippen. Er betrat das Zimmer. Zigarettenkippen auf dem Teppich, daneben ein halb volles Glas Whisky. Nicole trank keinen Alkohol. Er hatte doch Recht gehabt. Rémy war im Begriff, die Kontrolle über sich zu verlieren, seine wahnsinnige Liebe zu Nicole übermannte ihn, er wurde zum Trinker. Über kurz oder lang würde er gewalttätig werden, das war klar. Wahrscheinlich war Nicole auf dem besten Wege, diesem seinen fragwürdigen Antrieben völlig ausgelieferten Menschen zu verfallen. Er musste sie retten. Was hatte ihn überhaupt bewogen, seine Ehe mit diesem Engel wegen eines ordinären, wenn auch mit einem göttlichen Körper ausgestatteten kleinen Flittchens aufs Spiel zu setzen? Manchmal war er sich selbst ein Rätsel. Es war Zeit zu handeln. Er ging zurück ins Wohnzimmer, setzte sich auf das Sofa und wählte Natalies Nummer auf seinem Mobiltelefon.

»Hallo?«, meldete sich ihre schlaftrunkene Stimme.

»Ich bin es, Alain.«

»Du hast mich aufgeweckt«, klagte Natalie. »Nachdem du gegangen warst, habe ich weitergeschlafen. Ich brauche zehn Stunden Schlaf, das weißt du doch.«

»Hör zu.«

»Ruf mich später an, ich bin müde.«

»Ich ziehe aus.«

»Was soll das heißen, du ziehst aus? Du bist doch ausgezogen.«

»Ich meine, ich ziehe bei dir aus.«

»Bei mir? Du bist doch erst vor kurzem eingezogen.«

»Ja, aber ich ziehe wieder aus. Meine Frau braucht mich.«

»Was heißt, sie braucht dich? Du hast gesagt, du kannst diese verklemmte Zicke nicht mehr ertragen. Dass du ihren schwerfälligen Schweizer Akzent nicht mehr hören kannst, hast du gesagt.«

»Was legst du mir da in den Mund? Nicole ist eine zurückhaltende, elegante Mitteleuropäerin, keine frivole Pariserin wie du und deinesgleichen. Ich verbitte mir derlei Unterstellungen.«

»Bist du nicht ganz bei Trost? Pascale kann es bezeugen, sie hat es auch gehört!«

»Pascale ist als Zeugin nicht glaubwürdig, sie ist eine Verrückte, die man entmündigen sollte.«

»Also erlaube mal! Wie sprichst du von meiner Schwester?«

»Und du hast dich mir an den Hals geworfen. Ich konnte mich deiner nicht erwehren, das ist die Wahrheit.«

Eine Pause entstand. Alain vernahm leises Weinen im Lautsprecher.

»Wein nicht«, sagte er. »Ich kenne deine Krokodilstränen.«

»Ich hätte auf Pascale hören sollen«, schluchzte Natalie, »sie hat alles vorausgesehen. An deiner Stelle würde ich nicht allzu vertrauensselig sein, hat sie vor zwei Wochen gesagt, Alain und seine Frau sind mir im Traum erschienen. Sie saßen beim Dessert im *Grand Colbert*, ein harmonisches Bild. Alain hatte einen Teller mit Profiteroles vor sich stehen, seine Frau aß eine Tarte Tatin.«

»Eine Tarte Tatin?«

»Und was wird aus unserer Reise nach Kuba?«, weinte Natalie. »Du hast mir versprochen, dass wir in zwei Wochen nach Havanna fliegen. Ich muss nach Kuba, wer weiß, wie lange Castro noch lebt.«

»Meine Frau braucht mich«, wiederholte Alain. »Ich komme demnächst vorbei, um meine Sachen zu holen. Das heißt, das, was dein räudiger Kater noch nicht ruiniert hat.«

Er beendete das Gespräch und wählte die Handynummer seiner Frau.

»Hallo«, sagte Nicole.

»Nicole, verzeih mir, es war ein schrecklicher Irrtum.«

Nicole schwieg.

»Ich komme nach Hause. Du brauchst Schutz. Rémy ist nicht der richtige Mann für dich, Süchtige sind völlig unberechenbar.«

»Rémy?«

»Ja, wahrscheinlich bist du ohnehin schon co-abhängig. Ich bringe dich zu den Anonymen Alkoholikern, ein, zwei Besuche werden genügen, um dein inneres Gleichgewicht wieder herzustellen.«

Nicole schwieg.

»Ich brauche dich, Nicole. Ich brauche dich wie die Luft zum Atmen, das weißt du doch. Das hast du immer gewusst.«

Nicole schwieg.

»Ich bleibe hier und warte auf dich. Wir werden etwas Schönes essen und einen guten Wein trinken. Ich werde dir alles erklären. Wann kommst du?«

Nicole schwieg.

»Wann kommst du? Ich verzehre mich in Sehnsucht nach dir. Ich küsse dich überall«, sagte Alain.

Nicole schaltete das Mobiltelefon aus und legte es neben ihren Teller auf den Tisch in der Mitte des Patios, an dem sie mit ihrem Vater zu Mittag aß. Die Sonne schien, und in dem großen Käfig, der an einem Ast des Weichselbaumes hing und leicht hin und her schaukelte, saß der Belgische Wasserschläger und sang mit offenem Schnabel.

»Das Fleisch ist sehr zart, findest du nicht?«, fragte sie und nahm einen Bissen von dem Lachsfilet.

»Ich nenne ihn Hansi, so wie den anderen«, sagte Urs Berger und trank einen Schluck Heineken. Der Fisch war zu stark gewürzt, und das Bier schmeckte ihm auch nicht. Nicole war eine miserable Köchin. Wenigstens aßen sie zu Mittag und nicht abends, wie die Franzosen. Eine schlechte

Angewohnheit, so spät zu essen. Er lehnte sich zurück und betrachtete den Käfig.

»Er ist schüchtern«, sagte er. »Schüchterner als der andere. Er singt noch nicht. Kein Wunder, er ist ja sehr jung. Er wird es lernen.«

»Hörst du ihn denn nicht singen? Wir werden demnächst neue Hörgeräte anschaffen. Ich habe mich erkundigt, auf dem Boulevard Voltaire gibt es ein Fachgeschäft für Hörhilfen. So geht es nicht weiter.«

Der alte Mann blinzelte. Schon wieder fing sie mit diesen neumodischen Apparaten an. Seine Tochter konnte wirklich lästig sein, ein Erbteil ihrer Mutter.

»Schade, dass hier kein Löwenzahn wächst«, sagte er. »Der Edelroller liebte Löwenzahn. Löwenzahn und Kresse. Aber Kresse wächst hier auch nicht.«

»Es ist der frische Ingwer in der Sauce, der dem Fisch diesen besonderen Geschmack verleiht«, sagte Nicole.

»Wunderbar!«, sagte der Vater.

»Die Engländer mögen Ingwer.«

»Wer hat denn angerufen?«, fragte er, ohne den Blick vom Vogel zu wenden.

»Alain«, sagte Nicole und lächelte.

»Gott sei Dank ist er nicht gestorben«, sagte der alte Mann, schaute seine Tochter kurz an und nickte zufrieden. Dann widmete er seine Aufmerksamkeit erneut dem Belgischen Wasserschläger.

»Der Vogel ist recht sympathisch«, sagte er.

In seinem grauen Anzug saß Urs Berger auf einem Stuhl mit gerader Rückenlehne mitten im dunklen Patio und betrachtete den fast vollen Mond. Es war warm, und die Glastür, die in sein Wohnzimmer führte, stand offen. Er hatte eine Kassette mit dem Gesang eines prämierten Kanarienvogels aufgelegt, sein Flöten und Glucksen erfüllte die Stille.

»Mit diesem Lehrmeister wird er es schaffen«, murmelte der alte Mann. »Er ist ja jung.«

Dann senkte er die Lider und blickte nach innen, zurück in die Landschaft der Kindheit.

5

»Sie werden glücklich sein, Mademoiselle Pascale, glücklich wie nie in Ihrem Leben«, meinte Madame Odile.

»Ein schwarzhaariger Mann mit einem dichten Schnurrbart und Augen wie Kohle, sagen Sie?«

»Ich sehe ihn deutlich, er ist ganz nahe. Augen wie Kohle. Er wird Sie auf Händen tragen.«

»Ich danke Ihnen, Madame Odile, ich danke Ihnen vielmals. Wenn Sie wüssten, wie sehr Ihre Einsichten mir bei meiner Lebensführung behilflich sind!«

»Danken Sie nicht mir, danken Sie dem höchsten Wesen«, sagte Madame Odile. »Wir sind nichts als Gefäße. Und jetzt muss ich aufhören, Mademoiselle Pascale, meine Sekretärin sagt mir eben, dass der Minister für Umweltfragen am anderen Anschluss ist. Er ist in völlig aufgelöster Verfassung, die Krise nach der Grundwasserkatastrophe an der Côte d'Azur droht ihn zu Fall zu bringen. Wissen Sie, er konsultiert mich seit fünfundzwanzig Jahren, eine bescheidene Mitwirkung an seiner erstaunlichen politischen Karriere ist mir nicht abzusprechen. Ich werde meine ganze Konzentration aufbieten müssen, um mit dem höchsten Wesen in Verbindung zu treten und die Demission des Ministers zu verhindern. Wünschen Sie mir Kraft. Auf Wiedersehen.«

»Auf Wiedersehen, Madame Odile«, sagte Pascale und legte den Hörer auf.

Während sie in die Küche ging, um sich eine leichte Mahlzeit zuzubereiten, fragte sich Pascale, wie Madame Odile aussah. Eher füllig als schlank. Die Haare streng nach hinten gekämmt, ein dunkler Knoten im Nacken. Schräge grüne Augen, die aufmerksam in die Kristallkugel blickten, hohe Backenknochen, weiche weiße Hände, biegsame Finger, mit denen sie die Tarotkarten schnell und geschickt auflegte, viele glitzernde Ringe. Sie hatte ihre Lebensberaterin nie gesehen, sie kannte nur ihre tiefe Stimme.

»Ich kommuniziere mit meinen Klienten ausschließlich per Telefon«, hatte Madame Odile zu ihr gesagt, nachdem Pascale schließlich gewagt hatte, sie anzurufen. »Die Stimme eines Menschen sagt mir alles. Genuine Medien wie ich müssen ihre Gabe schützen und in äußerster Zurückgezogenheit leben.«

Ihr Telefontarif war nicht gerade niedrig, aber es lohnte sich. Madame Odile hatte ihre Existenz verändert. Pascale dankte Gott dafür, dass er sie an einem regnerischen Morgen vor drei Jahren in der Metrostation Barbès mit einem Schwarzen hatte zusammenstoßen lassen, der ihr eines dieser Kärtchen mit den Telefonnummern diverser Magier, Wahrsager und Hellseher aufgedrängt hatte. *Reichtum, Liebe, Glück innerhalb von vierzehn Tagen. Bei Nichteintreten Geld zurück.* Im Begriff, es wegzuwerfen, hatte sie unwillkürlich innegehalten und das Kärtchen in die Tasche gesteckt. Ihre Intuition hatte sich als richtig erwiesen.

Die Grünalgen schmeckten ausgezeichnet. Sie fühlte sich wesentlich besser, seit sie Madame Odiles Ernährungsvorschläge berücksichtigte.

»Ich bitte Sie, achten Sie auf Ihre Aura«, hatte das Medium gesagt, »Ihre Aura ist sehr empfindlich. Hellrosa mit einem Stich ins zarteste Orange. Gandhis Aura war ähnlich. Mit einer solchen Aura wäre es Wahnsinn, Fleisch zu essen.«

Natalie aß Fleisch. Zu ihrem einunddreißigsten Geburtstag vor vier Wochen hatte ihre Schwester sie zu *Chartier* in der Rue du Faubourg-Montmartre eingeladen. Sie hätte ablehnen sollen. Man konnte nicht erwarten, dass ein derart grob strukturiertes Naturell Rücksicht auf ihre feinstoffliche Anlage nahm. Erstens war sie eine halbe Stunde zu spät gekommen, und sie hatte sehr viel Energie aufwenden müssen, um in dem gedrängt vollen Restaurant mit den insolenten Kellnern den

Platz für Natalie freizuhalten. Und dann hatte ihre Schwester die Kaltblütigkeit besessen, in ihrer Gegenwart Schafshirn zu bestellen. Sie hatte sprachlos auf den Teller mit den kleinen Halbkugeln gestarrt, die mit ihren zierlichen Windungen ausgesehen hatten wie Miniaturausgaben menschlicher Hirnhälften. Natalie hatte ihren Blick nicht einmal bemerkt und es sich schmecken lassen. Sie waren sehr verschieden. Nicht dass sie je hätte sein wollen wie ihre jüngere Schwester.

Die Türglocke läutete. Das musste der Mann sein, der sich das Zimmer ansehen wollte. Sie trat an die Gegensprechanlage.

»Hallo?«, fragte sie.

»Ich habe wegen des Zimmers angerufen«, sagte eine Männerstimme. Die Aussprache klang südfranzösisch oder italienisch.

»Vierter Stock, die Tür links vom Lift«, sagte sie und drückte auf den Türöffner.

Pascale ließ nicht gern fremde Männer in die Wohnung, aber sie war auf das Geld angewiesen, das sie mit dem Vermieten des kleinen Zimmers auf der Terrasse verdiente. Er war der Erste, der sich gemeldet hatte, nachdem sie Annoncen im Supermarkt, in der Eingangshalle ihres Hauses und auf dem schwarzen Brett im Foyer der Bank angeschlagen hatte, in der sie arbeitete. Und am Telefon hatte die Stimme Vertrauen erweckend auf sie gewirkt. Außerdem hatte sie gestern Nacht von einem kleinen grünen Frosch geträumt, und in ihrem ägyptischen Traumbuch stand, dass dieses Tier angenehmen Besuch ankündigte. Das Leben war schwierig, ständig waren Entscheidungen zu treffen, und sie hatte beschlossen, sich nach ihren Träumen, ihrer Intuition und nach Madame Odile zu richten. Das erschien ihr vernünftig.

Es läutete an der Wohnungstür. Sie ging ins Vorzimmer und öffnete, und vor ihr stand ein mittelgroßer, schwarzhaariger Mann ohne Schnurrbart. Er trug ein hellblaues, kurzärmeliges Hemd und eine dunkelblaue Krawatte und hatte Augen wie Kohle.

»Monsieur Lecoq?«, sagte Pascale. »Bitte treten Sie doch ein.«

Ein wenig später standen sie auf einer großen Terrasse über den Dächern von Paris, zu der sie über eine eiserne Wendeltreppe im Freien gelangt waren, die vom Balkon der Wohnung Pascales hinaufführte. Die Terrasse war an zwei Seiten von hohen Brandmauern begrenzt, und dort, wo die beiden Wände im rechten Winkel aneinander stießen, klebte ein kleines, aus einem einzigen Raum bestehendes Häuschen aus Glas.

»Das ist das Zimmer«, sagte Pascale. »Es ist klein, aber mit Dusche und Toilette ausgestattet. Ich vermiete es nur im Sommer, es lässt sich nicht heizen. Der Blick ist wunderbar, finden Sie nicht?«

Der Mann trat an die Terrassenbrüstung, beugte sich vor und blickte hinunter.

»Ich nehme es«, sagte er. »Wenn Sie erlauben, ziehe ich morgen ein.«

»Im Grunde hätte ich lieber eine Frau als Mieterin«, sagte Pascale und betrachtete die gebräunten, mit schwarzen Haaren bedeckten Unterarme des Mannes, die auf dem Geländer lagen. »Bisher haben immer Frauen hier gewohnt.«

»Ich nehme es«, sagte der Mann.

»Augen wie Kohle«, sagte Pascale und sah ihre Schwester über den Tisch hinweg an. »Madame Odile hat es gesehen. Bedauerlicherweise hat er keinen Schnurrbart. Ein ruhiger und höflicher Mensch. Geschäftsmann. Er kommt aus dem Süden, aus Menton, und will in Paris eine Zweigstelle seines Unternehmens eröffnen. Italienische Fliesen. Mir scheint, ich habe einen guten Griff getan.«

»Wieso Schnurrbart?«, fragte Natalie.

»Wie geht es Alain?«, fragte Pascale.

Natalie begann zu weinen.

»Er ist zu seiner Frau zurückgegangen«, sagte sie. »Gestern hat er seine Sachen geholt. Hast du ein Papiertaschentuch?«

»Nein«, sagte Pascale und lehnte sich in ihrem Sessel zurück. Sie saßen auf dem Trottoir vor dem Café *Le Relais de l'Odéon*, Natalie hatte einen Pastis vor sich stehen. Sie konnte sich nicht vorstellen, dass Pastis der Aura gut tat, aber die Trinkgewohnheiten ihrer Schwester gingen sie nichts an. Außerdem hatte Natalie sicher eine robustere Aura als sie. Braungrau wahrscheinlich, dort und da ins Schmutziggrüne spielend. Sie jedenfalls trank stilles Mineralwasser. Vor ihnen auf dem Boulevard rollte der Nachmittagsverkehr vorüber, die Passanten schlängelten sich zwischen den Autoreihen hindurch. Ein Rollschuhfahrer entging knapp einem Unfall. Sie hustete. Die Luft war schlecht, es roch nach Abgasen.

»Hör auf zu weinen. Seit er in meinem Traum mit seiner Frau im *Grand Colbert* Profiteroles gegessen hat, war eure Trennung nur eine Frage der Zeit«, sagte Pascale. »Du kannst nicht sagen, dass ich dich nicht gewarnt habe.«

Natalie wischte sich die Tränen von den Wangen.

»Nächste Woche fliege ich mit Jean-Claude nach Kuba«, sagte sie.

»Wer ist Jean-Claude?«

»Er spielt Akkordeon im Salsaorchester, ein begabter Musiker, enorm sensibel, ich bewundere ihn seit Jahren. Er hat sofort gespürt, wie ich leide, ich konnte ihm nichts vormachen. Weißt du, seine Ehe ist die reine Hölle, er ist eine verwandte Seele. Sein Mitgefühl hat mir über die akute Phase hinweggeholfen. Robespierre hat auf Anhieb Zuneigung zu ihm gefasst.«

»Sie sperren das Büro jeden Morgen um neun Uhr auf, Mittagspause ist zwischen eins und drei, und um sechs Uhr wird geschlossen«, sagte der neue Mieter, der mit einem Mobiltelefon in der Hand auf dem Bett in seinem Zimmer saß und durch die Glaswände auf den Eiffelturm blickte. »Und das Wichtigste – den Peugeot lassen sie manchmal über Nacht vor dem Geschäft stehen.«

»Es wird Zeit, dass wir den Job erledigen«, sagte Rossi und blickte zu dem altmodischen Ventilator auf, der sich an der Decke seines Hotelzimmers drehte. »Ich verstehe nicht, weshalb du die beiden so lange observierst.«

»Ich möchte nicht, dass wir einen Fehler machen«, sagte Serra.

»So viel Aufwand wegen einer völlig unwichtigen Aktion«, sagte Rossi. »Nur weil du dich an dem alten Sack rächen willst. Weil er dein Elternhaus gekauft und Ferienwohnungen daraus gemacht hat.«

»Es geht hier nicht um persönliche Beweggründe«, sagte Serra, »es geht um die Sache. Wir verlieren unsere Insel an die Franzosen.«

»Worauf warten wir noch?«, fragte Rossi, streckte seine kurzen, dicken Beine auf dem Bett aus und gähnte. Auf dem Bildschirm des Fernsehgeräts warf ein Mann gerade einen kleinen Hund in den Müllschlucker. »Ich bin nicht ausgelastet, Roberto, ich langweile mich. Weshalb bin ich nicht bei der FLNC geblieben? Die nehmen größere Sachen in Angriff. In dieser lächerlichen Organisation ist meine Spezialausbildung reine Verschwendung.«

»Gib nicht an, Paolo, du hast dir deine Kenntnisse vom Bombenbau über das Internet angeeignet. Und jeder weiß, dass die FLNC dich ausgeschlossen hat. Du kannst von Glück reden, dass du noch lebst.«

»Das ist nicht wahr, ich bin gegangen, nachdem der neue Sprengstoffexperte eingetreten ist, dieser Vollidiot. Dass das Attentat auf das Finanzamt in Calvi misslungen ist, geht auf sein Konto. Mit einem solchen Blindgänger arbeite ich nicht.«

Serras rechtes Augenlid begann zu zucken, ein ärgerlicher Reflex.

»Mach dich jedenfalls bereit. Ich nehme an, heute oder morgen Nacht können wir die Bombe anbringen.«

»Das hoffe ich. Das hoffe ich sehr.«

Der neue Mieter schaltete das Handy aus, nahm ein Fernglas aus einem offenen Koffer, ging aus dem Zimmer, stützte sich mit den Ellbogen auf dem Geländer der Dachterrasse auf und blickte durch die Gläser. Er sah das Eisengestänge des Eiffelturms aus der Nähe, das Datum darauf, die Aufzüge, die sich langsam bewegten. Was für eine Herausforderung, ein solches Bauwerk zu zerstören. Er schwenkte das Fernglas. Unten auf der Straße kam die Frau des Immobilienhändlers gerade aus dem Restaurant neben ihrem Büro, wo sie zu Mittag gegessen hatte. Sie unterhielt sich kurz mit einer alten Dame, die ihren Hund spazieren führte, und ging in ihr Geschäft zurück. Ein Glück, dass er dieses Zimmer gefunden hatte. Von hier aus ließ sich das Büro gut beobachten. Es lag direkt gegenüber. Er hatte das Gebäude, in dem er jetzt wohnte, betreten, indem er einfach einem Hausbewohner gefolgt war, hatte die Annonce an der Wand neben der Loge der Concierge gesehen und sich die Nummer notiert. Dann hatte er die Vermieterin von der nächsten Telefonzelle aus angerufen.

Er ließ das Fernglas sinken. Rossi hatte Recht. Er wollte sehen, wie die Autobombe dieses Schwein von Rocher und seine Frau zerfetzte. Seine Eltern waren verschuldet gewesen, sie hatten keine andere Wahl gehabt, als das Haus zu verkaufen. Das halbe Dorf gehörte nun französischen Investoren, arrogante Pariser stelzten über die Treppen, räkelten sich in Liegestühlen vor den Häusern und betrachteten gelangweilt den Sonnenuntergang. Sein Vater war gestorben, die Mutter lebte bei seiner Schwester in Bastia, saß mit den Händen im Schoß in dem winzigen Zimmer, das sie mit ihrer Enkelin teilte, und redete nichts.

Serra ging zurück in sein Zimmer, setzte sich auf das Bett, stützte die Ellbogen auf den Knien auf, legte den Kopf in die Handflächen und dachte an sein Heimatdorf im Norden Korsikas. Es war sehr alt und lag auf dem Gipfel eines Hügels, der mitten aus der Ebene aufragte. Die Häuser aus Stein schienen direkt aus dem Fels zu erwachsen, mit ihm zu verschmelzen.

Er sah sich als Kind am Morgen mit den Ziegen über die Hochebene gehen und auf das Meer hinunterblicken. Es war noch nicht heiß, ein zarter Duft nach Thymian durchzog die Luft, rosiges Licht lag über der Landschaft. Bei klarem Wetter konnte man das französische Festland sehen. Ein leichter Wind wehte, es war still, bis auf das leise Bimmeln der Glöckchen am Hals der Ziegen. Er ging an dem von einer weiß gekalkten Mauer umgebenen Friedhof vorüber, hinter der Zypressen standen. Im Süden erhob sich hellgrau die Gebirgskette, ihre Konturen zeichneten sich deutlich gegen den weiten, lichtblauen Himmel ab. Mit seinem Stock trieb er die kleine Herde hinein in die trockenen Weiden, ins niedrige Gesträuch. Dann pflückte er ein paar Brombeeren und setzte sich auf einen Stein.

Serra stand auf, kämmte sich, ging die Wendeltreppe hinunter und über den Balkon seiner Vermieterin in deren Wohnung. Er hatte keinen eigenen Ausgang und war gezwungen, ihre Räumlichkeiten zu durchqueren, wenn er das Haus verließ. Sie hatte ihm angeboten, ihre Küche zu benützen, aber er zog es vor, auswärts zu essen.

»Monsieur Alexandre?«

Die Vermieterin trat aus einem der Zimmer der großen Wohnung. Sie war etwas sonderbar, aber er fand sie hübsch.

»Was halten Sie davon, wenn wir an einem der nächsten Abende auf der Terrasse eine Kleinigkeit essen und ein Glas trinken? Schließlich sind wir Wohnungsgenossen.«

»Warum nicht?«, sagte Serra.

»Ich werde etwas kochen, allerdings ein fleischloses Gericht. Ich hoffe, das stört sie nicht. Ich esse nämlich kein Fleisch.«

»Essen Sie Fisch und Meeresfrüchte? Ich mag Muscheln und Garnelen.«

»Nein, das alles esse ich nicht. Was halten Sie von einer Ratatouille?«

»Warum nicht?«, wiederholte Serra. »Ich bringe eine Flasche Wein.«

»Die ist dann für Sie. Ich trinke keinen Alkohol. Morgen Abend so gegen halb neun?«

»Warum nicht?«, sagte Serra.

»Wie soll man in Korsika ein menschenwürdiges Dasein führen?«, fragte der Wirt des Restaurants *Le Maquis*, zog die buschigen Augenbrauen hoch und beugte sich über den kleinen Tisch, an dem er mit Rossi und Serra saß. »Glaubt ihr, ich mag die Franzosen? Ich habe eine Familie zu ernähren, ich war gezwungen auszuwandern.«

»Was heißt hier gezwungen?«, sagte Rossi. »Wenn alle so dächten wie du und Landesflucht begingen, wäre die Insel noch entvölkerter, als sie es ohnehin schon ist. Man muss im Land bleiben und auf den Umsturz hinarbeiten, das ist die einzige Möglichkeit.«

»Ja, man muss sie alle in die Luft sprengen!«, schrie Serra mit rotem Gesicht und hieb mit der flachen Hand auf den Tisch. Er war betrunken. »Uns die *pieds-noirs* ins Land zu schicken! Als Auffanglager für Fremdenlegionäre mussten wir herhalten! Wir haben keine Rechte, wir sind Bettler im eigenen Land! Sie haben meinen Vater auf dem Gewissen, er ist an diesen Zuständen gestorben!«

»Bring uns noch einen Liter, Rocco!«, rief der Wirt. »Umsturz! In die Luft sprengen! Das hat doch alles keinen Sinn. Wir müssen eine friedliche Einigung erzielen. Schaut euch die

Insel an, unsere schöne Insel! Das halbe Land ist verbrannt, kein Stein steht auf dem anderen, die Bewegung ist gespalten, jeder kämpft gegen jeden. Wohin soll das führen?«

Ein großer, schmaler Halbwüchsiger mit kahl rasiertem Schädel und abstehenden Ohren stellte einen braunen Tonkrug auf den Tisch.

»Gut, dass sie euch nicht verstehen können«, sagte er leise und deutete mit dem Kopf auf zwei Leute, die am Nebentisch saßen und das in lautem Ton geführte Gespräch verfolgten. Das Restaurant in der Rue de la Convention bestand aus einem kleinen Raum mit vier Tischen. An den Wänden hingen Ansichtskarten, Farbfotos und schlechte Gemälde von Mittelmeerlandschaften. Auf dem Schanktisch stand eine Büste des korsischen Freiheitskämpfers mit der weißen Stirnbinde.

»Halt die Klappe, Rocco!«, rief Serra. Sein rechtes Augenlid zuckte. »Die Revolutionären Korsischen Brigaden geben nicht auf. Wir haben erst angefangen.«

»Revolutionäre Korsische Brigaden!«, spottete der Wirt. »Was für ein Name für eine Gruppe von fünf Mann! Allein habt ihr nicht die geringste Chance!«

»Sag das nicht«, sagte Rossi und kratzte sich die Bartstoppeln. Auch sein Gesicht war vom Wein gerötet. »Serra und ich drehen unser Ding.«

»Was für ein Ding? Hier in Paris etwa? Seid ihr verrückt? Die Polizei hat euch in einer Stunde gefasst, das sage ich euch. Die sind hier heller als die Polizisten auf der Insel.«

»Wir drehen unser Ding«, sagte Serra, plötzlich ruhig geworden. »Du wirst es in der Zeitung lesen.«

Der Wirt bekreuzigte sich.

»Heilige Maria Muttergottes!«, rief er. »Beschütze diese Irren! Rocco, bring uns noch einen Liter und den Käse!«

»Meinen Sie wirklich?«, fragte Pascale, den Telefonhörer zwischen Schulter und Kinn geklemmt. Sie war dabei, Staub zu wischen. Das tat sie gründlich, jeden Tag. Seit dem Tod ihrer Eltern, die kurz nacheinander gestorben waren, litt sie an einer Stauballergie.

»Ich meine nicht, ich weiß«, sagte Madame Odile gelassen. »Er ist es und kein anderer. Sie sollten die Karten sehen, die vor mir liegen. Die Liebenden und gleich daneben Sonne und Siegeswagen. Was wollen Sie noch? Er wird sie auf Händen tragen.«

»Aber er hat keinen Schnurrbart«, sagte Pascale und fuhr mit dem Staubwedel über die Verglasung eines Fotos, auf dem Natalie und sie als Kinder abgebildet waren. Schon damals war Natalie schöner gewesen als sie. Nicht dass sie das je gestört hätte.

»Wichtig ist der Blick. Augen wie Kohle«, sagte das Medium. »Der Blick kommt von innen. Der Schnurrbart ist unwesentlich. Eine Oberflächlichkeit.«

»Da haben Sie Recht. Ich war nie oberflächlich. Natalie ja, Natalie ist das oberflächlichste Geschöpf, das ich kenne. Sie wirft sich einem verheirateten Mann nach dem anderen an den Hals und denkt sich nichts dabei. Und Robespierre muss das alles mit ansehen.«

»Robespierre?«

»Ihr Kater. Das arme Tier.«

»Es wird böse enden«, sagte Madame Odile. »Das höchste Wesen schätzt eine so leichtfertige Haltung nicht. Ich sehe ein Auto, eine Explosion, Metallteile fliegen durch die Luft –«

»Um Himmels willen, sagen Sie das nicht!«, rief Pascale. »Vor drei Tagen habe ich geträumt, dass Natalie in einem schwarzen Kleid vor mir stand und mich ernst ansah. Wo sie Schwarz hasst! Dann hat sie sich umgedreht und langsam entfernt. O Gott, und sie ist mit diesem windigen Akkordeonisten in Kuba, man weiß ja, wie labil die politischen

Zustände auf diesen Inseln sind! Wundern würde mich gar nichts, Castro hat so viele Feinde. Na ja, vielleicht braucht sie es, es wird sie läutern. Ich werde die Nachricht jedenfalls gefasst entgegennehmen. Gut, dass unsere Eltern tot sind. Es hätte meiner Mutter das Herz gebrochen. Natalie war immer ihr Liebling, mich mochte sie weniger. Aber was wird aus Robespierre?«

»Robespierre?«

»Dem Kater.«

»Machen Sie sich keine Gedanken, das höchste Wesen sorgt für alles.«

»Und das Abendessen? Sie finden, dass das Abendessen eine gute Idee ist?«

»Eine wunderbare Idee! Nehmen Sie siebenerlei Gemüse für die Ratatouille, die Sieben ist eine heilige Zahl, der Sieben kann sich niemand widersetzen. Er wird sie auf Händen tragen. Und jetzt muss ich aufhören, Liz Taylors Arzt ist in der anderen Leitung, er unternimmt keinen Schritt, ohne mich vorher zu konsultieren. Auf Wiedersehen, meine Liebe, auf Wiedersehen!«

»Liz Taylor? Die ganze Welt kennt Sie, Madame Odile, ich kann mich glücklich schätzen. Auf Wiedersehen.«

Es war kurz nach sechs Uhr abends. Über Paris hing eine schwarze Wolkendecke, Mauersegler umflogen schreiend die Terrasse, es war schwül. Serra stand am Geländer und hatte das Fernglas auf das Immobilienbüro gerichtet. Seine Kinnmuskeln waren angespannt, das rechte Augenlid zuckte. Das Ehepaar Rocher trat aus seinem Geschäft und ging auf den Peugeot zu. Monsieur Rocher war groß und dick, hatte eine schwarze Mappe unter dem Arm und wischte sich mit einem Taschentuch den Schweiß von der Stirn. Madame war klein und dünn und trug ein schwarzweißes Pepitakostüm und große runde goldene Ohrclipse. Ein Kind mit einer blauen, gelb eingefassten Schultasche überquerte im Hüpfschritt die Straße. Der Immobilienhändler sperrte die Autotür auf und setzte sich hinter das Lenkrad. Seine Frau öffnete die Beifahrertür und stieg ein. Serra hörte das Geräusch der zuschlagenden Türen. Es war so weit.

Das Auto fuhr an. Es bog in den Boulevard de la Villette ein. Nichts geschah. Serra stellte sich auf die Zehenspitzen und verfolgte den Wagen weiter mit dem Blick, bis er ihn aus den Augen verlor. Er ließ das Fernglas sinken, stand ein paar Minuten reglos auf der Terrasse, blickte auf den Eiffelturm und stellte sich vor, wie er einstürzte. Dann ging er in sein gläsernes Zimmer und wählte Rossis Nummer.

»Hallo?«, sagte Rossi, der auf seinem Hotelbett lag und sich einen Fernsehfilm über Gürteltiere ansah.

»Die Bombe ist nicht explodiert.«

Rossi griff nach der Fernbedienung und schaltete das Fernsehgerät aus.

»Mach keine Witze, Serra. Ich habe sie so angebracht, dass sie beim Anfahren hochgeht. Die Bombe muss explodiert sein.«

»Sie sind gerade weggefahren. Ich habe sie mit dem Fernglas beobachtet. Sie sind eingestiegen und weggefahren, und die Bombe ist nicht explodiert.«

Rossi schwieg.

»Das gibt es nicht«, sagte er dann.

Serra schaltete das Telefon aus.

»Das Rote?«, fragte Pascale und lächelte Serra an. »Das sind Nori, japanische Algen. Sehr nahrhaft. Eigentlich gehören sie nicht in eine Ratatouille.«

»Schmeckt nicht schlecht«, sagte Serra und musterte Pascale, die ihm in einem hellen Sommerkleid mit tiefem Ausschnitt gegenübersaß. Normalerweise hatte sie ihr rotes Haar zu einem Zopf geflochten, doch heute trug sie es offen.

»Azukibohnen sind auch drin«, sagte Pascale. »Wissen Sie, ich experimentiere ein wenig mit makrobiotischer Ernährung. Ohne eine Puristin zu sein. Das Verhältnis von Yin zu Yang sollte fünf zu eins betragen.«

»Aha«, sagte Serra und trank einen Schluck von seinem Rotwein.

»Ein herrlicher Abend, nicht?«, sagte Pascale und seufzte. »Ich liebe diese Terrasse. Sie spüren sicher auch, was für eine positive Ausstrahlung sie hat. Meine Eltern haben mir die Wohnung vererbt. Mit meinem Gehalt könnte ich mir ein solches Appartement nicht leisten.«

»Verstehe«, sagte Serra.

»Ich arbeite in der BNP«, sagte sie. »Filiale Place Maubert. Es ist langweilig, jeden Tag von halb neun bis vier. Außer Montag.«

»Verstehe«, sagte Serra.

»Sind Ihre Fliesen eigentlich teuer?«, fragte Pascale nach einer kleinen Pause, während derer sie sich mit der Serviette Luft zugefächelt hatte.

»Kommt ganz darauf an«, erwiderte Serra.

»Ich erwäge nämlich, die Terrasse mit Fliesen auszulegen. Mit unglasierten. Die bourbonische Lilie wäre als Muster sehr hübsch, finden Sie nicht auch? Golden im leuchtend blauen Feld. Haben Sie ein solches Muster vielleicht lagernd?«

»Ich muss nachsehen«, sagte Serra und schaute auf den Eiffelturm. Ein ideales Ziel.

Pascale stand auf.

»Ich gehe kurz hinunter und hole noch Mineralwasser«, sagte sie.

Sie ging an Serra vorüber, und er griff nach ihrer Hand und hielt sie fest, ohne den Blick vom Eiffelturm zu wenden. Sie blieb stehen. Serra zog sie an sich heran, stand gleichfalls auf, fasste sie mit der anderen Hand um die Taille und küsste sie. Pascale schob ihn sanft von sich weg und leckte sich über die Lippen.

»Lieber nicht, Alexandre«, sagte sie, »wissen Sie, meine Aura ist sehr empfindlich.«

Serra stand mit dem Rücken zu Rossi am Fenster in dessen Hotelzimmer.

»Man sieht die Spitze des Eiffelturms«, sagte er.

Rossi lag auf dem Bett und rauchte. Das Fernsehgerät war eingeschaltet, auf dem Bildschirm saß eine hübsche junge Nonne laut lachend am Steuer eines Autos. Sie fuhr mit halsbrecherischer Geschwindigkeit. Neben ihr hielt sich ein Flic in Khakiuniform die Augen zu.

»Die Bombe hätte hochgehen müssen, als Rocher den Zündschlüssel im Schloss drehte«, sagte Rossi und runzelte die Stirn. »Ich verstehe das nicht. Alles war korrekt angebracht, das Kaliumpermanganat ist beste Qualität.«

»Du bist eine Niete, Paolo«, sagte Serra. Er deutete auf ein Buch, das aufgeschlagen neben Rossis Bett lag. »*Das Handbuch des Terroristen*«, höhnte er. »Ist das deine Spezialausbildung?«

»Sag nichts gegen das Buch«, meinte Rossi, »es ist ein Standardwerk. Bin Laden und seine Leute haben es verfasst. Alles weist darauf hin, dass die GIA es 1995 bei den Anschlägen auf die Pariser Metro verwendet hat. Ich sollte nach Afghanistan gehen, da schätzt man Leute wie mich.«

»Was tun wir jetzt?«, fragte Serra.

Rossi zog an seiner Zigarette, machte einen Fischmund und stieß den Rauch aus.

»Ich mache noch einen Versuch«, sagte er dann. »Diesmal mit einem Zeitzünder. Da kann auf keinen Fall etwas schief gehen. Die Eingangstür ist kein Problem, ich habe sie mir angesehen. Ich deponiere die Bombe heute Nacht im Büro.«

»Gut. Stell den Zeitzünder auf elf Uhr vormittags ein. Da sind die beiden garantiert im Geschäft.«

»Ich war von Anfang an gegen diesen Job«, sagte Rossi. »Bei den Brigaden ist mein Talent verschwendet. Ich gehe zur MNCA.«

»Das würde ich dir nicht raten«, sagte Serra. »Wenn Brandolini das erfährt, macht er dich kalt.«

»Brandolini«, sagte Rossi und schüttelte langsam den Kopf. »Ich war mit Brandolinis Schwester zusammen. Domenica. Dumm wie Bohnenstroh. Die ganze Familie. Brandolini kann nicht denken und Kaugummi kauen gleichzeitig.«

»Santería?«, fragte Pascale und drückte den Hörer fester an ihr Ohr. Die Verbindung war nicht sehr gut. »Was ist denn das?«

»Toll, sage ich dir«, sagte Natalie und drehte eine lange Strähne ihres lockigen dunklen Haares um den Zeigefinger. Sie saß auf einer grün und weiß gestreiften Liege am Swimmingpool des Hotels in Varadero. Neben ihr, auf einer lila und weiß gestreiften Liege, schlief mit offenem Mund Jean-Claude. »Ein Mittelding zwischen katholischer Religion und dem Götterkult der Yoruba. Jean-Claude kennt einen Trommler, wir durften bei einer geheimen Zeremonie anwesend sein, stell dir vor! Diese Rhythmen! Man verliert fast den Verstand. Jedem Orisha ist ein eigener Rhythmenkomplex zugeordnet, weißt du.«

»Orisha?«, fragte Pascale und wischte mit dem Ärmel ihrer Bluse etwas Staub von dem Tischchen neben dem Sofa, auf dem sie saß und telefonierte. Man entfernte den Staub, und ein paar Stunden später hatte sich neuer angesammelt. Es war frustrierend.

»Das sind die Yorubagötter. Verstehst du, es ist eine afrokubanische Religion. Die Tänzer geraten in Trance, und dann ergreifen die Orishas von ihren Körpern Besitz. Toll, das Ganze.«

»Ich habe von dir geträumt«, sagte Pascale. »Pass bloß auf.«

»Tatsächlich?«, fragte Natalie und streichelte Jean-Claudes Hand, die schlaff über den Rand der lila-weißen Liege hing.

»Robespierre hat dein Gesicht zerkratzt, das Blut ist dir über die Wangen geronnen. Schwarzes Blut. Pass bloß auf.«

Natalie lachte. Jean-Claude öffnete die Augen.

»Du und deine Träume! Ich bin so verliebt. Das erste Mal in meinem Leben. Jean-Claude trägt mich auf Händen.«

»Auf Händen?«

»Kannst du Robespierre noch einmal füttern, bevor ich zurückkomme? Ich muss aufhören, Jean-Claude ist aufgewacht. Bis bald.«

Pascale legte den Hörer auf das Tischchen und stand auf.

Kuba. Eine sehr unsichere Region, die Karibik. Sie beneidete Natalie um nichts. Natalie würde sich wundern.

Sie hörte, wie die Eingangstür aufgesperrt wurde. Mit einer Plastiktüte in der Hand betrat ihr Mieter das Wohnzimmer.

»Hallo Pascale«, sagte er, »wie geht's?«

»Ganz gut«, sagte sie. »Nur meine Schwester macht mir Sorgen. Sie ist so leicht beeinflussbar, wissen Sie.«

»Verstehe.«

»So war sie schon immer. Wir sind sehr verschieden.«

»Ich wollte Ihnen sagen, dass ich Ende der Woche ausziehe«, sagte er. »Ich habe etwas Größeres in der Rue de Belleville gefunden, wo ich mich längerfristig einrichten kann.«

»Schön für Sie«, sagte Pascale. »Obwohl ich mich an Ihre Anwesenheit hier gewöhnt habe. Sie werden mir fehlen.«

Serra ging die Wendeltreppe hinauf und blieb kurz auf der Terrasse stehen, bevor er in sein Zimmer ging. Die Sonne war untergegangen, der Himmel leuchtete orangerot, weiße Kondensstreifen durchzogen ihn. Schade, dass Pascale ihn nicht wollte. Sie war verrückt, aber sie gefiel ihm. Der Eiffelturm ragte schwarz im Gegenlicht auf. Er seufzte. Bin Laden hatte Recht. Die GIA hatte Recht. Wenn schon, dann große Ziele.

Im Halbschlaf hörte Serra die Detonation. Er fuhr hoch und schaute auf die Armbanduhr. Fünf vor acht. Das war doch nicht möglich. Rossi hatte den Zeitzünder falsch eingestellt. Der Mann war ein vollkommener Versager. Er sprang vom Bett auf, lief auf die Terrasse und blickte hinunter. Die Schaufenster des Immobilienbüros waren zerbrochen, ein Loch klaffte in der Mauer. Schutt und zerbrochenes Glas lagen auf dem Gehsteig. Niemand war auf der Straße. Nur eine Gestalt in einem hellen Kleid saß auf dem Asphalt. Er blinzelte. Die Gestalt war Pascale. Serra fluchte, rannte zurück ins Zimmer, schlüpfte in seine Schuhe und stürzte die Wendeltreppe hinunter und aus der Wohnung, dann fuhr er mit dem Lift ins Erdgeschoss und lief auf die Straße.

»Pascale!«, rief er. »Ist Ihnen etwas passiert?«

Pascale wandte ihm ihr weißes Gesicht zu. Mittlerweile standen ein älterer Mann mit zwei Baguettes unter dem Arm und ein schwarzer, grün gekleideter Straßenkehrer mit einem grünen Besen neben ihr.

»Nein, ich bin okay«, sagte sie. »Das Knie tut mir weh, das ist alles. Ich war auf dem Weg zur Metro. Als es krachte, bin ich gestolpert und auf die Knie gefallen. Es ist nicht schlimm. Helfen Sie mir bitte beim Aufstehen, Alexandre.«

Ein kleiner Junge stieg durch das Loch in der Fassade aus dem Inneren des Gebäudes auf die Straße.

»Keine Leichen«, sagte er. »Es ist niemand drin.«

»Das waren die Islamisten«, sagte der Straßenkehrer.

»Aber die Rochers sind doch katholisch. Wir besuchen dieselbe Kirche, die in der Rue des Bernardins«, sagte der Mann mit den Baguettes.

»Eben«, sagte der Straßenkehrer.

Serra versuchte Pascale auf die Füße zu helfen. Ihr Gesicht verzog sich.

»Es tut ein bisschen weh«, sagte sie.

»Sie können nicht gehen, warten Sie.«

Serra legte einen Arm um Pascales Taille, mit dem anderen hob er sie hoch. Sie war leicht, dachte er. Er sollte abhauen.

»Ich bringe Sie in die Wohnung zurück«, sagte er, betrat mit Pascale auf den Armen das Haus und ging in Richtung Aufzug.

Sie lachte leise.

»Sie tragen mich auf Händen«, sagte sie.

Er betrat den Aufzug, die Türen schlossen sich. Während der Lift in den vierten Stock fuhr, begann Pascale ihn zu küssen. Er trug sie in die Wohnung und legte sie auf ihr Bett im Schlafzimmer. Sein rechtes Augenlid zuckte heftig.

»Hast du Schmerzen?«, fragte er.

»Nein, nein«, flüsterte sie und zog ihn zu sich hinunter. »Aber bitte gib Acht, meine Aura ist sehr empfindlich.«

Zwei Stunden später traten Serra und Pascale wieder in den Aufzug, diesmal mit Handschellen gefesselt und in Begleitung von vier Mitgliedern einer französischen Antiterroreinheit, die sich die schwarze Vermummung vom Kopf gestreift hatten. Das Handy eines der Polizisten piepste, und er schaltete es ein.

»Sehr gut«, sagte er nach einer Pause. »Ausgezeichnet. Wir sehen uns auf dem Kommissariat.« Er wandte sich zu den anderen. »Rossi haben sie auch, er war in seinem Hotelzimmer.« Er grinste. »Schlief tief und fest. Der Kerl hat Nerven.«

»Na, meine Schöne«, sagte der Polizist, der neben Pascale stand, »nicht sehr gut geplant, das Ganze. Dumm, dass wir euch nicht vor dem Anschlag erwischt haben. Aber es ist ja nicht viel passiert.«

»Ich hatte keine Ahnung«, flüsterte Pascale.

»Das wird sich alles herausstellen«, sagte der Beamte.

Pascale blickte zu ihm auf. Er hatte schwarzes Haar und einen dichten Schnurrbart. Aber seine Augen waren blau.

»Und dich lassen sie diesmal nicht so schnell heraus, Serra«, sagte der erste Beamte. »Du hast den Mund ein bisschen zu weit aufgerissen. Im *Maquis* muss man höllisch aufpassen auf das, was man sagt.«

»Serra?«, flüsterte Pascale und blickte ihren Mieter an. »Aber ich hatte ja keine Ahnung.«

Serra spuckte auf den Boden des Aufzugs.

»Viva Paoli!«, sagte er.

»Ich habe es Ihnen ja gesagt, er wird Sie auf Händen tragen«, sagte der Mann mittleren Alters mit dem stark gelichteten Haar, der mit einem Mobiltelefon am Ohr in einer zerrissenen grauen Jogginghose und einem schmutzigen weißen Unterhemd auf einem Küchenstuhl in einem winzigen Zimmer saß und die Beine auf den Tisch gelegt hatte. Neben seinen bloßen Füßen stand ein Teller mit Essensresten. Auf dem Kühlschrank ihm gegenüber saß der Fernsehapparat. Ein Fußballspiel wurde gerade übertragen. Der Ton war ausgeschaltet.

»Aber jetzt ist er in Untersuchungshaft, Madame Odile, wegen eines Terroranschlags«, sagte Pascale und wischte mit der bloßen Hand ein paar Staubkörnchen von dem kleinen Glastisch, neben dem sie saß.

»Ich weiß, ich weiß«, sagte der Mann, während er das Spiel verfolgte, »ich habe es genau gesehen. Im Augenblick sind Sie nicht zu beneiden. Aber die Situation ist nicht von Dauer.« Er bohrte mit dem Finger in seinem linken Ohr, dann wandte sich zu einer alten Frau mit gefärbten, dauergewellten dünnen Haaren in einer blauen Kleiderschürze um, die sich an einem abgenutzten Herd zu schaffen machte. Er bedeckte die Sprechmuschel kurz mit der Hand.

»Gott, Mama, das geht mir schon so auf die Nerven«, sagte er. »Ständig diese Verrückten.«

»Wir brauchen das Geld«, sagte die alte Frau. »Ich mache dir einen Pfefferminztee.«

Der Mann nahm die Hand vom Hörer und blickte wieder auf den Bildschirm.

»Wenn Sie die Karten sehen könnten«, sagte er und kratzte sich am rechten Oberarm, auf den eine Rose tätowiert war. »Hier ist der Turm, daneben Tod und Teufel. Eine radikale Wende in Ihrem Schicksal. Sie werden unbeschreiblich glücklich sein.«

»Tatsächlich? Eine Wende? Es ist wahr, gestern hat mich Vanessa Mathiot angerufen und mich in ihre Sendung eingeladen. Ich soll über meine Beziehung zu Alexandre – ich meine, zu Roberto – sprechen.«

Die Tür des Zimmers öffnete sich, und ein kleines schwarzhaariges, bis auf ein Hemdchen unbekleidetes Kind mit einem Meerschweinchen auf dem Arm kam auf den Mann zu. Der Mann lächelte. Seine Zähne waren gelbbraun und schief. Er nahm die Füße vom Tisch, setzte das Mädchen mit dem Meerschweinchen auf seinen Schoß und wandte sich wieder dem Spiel zu. Die Spieler der einen Mannschaft liefen mit erhobenen Armen über das Feld.

»Sehen Sie, Mademoiselle Pascale, sehen Sie«, sagte er.

»Und dieser Beamte von der Terroreinheit war sehr sympathisch. Er hatte den Schnurrbart, wissen Sie, aber Augen wie Kohle hatte er nicht. Sie waren eher blau.«

»Die Augenfarbe spielt keine Rolle. Für das höchste Wesen sind andere Dinge ausschlaggebend. Sie werden unbeschreiblich glücklich sein. Ich sehe es genau. Es ist nur eine Frage der Zeit.«

»Glauben Sie wirklich?«

»Ich glaube nicht, ich weiß«, sagte der Mann und fütterte das Kind mit einer Banane. »Es wird eine Liebe fürs Leben.«

»O Gott, wird Natalie mich beneiden«, sagte Pascale und lachte leise. »Sie hat eine unglückliche Affäre nach der anderen, und mir ist dauerndes Glück beschieden. Aber sie war immer leichtfertig, das ist ihr Kardinalfehler.«

»Es sieht nicht gut aus für Ihre Schwester«, sagte der Mann und trank einen Schluck aus dem Glas mit Tee, das die alte

Frau ihm hingestellt hatte. Das Spiel war zu Ende. Das Meerschweinchen lief zwischen den Essensresten auf dem Tisch herum.

»Bitte sagen Sie das nicht!«, rief Pascale. »Aber wo Sie es schon erwähnen – ich hatte diesen merkwürdigen Traum, in dem sie über einem Abgrund hing und sich mit einer Hand an einem Grasbüschel festhielt. Und ich setzte ihr den Fuß auf die Hand, stellen Sie sich das vor! Ich trug meine bordeauxfarbenen Schuhe von Ferragamo mit den hohen Absätzen. Langsam verlor die Hand den Halt, ich spürte es genau. Ich muss nachsehen, was Artemidor dazu zu sagen hat.«

Das kleine Mädchen versuchte das Meerschweinchen einzufangen. Als es ihm nicht sofort gelang, begann es leise zu greinen. Der Mann stellte es auf den Boden, und es lief zu der alten Frau und hielt sich an deren Kleiderschürze fest. Auf dem Bildschirm wurde Zinedine Zidane interviewt.

»Ich muss aufhören, Mademoiselle Pascale«, sagte der Mann, »ich hoffe, Sie haben Verständnis. Der Manager von Zizou hat um dringenden Rückruf gebeten.«

»Zizou?«

»Zidane. Zinedine Zidane, der Fußballstar. Es geht um einen Transfer, viel Geld ist im Spiel. Wünschen Sie mir Kraft. Auf bald, Mademoiselle Pascale.«

»Auf bald.«

Der Mann stand auf, kratzte sich am Geschlechtsteil und ging zur Tür.

»Man hat nicht einmal Zeit zu pissen«, sagte er. »Was für ein Leben.«

Dann schloss er die Tür hinter sich.

6

Es war heiss im Studio. Pascale saß neben Vanessa Mathiot in einem unbequemen, mit lindgrünem Leder bezogenen Metallsessel. Sie trug einen weiten Hosenanzug aus einem hellgrauen, fließenden Material und silberne Ohrgehänge in Tropfenform und war sehr nervös.

»Ich bin sicher, wir werden uns wunderbar unterhalten«, sagte die Moderatorin beruhigend, legte Pascale die Hand leicht auf das Knie, schloss kurz die Augen, öffnete sie wieder und lächelte ein warmherziges Lächeln. Sie war nicht mehr ganz jung, aber schön, blond und gepflegt. Ihre Fernsehsendung *Vanessa* lief seit Jahren jeden zweiten Donnerstag zur Hauptsendezeit und hatte hohe Einschaltquoten. Vor allem die Zuseherinnen bewunderten ihre frauliche Souveränität und schätzten ihre einfühlsame Art, sich mit ihren Gästen zu unterhalten, die allen Altersstufen und sozialen Schichten angehörten. Sie war bereits zweimal zur Französin des Jahres gewählt worden, ihrer sympathischen Ausstrahlung konnte sich kaum jemand entziehen.

»Entschuldigen Sie, aber Ihre Nase glänzt«, sagte die Maskenbildnerin, stieg rasch die drei Stufen zu dem Podest hoch, auf dem die beiden lindgrünen Sessel neben hohen Topfpalmen standen, und trug noch etwas Puder auf Pascales Stirn und Nase auf. »So, das ist viel besser«, sagte sie. Vanessa Mathiots Lächeln verschwand.

»Gehen Sie gefälligst aus dem Weg, Sie sehen doch, dass wir gleich anfangen«, sagte sie und schob die Maskenbildnerin beiseite. Dann wandte sie sich wieder an Pascale.

»Was unser Fernsehpublikum natürlich am meisten interessieren wird«, fuhr sie liebenswürdig fort, »ist Ihre sexuelle Beziehung zu Roberto Serra und die Folgen, die dieses ungewöhnliche Verhältnis hatte. Erlauben Sie mir also, ein paar

Fragen zu diesem Thema zu stellen. Haben Sie keine Scheu, drücken Sie sich offen und unbefangen aus, die Zuseher sind zum Großteil Frauen wie Sie und ich.«

Pascale griff sich an die Kehle, räusperte sich und nickte. Die große Kamera vor ihnen wurde in ihre endgültige Position gebracht. Vanessa Mathiot zwinkerte Pascale aufmunternd zu, dann blickte sie ins Objektiv. Sie waren auf Sendung.

»Meine Damen und Herren, sehr verehrtes Publikum«, sagte die Moderatorin, »ich begrüße Sie recht herzlich bei *Vanessa*. Das letzte Mal hatten wir das Vergnügen, den Mann kennen zu lernen, dessen Gesicht durch die Explosion einer Spraydose mit einem Insektizid völlig entstellt wurde. Ich freue mich, Ihnen berichten zu können, dass Yves inzwischen über zweitausend mitfühlende Briefe aus ganz Frankreich erhalten hat, darunter einhundertdreiundfünfzig ernst gemeinte Heiratsanträge. Heute haben wir Pascale zu Gast, die Frau, die genügend Kühnheit und Abenteuerlust besaß, um ihr Leben eine kurze, jedoch äußerst intensive Zeitspanne lang mit dem ebenso gefährlichen wie attraktiven korsischen Terroristen Roberto Serra zu teilen, der vor kurzem wegen eines Sprengstoffanschlags auf ein Pariser Immobilienbüro verhaftet worden ist und sich im Augenblick mit seinem Komplizen, dem seit langem gesuchten ehemaligen Mitglied der Terrorgruppe FLNC, Paolo Rossi, in Untersuchungshaft befindet. Eine aufregende, eine rührende, eine menschliche Geschichte, eine Geschichte voll knisternder Erotik, kurz, eine Geschichte, von der wir Frauen insgeheim alle träumen. Guten Abend, Pascale.«

»Guten Abend!«, sagte Pascale, nickte und beugte kurz den Oberkörper vor.

Vanessa Mathiot machte die Augen zu und wieder auf.

»Pascale«, sagte sie, »schildern Sie uns doch zunächst den unglaublichen Hergang Ihrer schicksalhaften, Ihnen von einer mysteriösen indischen Hellseherin auf den Tag und aufs Haar genau vorhergesagten ersten Begegnung mit dem Attentäter, bei der Sie sich Hals über Kopf in den glutäugigen Korsen verliebten.«

»Also«, sagte Pascale, »also, Alexandre – ich meine, Roberto –, es ist wahr, das Erste, was mir auffiel, war sein Blick. Wissen Sie, er hatte Augen wie Kohle.«

In einem kurzen pinkfarbenen Nachthemd, auf dessen Vorderseite ein Pinguin appliziert war, lag Blanche auf dem Bett in ihrem Zimmer, blätterte in ihrem Lieblingsbuch und knabberte an einem Reistaler. Der Raum war voller Stofftiere. Sie hatte sich auf dem Bauch ausgestreckt und die Ellbogen aufgestützt und bewegte ihre vertikal in die Höhe ragenden, sehr mageren Unterschenkel langsam vor und zurück. Das Buch hieß *Die Rosenfenster der gotischen Kathedralen*, sie hatte es vor zwei Jahren auf dem Markt für antiquarische Bücher an der Porte de Vanves entdeckt und sofort gekauft. Es enthielt viele Farbfotos und Skizzen wunderschöner, farbiger runder Glasfenster. Nach einer Weile gähnte sie, schaute auf das Zifferblatt des Weckers auf dem Nachttisch, stand auf, ging mit dem Reistaler in der Hand über die Treppe ins Erdgeschoss, schaltete den Fernsehapparat ein, der mitten im riesigen Wohnzimmer stand, und setzte sich auf das Ledersofa davor. Sie langweilte sich und würde sich kurz die Sendung ihrer Mutter ansehen.

»Sie sind also entschlossen, das Kind zu bekommen, das Sie von Roberto Serra erwarten?«, fragte ihre Mutter gerade eine rothaarige Frau mit einem langen Zopf, die in einem altmodischen Hosenanzug neben ihr saß. Blanche fand, dass ihre Mutter plump wirkte. Ihre Hüften waren viel zu breit, mit solchen Hüften konnte man doch kein so enges Kleid tragen. Und wenn man genau hinsah, ließen sich deutlich zwei Bauchfalten erkennen. So weit würde sie selbst es niemals kommen lassen, das hatte sie sich geschworen.

»Ja, ich möchte das Kind behalten«, sagte die rothaarige Frau. »Man hat festgestellt, dass es ein Mädchen wird, und ich habe mir immer ein Mädchen gewünscht. Ich werde sie Roberta nennen.«

Ihre Mutter blickte in die Kamera.

»Und damit sind wir am Ende unserer Sendezeit angelangt«, sagte sie, machte die Augen zu und öffnete sie wieder. »Drücken Sie Pascale und ihrem ungeborenen Kind die Daumen und nehmen Sie sich ein Beispiel an dieser selbständigen und gefühlsstarken Frau, die sich unerschrocken und entgegen jede Vernunft zu ihrer Liebe zu einem Verbrecher bekennt. Und bitte zögern Sie nicht, ihr unter dem Kennwort *Eine Frau steht zu sich selbst* an France 2 zu schreiben, in ihrer schwierigen Situation hat Pascale natürlich ein tiefes Bedürfnis nach weiblicher Solidarität. Guten Abend, Pascale, guten Abend, verehrte Zuseher.«

»Guten Abend«, sagte die rothaarige Frau, neigte den Kopf und lächelte.

Blanche schaltete das Fernsehgerät aus. Abends war sie oft allein zu Hause, die Eltern arbeiteten beide beim Zweiten Französischen Fernsehen und kamen manchmal erst gegen Mitternacht zurück nach Neuilly. Solange sie fort waren, konnte sie nicht einschlafen, sie fühlte sich unbehaglich in dem großen Haus, in das sie erst vor vier Monaten gezogen waren. Vorher hatten sie in der Nähe des Jardin du Luxembourg gewohnt, wo sie noch immer zur Schule ging.

Der Reistaler war aufgegessen. Es war der dritte an diesem Tag, sonst hatte sie nichts zu sich genommen. Blanche aß sehr wenig. Sie ging über die Treppe hinauf in den ersten Stock und betrat das Badezimmer, um sich zu wiegen. Sie überprüfte ihr Gewicht mehrmals täglich. Auf der Digitalanzeige leuchtete vor einem Punkt und zwei Nullen die Zahl sechsunddreißig auf. Sie erschrak. In einer Woche hatte sie ein halbes Kilogramm zugenommen. Sie würde ein Vollbad nehmen, Wasser zehrte. Blanche schloss die Tür ab, dann trat sie an den Wannenrand und drehte die vergoldete Armatur auf. Sie streifte das Nachthemd ab und blickte in den Spiegel, der die Wand an der Schmalseite des Badezimmers zur Gänze ausfüllte. Mit ihren dünnen Fingern strich sie über die stark hervortretenden Hüftknochen, die Senke dazwischen, die knabenhafte Brust und untersuchte ihren Körper ängstlich nach Anzeichen von Erhebungen, Wölbungen, Rundungen. Sie wollte nicht, dass sich etwas veränderte, dass sich etwas erhob oder wölbte, dass etwas schwoll, sie wollte so bleiben, wie sie war. Gerade Linien, der Körper eines Kindes, eines Jungen, das war anzustreben.

Blanche wandte sich um und tauchte die Hand ins Wasser, um die Temperatur zu prüfen. Ihre Schulterknochen traten hervor wie kleine Flügel. Dann drehte sie den Hahn zu, stieg in die rosa schimmernde Marmorbadewanne und streckte sich mit einem leisen Seufzer darin aus. Baden gehörte zu ihren Lieblingsbeschäftigungen, sie konnte stundenlang in der Wanne liegen und ihren Körper, seine seltsamen Verfärbungen und Verzerrungen unter der Wasseroberfläche, betrachten. Sie legte die skelettdünnen Arme gerade an den Körper und tauchte unter, sodass nur noch Augen, Mund und Nase über Wasser waren. In dieser Situation stellte sie sich gern ein Bild vor, auf das sie beim Blättern in einem der vielen Bücher über Malerei gestoßen war, die in der Bibliothek ihres Vaters standen. Ein wunderschönes, totenbleiches junges Mädchen lag, einen Kranz aus Frühlingsblumen um die hohe Stirn gewunden, auf dem Rücken im graugrünen Wasser eines Teiches. Ihr Haar und ihre Kleider wiegten sich darin, sie hatte die Hände über der Brust gefaltet und die Augen geschlossen. Von oben hingen die Zweige einer Weide auf sie hinunter.

»Hör auf, mich zu nerven«, sagte Laurent Mathiot zu seiner Frau, während sie um die Place Maillot herum und weiter den

Boulevard entlangfuhren. »Ich bin völlig erschöpft, ich glaube, ich werde krank. Die Luft im Studio ist staubtrocken, ich vertrage das nicht. Und mein Rücken schmerzt.«

»Lass ihn dir doch von deiner kleinen Maskenbildnerin massieren«, sagte Vanessa Mathiot.

»Verschone mich mit deinen Unterstellungen, ich bitte dich«, erwiderte Laurent Mathiot, stemmte die Arme gegen das Lenkrad und umklammerte es mit den Fingern, so fest er konnte. »Verstehst du nicht, ich bin müde, ich will so rasch wie möglich ins Bett. Ich weiß, ich weiß, nichts ist auch nur annähernd so schwierig, wie eine eigene Sendung zu moderieren, ich bin ja nur ein simpler Nachrichtensprecher, worüber beklage ich mich eigentlich?«

»Wen hast du denn als Nächste im Auge?«, fragte Vanessa Mathiot. »Gibt es überhaupt noch jemanden im Studio, den du noch nicht gefickt hast, die Männer ausgenommen? Und nicht einmal das ist sicher.«

Laurent Mathiot schwieg und bog in eine von Bäumen gesäumte Seitenstraße ein. Seine Frau nahm eine Zeitschrift von ihrem Schoß und hielt ihm das Titelbild vors Gesicht. »*Vanessa und Laurent Mathiot – ein ideales Paar!* Das ist gut, das ist wirklich gut.« Das Titelbild zeigte sie beide in Abendgarderobe, mit strahlendem Lächeln.

»Bist du verrückt?«, rief Laurent Mathiot. »Nimm die Zeitung weg, ich sehe nichts! Willst du, dass wir gegen einen Baum fahren?«

»Anspruchsvoll bist du bei deiner Auswahl nicht gerade, selbst die Mädchen von der Kantine dürfen sich neuerdings deiner Gunst erfreuen, wie ich höre«, fuhr Vanessa Mathiot fort, während ihr Mann vor einem großen weißen, mit Stuck verzierten Haus hinter einem grünen Zaun hielt. Er nahm die Hände vom Lenkrad und hielt sich die Ohren zu.

»Hör endlich auf!«, sagte er. »Wenn du mich nicht augenblicklich in Frieden lässt, verbringe ich die Nacht woanders. Ich halte das nicht mehr aus, ich brauche ein paar Stunden Ruhe!«

Vanessa Mathiot öffnete die Autotür und stieg aus.

»Hau doch ab!«, rief sie und begann zu weinen. »Fahr zu deinen Flittchen, mir ist es egal, ich kann deine Visage ohnehin nicht mehr ertragen!«

Sie schlug die Tür zu, ging schluchzend zu dem Tor im Zaun und sperrte es auf. Während sie den kleinen Vorgarten durchquerte, hörte sie, wie der Wagen ihres Mannes anfuhr und sich entfernte. Sie blickte auf und sah Licht im ersten Stock, dann wischte sie sich die Tränen mit dem Handrücken von den Wangen, öffnete das Haustor und lief über die Treppe. Die Tür zum Badezimmer war abgeschlossen.

»Blanche, du badest doch nicht schon wieder?«, fragte sie. »Blanche, ich bitte dich, geh schlafen, es ist fast Mitternacht. Und schließ nicht immer die Tür ab, das ist nicht nötig!«

Blanche schloss die Augen, hielt sich die Nase zu, tauchte mit dem Kopf unter und regte sich nicht.

Am Strand von Dieppe wehte ein kräftiger Wind. Der Himmel war voller bunter Drachen, die die Leute von der Wiese aufsteigen ließen, welche zwischen der langen Reihe der Hotels und dem Strand mit seinen groben Kieseln lag. Einmal in zwei Jahren war der Badeort am Ärmelkanal Schauplatz eines Festivals der Papierdrachen. Menschen aus aller Welt kamen, um daran teilzunehmen.

»Kannst du mich kurz vertreten? Du weißt ja, wie es geht«, sagte Hassan zu seinem Freund Achmed, während er geschickt rosa Zuckerwatte auf ein Stäbchen drehte und das süße, klebrige Gespinst einem Kunden in die Hand drückte. Manchmal ließ sie der Besitzer des kleinen Standes, ein Typ aus dem Viertel, in dem sie wohnten, ein paar Stunden für sich arbeiten. Sie waren an diesem Morgen zu dritt mit dem Auto aus Paris gekommen. Hassan war sechzehn Jahre alt und hatte noch nie das Meer gesehen. Ihm gefiel die Stadt mit den vielen Segelbooten im Hafen, den Fischrestaurants und den weißen Klippen, auf denen eine Kirche und ein Leuchtturm standen.

»Okay«, sagte Achmed, der ihm zusah.

»Ich möchte auch mal einen Drachen steigen lassen«, sagte Hassan und ging.

Er spazierte zu einem der großen gestreiften Zelte hin, die entlang der Strandpromenade aufgestellt waren und in denen Papierdrachen aller Größen, Farben und Formen verkauft wurden, betrat es und suchte sich einen kleinen, leuchtend blauen Drachen in klassischer Trapezform mit einem aus andersfarbigem Papier aufgeklebten lustigen Gesicht und einem langen Schwanz aus bunten Schleifchen aus. Dann überquerte er den Strand, der schräg zum Meeresufer hin abfiel. Die Kiesel knirschten unter seinen Füßen. Knapp vor der Linie, bis zu der das Wasser vorgedrungen war, blieb er stehen und blickte lange auf das Meer. Es war grau und bewegt, Schaumkronen formten sich und verschwanden, und am Ufer zerstoben die Wellen zu weißer Gischt. Hassan hatte nie schwimmen gelernt, die Fluten machten ihm Angst. Als eine hohe Woge anrollte, trat er rasch ein paar Schritte zurück, aber das Wasser hatte ihn schon erreicht und seine Turnschuhe durchnässt. Er ging den Strand entlang und entrollte die Schnur des Drachens, der vom Wind in die Höhe gerissen wurde und bald weit vor und über ihm zwischen anderen, größeren Drachen am Himmel schwebte. Er genoss die Kontrolle über das Spielzeug und begann zu laufen. Der Drache flog neben einem roten Krebs, einem sich rasch drehenden bunten Rad, einer langen grünen Schlange, einer schwarzen Fledermaus dahin. Plötzlich spürte seine Hand einen Widerstand, die Schnur straffte sich, bis sie zum Zerreißen gespannt war, und erschlaffte dann. Er sah, dass sein kleiner blauer Drache unter die Schwingen der großen Fledermaus geraten war, sah, wie die beiden Papierdrachen an Höhe verloren und miteinander zu Boden stürzten. Rasch ging er in die Richtung, wo er sie auf die Wiese hatte niedergehen sehen. Ein ungewöhnlich dünnes Mädchen mit langen, glatten braunen Haaren kniete neben den beiden Drachen und machte sich an den Schnüren zu schaffen. Hassan blieb neben ihr stehen, sodass sein Schatten über sie fiel, und sie schaute zu ihm auf. Sie hatte ein schmales Gesicht mit hohen Backenknochen, dichten dunklen, sich über der Nasenwurzel treffenden Augenbrauen und einer kleinen, aufgeworfenen Nase. Die blasse Haut war voller Sommersprossen. In eine Strähne ihres Haares waren winzige bunte Glasperlen eingeflochten.

»Gehört der blaue Drache dir?«, sagte sie und blickte gleich wieder zu Boden.

»Was ist passiert?«, fragte Hassan und hockte sich dicht neben das Mädchen hin. Er sah die hohe, gerundete Stirn. Ihre Augenbrauen sehen aus wie ein Vogel im Flug, dachte er.

»Die Schnüre haben sich verwickelt«, erklärte sie.

»Warte, ich helfe dir«, sagte er und griff nach ihnen, wobei seine Hände die des Mädchens berührten. Sie zuckte zurück.

»Kommst du auch aus Paris?«, fragte er.

»Ja, ich bin mit zwei Freundinnen hier«, sagte Blanche. »Wir sind mit dem Zug gefahren.«

»So«, sagte Hassan, nachdem er die beiden Schnüre entwirrt hatte, und lächelte dem Mädchen ins Gesicht, »jetzt geht es wieder. Deine Fledermaus hat einen Riss im Flügel abbekommen, du solltest ihn kleben, bevor du sie wieder steigen lässt.«

Sie hat hübsche Augen, dachte er, braune Augen mit dünnen, aber langen Wimpern, einen Blick wie ein vorsichtiges Tier.

»So etwas Dummes«, sagte Blanche, ohne ihn anzusehen. »Der Drache gehört meiner Freundin, sie wird böse sein.«

»Ach, das ist doch keine Katastrophe«, sagte Hassan und musterte die teuren Jeans, das schicke T-Shirt und die modischen Turnschuhe des Mädchens. »Gehst du noch zur Schule?«, fragte er dann.

»Ja, Lycée Montaigne«, antwortete sie und vermied weiter seinen Blick.

»Lycée Montaigne«, wiederholte er. »Wo ist denn das?«

Zwei Mädchen kamen über die Wiese gerannt.

»Blanche, wo bleibst du? Wir haben dich gesucht«, rief die eine.

»Blanche heißt du also«, sagte Hassan.

»Ich komme schon«, sagte Blanche und stand mit der Fledermaus in der Hand auf.

»Ich heiße Hassan«, sagte er.

»Ich muss laufen. Danke«, sagte sie, blickte an ihm vorüber und ging schnell über die Wiese, ihren beiden Freundinnen entgegen.

An den schmalen Stamm eines Kastanienbaums gelehnt, stand Hassan mit verschränkten Armen und überkreuzten Knöcheln gegenüber dem Haupteingang des Lycée Montaigne und beobachtete die Schüler, die aus und ein gingen. Es war heiß, die Blätter des jungen Baums boten wenig Schatten. Seit fast einer Woche zog es ihn jeden Tag hierher, stundenlang stand er vor der Schule, in der Hoffnung, Blanche wiederzusehen. Vor zwei Tagen war sie tatsächlich vor seinen Augen aus dem Tor getreten, aber sie war in Begleitung einer anderen Schülerin gewesen, und er hatte nicht gewagt, sie anzusprechen. Die Adresse des Gymnasiums herauszufinden war kein Problem gewesen. Normalerweise kam er nicht in diese noble Wohngegend, er lebte mit seiner Mutter und seinen zwei älteren Schwestern weiter nördlich, auf der anderen Seite der Seine, im Viertel Goutte d'Or, das fast ausschließlich von Arabern und Schwarzen bewohnt war. Der einzige Ort in der Nähe, den er kannte, war der Platz vor der Kathedrale Notre Dame und die Brücke daneben. Dorthin ging er manchmal am Sonntag mit seinem Skateboard. Seine Freunde und er nahmen die Brücke in Beschlag, fuhren um die Wette, stellten Flaschen auf und übten sich im Slalom, und gelegentlich bauten sie ein Hindernis auf und versuchten es zu überspringen. Die vielen Touristen sahen ihnen zu und applaudierten, wenn einer wirklich gut war.

Hassan verlagerte das Gewicht und stützte sich auf das andere Bein. Die Mädchen und Jungen, die aus der Schule kamen, waren gut gekleidet und sahen reich und selbstbewusst aus. Plötzlich sank ihm der Mut. Was wollte er eigentlich? Bei ihrer Begegnung in Dieppe hatte sich Blanche reserviert verhalten und kein Interesse an ihm gezeigt. Es war sinnlos, nichts als eine vage, dumme Sehnsucht. Außerdem war sie mager wie ein Skelett und eigentlich gar nicht sein Typ. Er streckte sich, fuhr sich durch das drahtige Haar und wandte sich zum Gehen. Er gab es auf. Da trat sie aus dem Gebäude, allein, mit gesenktem Kopf. Er hielt inne. Sie überquerte die Rue Auguste Comte und kam auf ihn zu, ohne ihn wahrzunehmen. Hassan machte einen Schritt nach vorne.

»Hallo Blanche«, sagte er.

Vom gelben Licht der schräg einfallenden Sonnenstrahlen übergossen, lag der Jardin du Luxembourg da, er war voller Geräusche, voller Stimmen und voller Menschen. Sie saßen auf den Eisenstühlen, die Gesichter mit geschlossenen Augen der Nachmittagssonne zugewandt oder lesend, zeigten ihren Kindern, wie sich die Segelboote im Bassin am besten manövrieren ließen, spielten Schach, spazierten auf den staubigen Wegen oder unterhielten sich an einem der Tische vor dem kleinen Café bei einem Aperitif und musterten dabei die Vorübergehenden.

Blanche und Hassan gingen schweigend nebeneinander her. Ab und zu warf das Mädchen einen raschen Seitenblick auf ihren Begleiter. Sie fand es eigenartig, dass sie einander zufällig wieder begegnet waren. Schon in Dieppe hatte der Junge ihr gefallen, er war etwas kleiner als sie, hatte einen schlanken, sehnigen Körper, einen Körper ohne überflüssiges Fleisch, ohne jedes Fett, und bewegte sich mit Kraft und Anmut. Sie konnte sich nicht vorstellen, dass ein Junge mit einem so anziehenden Körper Interesse an ihr hatte.

»Wie geht es der Fledermaus?«, erkundigte sich Hassan schließlich.

»Ach, wir haben sie weggeworfen«, antwortete Blanche. Dann deutete sie auf ein längliches Bassin zwischen hohen Bäumen. »Da ist der Brunnen. Das ist im Sommer mein Lieblingsplatz.«

Sie setzten sich auf zwei der im tiefen Laubschatten am Brunnenrand aufgereihten Stühle und blickten ins dunkle Wasser, in dem sich das Blattwerk der Platanen spiegelte.

»Hier ist es immer kühl«, sagte das Mädchen. »Ich mag die Hitze nicht.«

Der Junge legte seinen rechten Arm um die Lehne ihres Stuhls und streifte kurz ihre Schulter. Blanche wich seiner Hand aus, als hätte ihr die Berührung einen elektrischen Schlag versetzt. Er zog den Arm zurück.

»Ich schon«, sagte er und schaute auf, in die Baumkronen über ihnen. »Hier ist es wie in einer Grotte.«

In einiger Entfernung erklang sanfte Musik, ein Akkordeon, eine Klarinette, ein Kontrabass. Hassan blickte in die Richtung, aus der sie kam, legte den Kopf schief und horchte mit offenem Mund.

»Im Sommer finden hier manchmal Konzerte statt, im Pavillon«, erklärte Blanche. »Sie sind gratis.«

»Gehen wir hin«, sagte Hassan und stand auf.

Im Umkreis des Pavillons drängten sich die Menschen. Sie hatten sich auf den Eisenstühlen niedergelassen, die man eigens in Reihen aufgestellt hatte, oder standen dahinter. Auf der kreisförmigen Grundfläche des filigranen Baues konzentrierten sich drei hellhäutige, hellhaarige, ernst blickende Musiker auf ihre Instrumente, und ein grimmig aussehender, glatzköpfiger junger Sänger, ganz in schwarzes Leder gekleidet und mit dunkler Sonnenbrille, sang ein schwermütiges Lied in einer fremden Sprache. Hassan und Blanche blieben etwas seitlich des Schauplatzes stehen.

»Merkwürdig, die Musik«, sagte der Junge.

»Finnischer Tango«, sagte eine weißhaarige ältere Dame in einem geblümten Kleid neben ihnen. »So steht es im Programm. Ich habe nicht gewusst, dass man in Finnland Tango tanzt. Sie vielleicht? Dort ist es doch viel zu kalt. Wollen Sie sich das Programm ansehen?«

»Nein, danke«, sagte Blanche. »Ich finde, es klingt schön, so traurig.«

»*Tule Tanssimaan*«, buchstabierte die ältere Dame langsam, während sie mit dem Finger unter einer Zeile in ihrem Programm entlangfuhr. »Das ist finnisch und heißt: Komm tanzen. Was es nicht alles gibt.«

»Ich weiß nicht«, sagte Hassan zu Blanche, »es ist ein bisschen langweilig. Magst du Raï?«

»Jetzt beginnen die Leute einander zum Tanzen aufzufordern, so etwas«, sagte die ältere Dame und reckte den Hals. »Ich bin in diesem Quartier aufgewachsen und komme seit vierundvierzig hierher, aber das habe ich in diesem Park noch nicht erlebt, nicht einmal nach der Befreiung.« Sie schaute wieder in ihr Programm. »*Wahrscheinlich wären fünf Millionen Finnen schon ausgestorben, wenn es den finnischen Tango nicht gäbe*«, las sie. »Das ist witzig«, sagte sie dann und schaute auf, »die Zurückhaltung der Finnen ist ja sprichwörtlich.«

Mehrere Paare hatten sich auf die Plattform begeben, auf der die Musiker standen, und bewegten sich mit schleppenden Schritten zu den melancholischen Klängen.

»Komm, mir gefällt das nicht«, sagte Hassan und zog Blanche an der Hand mit sich. »Raï, das ist cool. Kennst du Cheb Mami?«

»Auf Wiedersehen«, sagte die ältere Dame.

»Nein, aber Khaled«, sagte Blanche. »Meine Freundin hat mir eine CD von ihm vorgespielt, sie war in seinem letzten Konzert.«

Sie entfernten sich von der Menge und betraten einen ruhigeren Teil des Parks.

»Cheb Mami ist besser, finde ich«, sagte der Junge. »Mein Freund kennt ihn, er ist auch Raï-Sänger.«

»Ach ja?«

»Am Samstag in einer Woche ist Fête de la Musique. Elmir singt bei uns auf dem Square Léon. Und wir werden trommeln. Komm doch auch.«

»Wo ist das?«, fragte Blanche. Und bevor er antworten konnte, fügte sie hinzu: »Ich weiß nicht. Eher nicht.« Sie ging ein paar Schritte voraus und setzte sich auf eine Bank am Rand eines sandigen Platzes unter Kastanienbäumen, wo sich eine kleine Gruppe von Frauen nach den Anweisungen ihres asiatischen Lehrers in den langsamen Bewegungen des Tai-Chi übte.

»Der Platz ist reserviert für die Leute, die Tai-Chi machen«, sagte sie. »Ich sehe gern dabei zu. Tai-Chi ist sehr gesund.«

»Es ist langweilig«, sagte Hassan und glitt neben sie auf die Bank. »Zu Raï-Musik tanzen ist gesund.« Er zog einen Eisenstuhl zu sich heran und begann mit den Fingern schnell und rhythmisch auf die Lehne einzuhämmern.

»Tai-Chi *ist* ein Tanz«, erwiderte Blanche. »Ein langsamer, eleganter Tanz.«

»Ach wo, es ist langweilig«, wiederholte der Junge. »Etwas für alte Weiber. Die Raï-Sänger sind jung. Sie haben Mut. Sie sind sexy.« Er hörte zu trommeln auf und begann ein Lied zu singen.

»Das Lied kenne ich!«, rief Blanche. »Es ist von Khaled, meine Freundin hat es mir vorgespielt.«

Hassans Finger setzten zu einem neuen, komplizierteren Rhythmus an. »Es heißt *Fuir, mais où?*«, sagte er. »In Algerien sind schon ein paar Sänger umgebracht worden. Aber sie haben keine Angst, sie sind wirklich cool.«

»Ich weiß«, sagte Blanche, rückte gleichfalls einen Stuhl an sich heran und begann mit ihren dünnen Fingern leicht auf die eiserne Sitzfläche zu klopfen.

»He, du kannst es auch«, sagte Hassan und fiel in ihren Rhythmus ein. »Khaled kommt aus Sidi-El-Houri, so wie die Familie meiner Mutter. Aber Cheb Mami ist der Größte.«

Blanche und ihre Eltern saßen an einem großen runden Holztisch im Garten hinter dem Haus. Es war heiß, zum Schutz gegen die Sonne trug das Mädchen einen weichen weißen Stoffhut. Wenn das Wetter schön war, und das war es seit Wochen, bestand ihre Mutter darauf, dass im Freien gegessen wurde. Blanche hasste diese Mahlzeiten, am liebsten aß sie nachts, allein in ihrem Zimmer. Sie mochte es nicht, wenn man ihr beim Essen zusehen konnte.

»Nimm doch den Hut ab, du bist so blass«, sagte ihre Mutter. »Die Sonne ist gut für dich. Sonne spendet Energie.«

Blanche schwieg, fischte weiterhin Buchstaben aus der Suppe, die sie gerade aßen, und formte sie am Tellerrand zu Wörtern.

»Wie war die Therapiestunde?«, erkundigte sich ihr Vater.

»Wie immer«, sagte Blanche.

»Spiel nicht mit dem Essen«, sagte ihre Mutter, »ich kann das nicht mit ansehen. Speisen sind Gottesgaben.«

Blanche sagte nichts und setzte die Buchstaben weiter zusammen.

»Hast du das Gefühl, Fortschritte zu machen?«, fragte der Vater wieder.

»Lass sie doch in Ruhe«, sagte die Mutter, »ständig belästigst du das Kind mit deinen Fragen.«

Blanche sah ihre Mutter an. Sie sah schrecklich aus mit ihrer solariumgebräunten Haut, den eingefärbten hellen Streifchen im Haar, den tief eingegrabenen senkrechten Falten um den zusammengepressten Mund, dem welken Dekolleté. Ihre Mutter war siebenunddreißig, eine alte Frau. So alt wollte sie nicht werden. Sie begann, die Erbsen, die in ihrer Suppe schwammen, mit der Gabel zu entfernen und sie sorgfältig auf der Serviette neben dem Teller aufzureihen.

»Was tust du denn jetzt?«, fragte die Mutter.

»Ich esse nichts Grünes«, sagte Blanche.

»Das ist ja das Neueste«, seufzte die Mutter. »Seit wann?«

Laurent Mathiot legte den Löffel weg.

»Sieh sie dir doch an«, sagte er, »sie besteht nur noch aus Haut und Knochen. Wenn das so weitergeht, müssen wir sie wieder in die Klinik bringen.«

»Ich gehe nicht mehr in die Klinik«, sagte Blanche.

»Aber wenn du nicht isst, trocknet dein Körper aus«, sagte ihr Vater, »dein Herz und deine Nieren werden krank, du verhungerst langsam. Und wenn dein Gehirn nicht genügend versorgt wird, kann es sein, dass du psychotisch wirst, hat die Therapeutin gesagt.«

Vanessa Mathiot stand unvermittelt auf.

»Was fällt dir ein, sie zu ängstigen?«, rief sie. »Psychotisch! Wie soll sie das verstehen? Sie ist doch noch ein Kind!« Sie trat hinter ihre Tochter und legte ihr den Arm um die Schultern. Das Mädchen wand sich unter der Berührung. »Blanche ist nicht krank, sie hat eine ungewöhnlich zarte Konstitution, das ist alles. Sie braucht Sonne, Sonne kräftigt. Wir werden wieder nach Perpignan fahren, im September, alle drei.«

»Was heißt hier zart?«, sagte Laurent Mathiot. »Sie hat eine schwere Anorexie. Und sie ist kein Kind, sie ist fünfzehn Jahre alt.«

»Mit fünfzehn Jahren ist man ein Kind«, beharrte seine Frau, »ein unschuldiges Kind. Sieh sie dir doch an. Nicht wahr, Blanche?« Sie strich ihrer Tochter über den Kopf. Blanche duckte sich.

»Ich will nicht nach Perpignan«, sagte sie. »Ich mag die Hitze nicht.«

»Du bist ein Kind«, sagte ihre Mutter, »du weißt nicht, was gut für dich ist.«

»Im September bekomme ich keinen Urlaub«, sagte Laurent Mathiot, »im September muss ich hier bleiben.«

»Das würde dir so passen«, sagte Vanessa Mathiot, »alleine in Paris.«

»Ich hole den Braten«, sagte ihr Mann und stand auf.

»Dein Vater hat keine Ahnung«, sagte Vanessa Mathiot und setzte sich wieder hin.

Blanche fuhr mit dem Anordnen der Buchstaben fort.

»NICHTS«, schrieb sie an den Tellerrand, »NICHTS, NICHTS, NICHTS.«

»Telefon für dich, Blanche!«, rief Laurent Mathiot durch die offene Hintertür. Das Mädchen erhob sich und ging langsam über die Wiese in Richtung Haus.

Auf dem großen, in der prallen Sonne liegenden Platz stand ein hübsches altes Karussell in Pastellfarben mit langen Girlanden aus Glühbirnen, die am helllichten Tag brannten. Es drehte sich und blieb dann langsam stehen. Außer einer Frau und einem kleinen Jungen, die aus einer muschelförmigen, türkisen Kutsche stiegen, war niemand damit gefahren. Hassan, der an der Kasse zwei Karten gelöst hatte, zog Blanche an der Hand die Stufen zu der runden Plattform mit den bemalten Holzpferden und kleinen Fahrzeugen hinauf.

»Komm«, sagte er, »es fährt gleich wieder los.«

Er schwang sich auf ein galoppierendes weißes Pferd mit wehender Mähne und buntem Zaumzeug und half Blanche in den hellbraunen Sattel des sich aufbäumenden, glänzenden schwarzen Hengstes daneben. Das Karussell setzte sich wieder in Bewegung. Als Blanche ihm ihre Hand entziehen wollte, hielt Hassan sie fest, und sie wehrte sich verbissen gegen die Körperkraft, mit der er sie unterwarf.

»Gib auf«, lachte er, »gib auf, ich bin stärker als du.«

Später spazierten sie am Seineufer entlang. Leute saßen mit dem Rücken gegen die Kaimauer gelehnt, sonnten sich und winkten den Touristen in den Vergnügungsbooten zu, ein paar standen am Wasser und fischten. Auf dem Deck eines Hausbootes goss eine Frau Geranien, und unter einem Brückenbogen spielten zwei Männer Waldhorn, sodass es von den feuchten Wänden widerhallte. Auf der Höhe des Louvre gingen sie zur Fußgängerbrücke hinauf und überquerten den Fluss. Eine Gruppe junger Menschen hatte sich auf den hölzernen Bohlen niedergelassen und feierte ein Fest mit Musik und Wein.

Sie schlenderten weiter, ziellos. Vor dem Schaukasten eines kleinen Kinos blieb Blanche stehen und sah sich die Fotos an. Ein Mann mit einer Zigarette im Mund spielte Gitarre. Eine Eisenbahn fuhr durch eine öde braune Landschaft. Zwei Frauen standen einander mit gezogenen Pistolen gegenüber.

»*Johnny Guitar*«, las sie. »Kennst du den Film? Wir könnten ihn uns ansehen. Ich bin müde, ich möchte mich hinsetzen. Komm, gehen wir hinein.«

An der Kasse saß eine junge Frau, die ein gelbgrün schillerndes Tuch kunstvoll um den Kopf drapiert hatte. Daneben, auf einem hohen Hocker, lümmelte ein kleines Mädchen mit einer dicken Brille.

»Ich kenne jemanden, der eine Spinne hat und sie mit großen schwarzen Fliegen füttert«, sagte es zu der Frau mit dem Turban.

»Das ist ja pervers«, sagte die junge Frau. »Achtzig Francs bitte.«

»Was heißt pervers, Coralie?«, fragte das Mädchen und schob sich ein himbeerrotes Gummibärchen in den Mund.

»Iss nicht so viele Gummibärchen, sonst wird dir übel«, sagte die junge Frau.

Außer Blanche und Hassan saßen noch vier vereinzelte Leute in dem kleinen, heißen Saal. In dem Film ging es um den Bau einer Eisenbahn im Wilden Westen und um zwei Frauen namens Vienna und Emma, die Feindinnen waren.

»Der Film ist langweilig«, sagte Hassan nach einer Weile leise zu Blanche, legte den Arm um sie und erschrak, weil ihre Schulter so mager und knochig war.

»Ja«, flüsterte sie und lehnte den Kopf leicht an seinen Oberarm. »Vienna ist ein komischer Name für eine Frau.«

Hassan ging durch die Rue Doudeauville. Er war froh, dass er mit seiner Arbeit fertig war. Viel verdiente er nicht als Aushilfsverkäufer auf dem Marché Saint-Jean. Und ein Nachteil war, dass er sehr früh aufstehen musste.

»Hallo Hassan!«, rief ihm ein dicker Schwarzer mit einem Pflaster über dem linken Auge zu und schob den Vorhang aus Holzperlen beiseite, der das Innere des Restaurants *Chez Fatou* vom Gehsteig trennte.

»Hallo Fatou«, erwiderte Hassan. »Was ist mit deinem Auge passiert?«

»Mein Vater hat mich mit einem Champagnerkorken getroffen«, sagte Fatou. »Die Eltern haben ihren dreißigsten Hochzeitstag gefeiert, weißt du. Ich war vier Tage im Krankenhaus. Aber es geht schon wieder.«

»Das gibt's doch nicht!«, sagte Hassan.

»Doch, das gibt's«, sagte Fatou. »Iss was bei uns, heute gibt es Poulet Yassa, es ist noch etwas übrig. Schmeckt wirklich gut.«

»Ich muss nach Hause, meine Mutter kocht«, sagte Hassan.

»Na gut. Grüß Aischa von mir«, sagte Fatou. »Wir sehen uns heute Abend auf dem Fest.«

»Bis dann«, sagte Hassan, ging am senegalesischen Friseursalon und an der Bank von Mali vorüber, betrat das Theater, das in ein Schuhgeschäft umgewandelt worden war, und kaufte sich in dem riesigen Raum mit den stuckverzierten Wänden in abgeblättertem Weiß und Gold, aus dem man den alten Theaterbalkon und die Logen mit ihren roten Plüschsesseln nicht entfernt hatte, ein Paar Schuhbänder für seine Turnschuhe. Dann setzte er seinen Weg fort, bis zu den beiden Telefonzellen an der Ecke. Er wunderte sich, dass keine Menschenschlange vor der einen Zelle stand. Achmed und Mansour hatten am Apparat herummanipuliert, und während der letzten Wochen hatte das halbe Viertel gratis mit der ganzen Welt telefoniert. Sie mussten es herausbekommen und das Ding repariert haben. Er trat in die Telefonzelle, zog einen zerknüllten Zettel aus der Hosentasche und wählte die Nummer, die darauf stand. Jemand klopfte an das Glas, und er blickte auf. Es war seine Kusine, die in der zweiten Zelle telefonierte und ihn durch die Scheibe hindurch anlachte. Sie trug ein schwarzes Kopftuch und ein langes braunes Kleid.

»Hallo«, sagte eine angenehme Männerstimme am anderen Ende.

»Könnte ich bitte Blanche sprechen?«, sagte Hassan

»Einen Augenblick«, sagte die Stimme. Fatima klopfte weiter an die Glasscheibe zwischen den beiden Telefonzellen, ihr Lächeln wurde immer breiter, und sie formte Wörter mit den Lippen. Hassan drehte sich von ihr weg.

»Hallo«, sagte Blanche mit ihrer leisen Stimme. Hassans Hand begann zu zittern, er spürte seinen Herzschlag im Hals.

»Hier ist Hassan«, sagte er. »Du kommst doch heute Abend, so wie verabredet?«

»Ja, ich komme«, sagte Blanche.

»Gut. Wir treffen uns um acht in der U-Bahn-Station Château-Rouge. Linie vier. Auf dem Bahnsteig, auf dem du ankommst. Ich warte dort auf dich, okay?«

»Okay«, sagte Blanche. »Bis später.«

Hassan verließ die Telefonzelle und beachtete Fatimas Gesten, die ihm bedeuteten, auf sie zu warten, nicht weiter. Er dachte an Blanche, ihre Sommersprossen und ihre Zerbrechlichkeit, und begann sich zu freuen. Sie hatte seine Einladung angenommen. *Elle ne peut pas vivre sans lui*, sang er, beschleunigte den Schritt und bewegte die Schultern im Rhythmus des Liedes abwechselnd vor und zurück. Er überquerte die Straße, ging an einer Fleischerei vorüber, in der abgehäutete Hammel und Kaldaunen an Haken hingen, und betrat ein ebenerdig gelegenes kleines Geschäftslokal, in dem eine etwa fünfzigjährige, grauhaarige Frau zwischen bunten Stoffballen hinter einer Nähmaschine saß. Durch den Spalt einer angelehnten Tür hinter ihr drangen laute Musik und das Gelächter seiner Schwestern.

»*Elle ne peut pas vivre sans lui*«, sang er. »Guten Tag, Mama«, sagte er dann, entfernte mit der eleganten Gebärde eines Stierkämpfers eine glänzende orange Stoffbahn von einem Schemel und setzte sich.

»Hallo Hassan«, sagte seine Mutter, »dir geht's wohl nicht schlecht? Wir können gleich essen, ich muss nur noch einen Saum nähen. Sag deinen Schwestern, sie sollen nicht so viel Krach machen.«

Hassan ignorierte die Weisung, stützte die Ellbogen auf die Knie und betrachtete seine Mutter, die mit ihren langen, kräftigen braunen Fingern geschickt ein Stück ockerfarbenen Stoff unter der sich rasch auf und ab bewegenden Nadel hin und her schob. Er schaute sie gern an. Sie war stark, man achtete sie im Viertel, obwohl sie keinen Mann hatte. Vor fünfundzwanzig Jahren war sie allein aus Algerien nach Paris gekommen. Aischa, seine älteste Schwester, hatte ihm erzählt, weshalb. Ihr Vater und ihre Onkel hatten sie gezwungen, einen Mann zu heiraten, den sie nicht wollte. Als er nach der Hochzeit bis zur Bewusstlosigkeit betrunken auf dem Bett lag, zerriss sie ihren Schleier und fesselte ihn damit an Händen und Füßen. Dann stahl sie Geld aus der Schatulle ihrer Eltern, fuhr zum Flughafen und nahm das nächste Flugzeug nach Paris. Seitdem hatte sie keinen Kontakt mit ihrer Familie, sie hatten sie verstoßen. Hassan war nicht sicher, ob die Geschichte stimmte, aber er hielt es für möglich und fand es cool. Seine Schwestern und er hatten verschiedene Väter. Aischa und Leila waren die Töchter Mustafas, eines Marokkaners, der auf dem Flohmarkt an der Porte de Clignancourt Lederwaren schlechter Qualität verkaufte und nebenbei ein bisschen mit Haschisch handelte.

»Er ist nichts wert, und er hat nie einen Sou für euch bezahlt, aber er war meine große Liebe«, hatte seine Mutter achselzuckend gesagt. »So ist es eben.«

Aischa arbeitete als Kassiererin im Monoprix auf dem Boulevard Barbès, und Leila half der Mutter in der Schneiderei.

»Wenn deine Schwestern heiraten, richte ich ihnen eine Hochzeit aus, wie sie die Goutte d'Or noch nie zu sehen bekommen hat«, sagte Mustafa.

Hassan glaubte ihm kein Wort. Er war froh, dass dieser klägliche, großsprecherische Wicht nicht sein Vater war. Die Mutter hatte seinen Vater nie erwähnt. Auf seine beharrlichen Fragen hin war sie eines Tages von der Nähmaschine aufgestanden, hatte einen alten Pappkoffer unter dem Bett im Hinterzimmer des Ladens hervorgezogen, ihn aufgeklappt, eine Weile darin gekramt und ihm schließlich ein verblasstes kleines Passfoto vor die Nase gehalten, auf dem ein Mann mit einem breiten, knochigen Gesicht, schütteren rotblonden

Haaren, Augen mit Eidechsenlidern und einem strengen Zug um den Mund abgebildet war.

»Das ist er. Er war auch nichts wert. Bist du jetzt zufrieden?«, hatte sie gesagt. Aischa hatte ihm später verraten, dass sein Vater von der belgischen Grenze stammte, wo seine Eltern einen kleinen Bauernhof bewirtschafteten. Da dieser nicht viel abwarf, hatte er es eine Zeit lang in Paris versucht, mit wechselnden Beschäftigungen, und seine Mutter kennen gelernt, als er mit einem zweiten Arbeiter das Dach des Hauses ausbesserte, in dem die Schneiderei untergebracht war. Er war in den Laden gekommen, weil er seinen Overall zerrissen hatte. Nach einem Jahr war er in die Picardie zurückgekehrt und hatte nie wieder etwas von sich hören lassen.

»Mama hat mir gesagt, dass sie erst nach seinem Verschwinden herausfand, dass sie schwanger war. Ich war zu stolz, um ihn zu suchen, hat sie gesagt, ich habe eine Flasche Rum getrunken und mich mit meinem Schicksal abgefunden.« So hatte Aischa es ihm erzählt. Er war sicher, dass sein Vater seine Mutter geheiratet und sie mit den Schwestern auf den Bauernhof mitgenommen hätte, wenn sie ihm alles erklärt hätte. Er konnte sich nicht vorstellen, dass er nichts wert war.

Hassan schrak auf, als sich ihm von hinten zwei kühle Hände auf die Augen legten.

»Rat mal, wer es ist?«, hörte er Aischa sagen. »Eine wunderschöne Frau!« Er bog die Finger mit den langen, harten Nägeln zurück.

»Hör auf mit dem Unsinn«, sagte er und lächelte wider Willen. »Schöne Grüße von Fatou übrigens.«

»Vom fetten Fatou, vom fetten Fatou!«, sang seine Schwester, schwang den dünnen, weiten Rock ihres hellroten Kleides und tanzte durch das kleine Zimmer. »Wie gefällt dir mein Kleid? Mama hat es vor einer Stunde fertig genäht. Ist es nicht schön? Es ist für heute Abend.«

»Es geht«, sagte Hassan. »Aber eigentlich solltet ihr den Schleier tragen.«

»Den Schleier?«, sagte Aischa. »Den Schleier! Hast du gehört, Leila, der Kleine sagt, wir sollen den Schleier tragen!«

»Er hat Recht«, sagte ihre Mutter und stand auf. »Anständige Mohammedanerinnen seid ihr jedenfalls nicht. Und lach Fatou nicht aus, er ist ein netter junger Mann.«

»Ja, ja, ich heirate ihn, Mama, ich heirate ihn, den fetten Fatou!«, sagte Aischa und drehte sich.

»Ach, unser Kleiner!«, rief Leila, die auch aus dem Hinterzimmer gekommen war, und zerzauste Hassans Haar. »Wie geht es unserem kleinen Liebling?«

»Lass mich in Ruhe«, brummte Hassan und fuhr sich über den Kopf.

»Und dreht das Radio endlich leiser!«, schrie die Mutter plötzlich. »In diesem Irrenhaus versteht man sein eigenes Wort nicht!«

Der Rollsteig in der Station Châtelet war kaputt. Blanche ging schnell auf der stehenden, bei jedem Schritt nachgebenden Plastikbahn dahin und überholte zwei Männer in schwarzen Anzügen, die sich auf Englisch miteinander unterhielten.

»I'm really relieved she finally signed the contract«, sagte der eine Mann.

»It was about time«, sagte der andere.

Sie hasste die langen Gänge der Station Châtelet. Auf dem Bahnsteig der Linie vier drängten sich die Menschen. Eine junge Frau mit einem Gipsfuß und einem breiten weißen Stirnband improvisierte auf einer Querflöte, wurde jedoch von den elektrisch verstärkten Klängen eines Synthesizers übertönt, der auf dem anderen Bahnsteig stand und auf dem ein gedrungener Mann mit fettigem Haar *La vie en rose* spielte.

Blanche hatte ihre Eltern belogen, sie belog sie oft. Anders war es für sie unmöglich zu erreichen, was sie wollte. Sie hatte ihnen gesagt, es sei Fête de la Musique, überall in der Stadt würde Musik gemacht, sie wolle ihre Freundinnen treffen und sich das Spektakel mit ihnen ansehen.

»Ich weiß nicht«, hatte ihre Mutter gemeint, »diese Menschenansammlungen sind gefährlich, der kleinste Anlass kann zu einer Massenpanik führen. Es treibt sich so viel Gesindel auf den Straßen herum, all die Araber und Schwarzen, ein junges Mädchen, das auf sich hält, meidet solche Aufläufe am besten.«

»Du übertreibst«, hatte ihr Vater eingeworfen, »lass sie doch gehen, in ihrem Alter soll man sich amüsieren.«

»Das ist wieder typisch«, hatte die Mutter geantwortet. »Wer kümmert sich denn um das Kind, wenn etwas passiert? Du bestimmt nicht, dir ist das doch egal, du kommst und gehst, wie es dir passt.«

Ihr Vater hatte nichts gesagt, er war aus dem Zimmer gegangen und hatte die Tür hinter sich zugeschlagen.

Die U-Bahn fuhr ein, und Blanche wurde mit der Menge der Einsteigenden in den Waggon geschwemmt. Im Wageninneren war es unerträglich, es war heiß und roch nach Schweiß, die Körper der Menschen klebten aufeinander, und ein dissonantes Durcheinander lärmender Stimmen drang an ihr Ohr. Ein Junge mit einer senkrechten lila Narbe auf der Stirn blies ihr die schrillen Töne seiner Spielzeugtrompete mitten ins Gesicht. Sie wich zurück.

»Au, mein Fuß!«, sagte eine Frau neben ihr. »Passen Sie doch auf, wo Sie hintreten.«

»Entschuldigung«, murmelte Blanche. Die Frau hatte helle kalte Augen, sie sah aus wie ihre Therapeutin. Die Eltern wussten nicht, dass Blanche sie während der letzten Monate nur sehr unregelmäßig aufgesucht hatte.

»Du kannst machen, was du willst«, hatte die Therapeutin gesagt und sie wütend angestarrt, »es ist deine Entscheidung. Dein defektes Selbstkonzept wird sich durch diese mangelnde Disziplin allerdings kaum bessern.«

Die Erwachsenen wollten alle ihr Bestes. Aber Blanche glaubte ihnen nicht. Sie wehrte sich, so gut es ging. Dass sie Hassan kennen gelernt hatte, war ein Fortschritt. Ein Gefühl des Triumphs überkam sie. Wenn diese schlaffen alten Frauen wüssten, dass sie einen Freund hatte, sie würden erblassen vor Neid.

Château-Rouge. Blanche zwängte sich durch die Menge der Fahrgäste und stolperte hinaus auf die Plattform. Sie blieb stehen und wartete, bis die vielen Menschen, die mit ihr ausgestiegen waren, den Bahnsteig verlassen hatten. Hassan war nirgends zu sehen. Sie schaute auf ihre hellblaue Armbanduhr. Vier nach acht. Zwei dicke schwarze Frauen in glänzenden langen Gewändern, die sich ihre Babys auf den Rücken gebunden hatten, standen in der Nähe der Treppe. Sie trugen zierliche goldene Pantoffeln, über die ihre rissigen violetten Fersen hinausragten, gestikulierten und bogen sich vor Lachen. Ihre gutturalen Stimmen hallten laut im U-Bahn-Schacht wider. Auf der anderen Seite der Geleise stritten sich ein paar verwahrloste Betrunkene. Blanche setzte sich auf einen der mit Graffiti beschriebenen Plastiksessel, glättete die Falten ihres langen Rockes, zog einen kleinen runden Spiegel aus der Seitentasche ihres Stoffrucksacks, blickte hinein und zupfte an ihren Stirnfransen.

Mit seiner Darbuka unter dem Arm ging Hassan in Richtung Boulevard Barbès. Es war erst halb acht, aber man konnte nie wissen, vielleicht kam sie früher. Er war stolz auf seine Trommel, es war ein altes Instrument aus Ton, mit Ziegenhaut bespannt und schön bemalt. Blanche würde staunen, wenn sie ihn hörte. Er war gut, das wusste er. Bekannte grüßten ihn, er grüßte zurück. Heute war das ganze Viertel auf den Beinen, die Leute hatten sich fein gemacht für das Raï-Konzert und standen in Gruppen auf den Straßen und Plätzen herum. Um den Passanten nicht ständig ausweichen zu müssen, beschloss

Hassan, einen anderen Weg zu nehmen, und bog in eine Seitenstraße ein. Dort war es still, er vernahm seine eigenen, hallenden Schritte. *Elle ne peut pas vivre sans lui*, sang er leise. Das Lied ging ihm nicht aus dem Kopf.

»Hier wird nicht gesungen«, sagte jemand. Hassan blickte auf. Vor ihm standen zwei kahl rasierte Typen in Khakihosen und Stiefeln und ein gleichfalls glatzköpfiges, feingliedriges Mädchen in derselben Kluft. Er hatte die drei schon öfter in der U-Bahn-Station gesehen, es waren ungute Gestalten. Rasch wandte er sich um, doch außer einem bärtigen Greis in einem gestreiften Kaftan, der aus einem ebenerdig gelegenen Fenster schaute und Gebetsperlen in den Fingern drehte, und einem barfüßigen Kind, das mit einer Puppe im Arm an eine Hauswand gelehnt stand, war niemand zu sehen.

»Na na, wer wird es denn so eilig haben?«, sagte der kleinere Typ, kam auf ihn zu und strich über die Bespannung seiner Darbuka. »Eine schöne Trommel hast du da.« Er wandte sich an die beiden anderen und grinste: »Fast zu schön für einen Kameltreiber, findet ihr nicht?«

Hassan hielt die Trommel fest und wich zurück. Das Kind stieß sich von der Mauer ab und lief weg.

»Doch, das finden wir auch«, sagte der andere Typ. Das Mädchen kicherte. Bevor Hassan davonrennen konnte, trat der größere Typ hinter ihn, riss seine Arme zurück und hielt sie fest. Die Darbuka fiel zu Boden. Das Mädchen zog eine kleine Spraydose aus der Hosentasche und fuchtelte damit vor seinem Gesicht herum. Der kleinere Typ stieß die Trommel mit dem Stiefel an.

»Eine so schöne Trommel. Aber nicht mehr lange, nicht mehr lange«, sagte er und trat gegen die Darbuka, sodass die Bespannung riss. Dann sprang er ein paar Mal darauf, und als das Instrument nicht gleich zerbrach, nahm er es und schmetterte es gegen die Wand des Hauses, neben dem sie standen, mehrmals, bis es in Stücke ging. Hassan wimmerte. Das

Mädchen kicherte wieder, hielt ihm den Spray knapp vor die Augen und drückte kurz darauf. Er nahm den pfefferartigen Geruch von Tränengas wahr und drehte das Gesicht weg. Der kleinere Typ ließ von der Trommel ab, trat zu ihm und hielt seinen Kopf fest. Hassan presste die Lider zusammen.

»Nein!«, schrie er.

»Und so schöne Augen hat der Kameltreiber«, sagte das Mädchen. »Aber nicht mehr lange, nicht mehr lange.«

Sie sprühte ihm das Gas direkt ins Gesicht, während der Typ ihm die Augen offen zu halten versuchte. Hassan setzte sich zur Wehr, so gut er konnte. Er hörte die heisere Stimme des Greises hinter sich.

»Ihr gottlosen Franzosen!«, rief der Alte. »Allahs Zorn komme über euch! Helft dem Jungen, so helft ihm doch!«

Das Mädchen drückte auf den Spray, bis die Dose leer war.

»Hört auf!«, schrie Hassan. »Ich bin blind! Ich bin blind! Hört auf!« Er sah undeutlich, wie ein paar Männer aus einem Haustor gelaufen kamen, hörte Stimmen.

»Hauen wir ab!«, sagte der größere Typ. Sie ließen Hassan los und liefen davon. Das Mädchen warf die Spraydose weg und kicherte. Er bedeckte seine Augen mit den Händen, fiel zu Boden und krümmte sich zusammen. Die Stärke des Schmerzes verblüffte ihn. Jemand versuchte seine Hände zu entfernen.

»Nein!«, schrie er. »Lasst mich! Ich bin blind!«

»Einen Krankenwagen!«, rief eine Männerstimme. »Schnell, einen Krankenwagen!«

Blanche lag still, die Arme am Körper angelegt, auf dem Rücken in ihrem Bett und starrte ins Dunkel.

Sie hätte es sich denken können. Hassan interessierte sich nicht für sie. Natürlich nicht, sie war keine Frau. Blanche erinnerte sich an die beiden dicken, lachenden Schwarzen in der U-Bahn-Station. Das waren Frauen. Sie fand sie abstoßend mit ihren Wänsten, ihren vulgären Stimmen, aber es waren Frauen, Frauen mit Kindern. Sie war ein Nichts. Seit sie vor vier Monaten im Badezimmer ohnmächtig geworden und danach in der Klinik künstlich ernährt worden war, bekam sie nicht einmal mehr ihre Tage. Im Grunde war sie froh darüber.

Blanche war allein zu Hause. Nachdem sie eine halbe Stunde auf Hassan gewartet hatte, war sie zum Square Léon gegangen. Sie hatte sich nicht wohl gefühlt in dem ihr unbekannten Viertel, in dem sie auffiel. Der Square war voller Menschen, auf einer Bühne hämmerte eine Reihe junger Araber und Schwarzer mit weiß bemalten Gesichtern in langen schwarzen Gewändern mit Trommelstöcken auf schwarze Tonnen ein. Hassan war nicht darunter. Die Menge der Zuhörer, der Anblick der geisterhaften Gestalten, das laute, gleichförmige Trommeln verstörten sie. Sie hatte sich plötzlich gefährdet gefühlt und war davongestürzt.

»Hau nur ab, du reiche Schlampe!«, hatte ihr jemand nachgerufen. »Wir kriegen euch noch, euch alle!«

Es war so still. Plötzlich stieg Angst in ihr auf. Sie tastete nach der Lampe und schaltete sie ein. Ihre Stofftiere blickten sie an. Sie nahm das Buch über die Rosenfenster vom Nachttisch und schlug es auf. Es beruhigte sie, die Linien der regelmäßig gestalteten, wie zauberhafte Blumen aussehenden Rosetten zu verfolgen, ihre sich unaufhörlich fortsetzende Bewegung, es tat ihr wohl, die harmonischen Farben auf sich einwirken zu lassen, die Muster nachzuvollziehen. Licht und Form. Sie begann in dem Buch zu blättern. Das Westfenster von Chartres, dreizehn Meter im Durchmesser, außen ein riesiges Rad, innen eine wunderschöne Rose, der bunte Spiralwirbel der Rosette in Lyon, der fünfzackige, das himmlische Herz einschließende Stern in der Rose der Kathedrale Saint-Ouen, die Jungfrau Maria im Zentrum des Nordfensters von Notre Dame de Paris. Die Jungfrau Maria war rein. Blanche betrachtete die Rosenfenster, eins nach dem anderen, doch die Propheten und Könige, die Heiligen und Engel wurden von den ernst blickenden, beharrlich und entschlossen auf ihre Tonnen einschlagenden jungen Trommlern in Schwarz überlagert. Das Hämmern wurde immer lauter.

Blanche legte das Buch weg und sprang aus dem Bett. Sie lief die Treppe ins Erdgeschoss hinunter und in die Küche, riss die Tür des Kühlschranks auf, entnahm ihm einen Teller und verzehrte im Stehen das eiskalte Stück Käse, das darauf lag. Dann griff sie nach einem fast vollen Glas Himbeermarmelade und löffelte es aus. Sie suchte weiter, fand ein Stück Wurst und einen Becher Crème Fraîche und verschlang beides, dann riss sie eine Plastikpackung mit Räucherlachs auf und aß gierig sämtliche Scheiben, gefolgt von einem Glas mit Hasenpastete, einem Hühnerbein und einer Dose Kastaniencreme. Sie öffnete das Gefrierfach, nahm einen Karton mit Speiseeis heraus und fiel darüber her, und schließlich verspeiste sie noch eine halbe Tube Schokoladeglasur, ein Päckchen mit Walnusskernen und ein weiteres mit Kartoffelchips, die sie in einem Küchenbord gefunden hatte. Sie lief die Treppe wieder hinauf und stellte sich auf die Waage, dann beugte sie sich über das Becken der Toilette, steckte zwei Finger in ihren Mund, erbrach, was sie gegessen hatte, und richtete sich wieder auf. Sie sah ihr weißes Gesicht mit den aufgerissenen Augen im Spiegel. Sie ging zurück in ihr Zimmer, legte sich ins Bett und schaltete das Licht aus. Wie zuvor, still, die Arme an den Körper gepresst, die Augen offen, lag sie auf dem Rücken. Sie konnte nicht einschlafen. Als sie das Auto ihres Vaters vorfahren hörte, fuhr sie hoch und blickte auf die grünen Leuchtziffern des Weckers. Halb drei. Erleichtert drehte sie sich zur Seite, bog die Ellbogen ab, zog die Knie an und schloss die Augen. Kurz darauf hörte sie die lauten, erbitterten Stimmen ihrer Eltern und verkroch sich unter der Bettdecke.

Blanche öffnete die Augen. Die Sonne warf Lichtvierecke auf den blauen Spannteppich. Auf der Lehne des Stuhls, der vor dem Schreibtisch stand, saß ein kleiner rotbrauner Vogel und wippte mit dem Schwanz. Als Blanche sich vorsichtig bewegte, flog er zum Fenster hinaus. Das Mädchen horchte auf die Geräusche um sie herum. Im Garten hörte man Vogelgezwitscher und das hohl klingende Klopfen eines Spechts, und aus größerer Entfernung war leises Glockenläuten zu vernehmen. Blanche mochte den Sonntag nicht. Sie griff nach dem Buch über die Rosenfenster, das auf dem Nachttisch lag. Im Erdgeschoss erhoben sich unvermittelt die Stimmen ihrer Eltern.

»Wo willst du hin?«, fragte ihre Mutter. »Heute ist Sonntag, wir sind bei Christine zum Brunch eingeladen. Die Souliers kommen auch.«

»Deine Freunde öden mich an«, erwiderte ihr Vater, »und du auch. Ich gehe mit Paul Tennis spielen. Ich brauche frische Luft, verstehst du? Frische Luft! Ich ersticke!«

»Dann geh doch!«, rief die Mutter. »Mach, was du willst!«

Blanche hörte Schritte in der Küche, im Flur, hörte, wie die Haustür aufging und zugeschlagen wurde. Sie stand auf, trat ans Fenster und schaute hinunter. Mit dem Tennisracket in der Hand eilte ihr Vater durch den Vorgarten und durch das Gartentor, stieg in seinen Wagen und fuhr weg. Das Mädchen drehte sich um und stand eine Weile reglos, mit dem Rücken zum Fenster, in der Mitte des Zimmers. Dann zog sie sich an, steckte ihre kleine rote Geldbörse in die Jeans und ging die Treppe hinunter. Die Mutter saß am Küchentisch, aufrecht, und blickte starr vor sich hin.

»Ich habe diesem Mann alles gegeben«, sagte sie leise, wie zu sich selbst. »Das sollte eine Frau nicht tun, Blanche.«

»Ich gehe ein bisschen spazieren«, sagte Blanche, »es ist ein so schöner Morgen.«

Die Mutter gab keine Antwort. Blanche ging in den Garten hinter dem Haus, betrat den Holzschuppen, in dem Gartengerät aufbewahrt wurde, und nahm ein Stoffbeutelchen aus dem kleinen Vogelhaus aus Baumrinde, das darin stand. Dann verließ sie das Grundstück und ging in Richtung Porte-Maillot.

Der Mund der schlafenden Frau, die Blanche im Zugabteil gegenübersaß, war weit offen. Das Mädchen vermied es, ihr ins Gesicht zu sehen. Erwachsene waren selten ein schöner Anblick. Nun fiel der Kopf der Frau nach vorne. Blanche blickte aus dem Fenster. Ein hoher hellblauer Himmel, an dem sich Kondensstreifen kreuzten, lag über der sommerlichen Landschaft. Braune, grüne, gelbe Felder wechselten ab mit kleinen Laubwäldern, hier und da leuchtete das lebhafte Rot des Klatschmohns auf. In der Nähe der Geleise stand viel Land unter Wasser, es musste starke Unwetter gegeben haben. Ebereschenzweige streiften das Fenster. Sie fuhren an Chartres vorüber, von weitem sah Blanche die Türme der Kathedrale. Ihre Rosetten waren für sie die allerschönsten. Sie konnte sich nicht erinnern, je allein mit dem Zug in die Normandie gefahren zu sein, üblicherweise fuhr sie mit den Eltern im Wagen dorthin. Die schlafende Frau hob mit Mühe den Kopf, er schwankte auf dem Hals hin und her und fiel nach hinten. Der Anblick ihres Gesichts mit dem offenen, verzogenen Mund störte Blanche so sehr, dass sie aufstand und sich in ein anderes, leeres Abteil setzte. In Condé-sur-Huisne stieg sie aus, als Einzige. Das kleine Stationsgebäude lag still in der Sonne, ein Auto stand auf dem asphaltierten Platz dahinter. Sie hatte gehofft, jemand würde sie bis zu dem kleinen Dorf in der Nähe des Hauses ihrer Eltern mitnehmen, aber es war niemand zu sehen. Das machte nicht viel aus, sie würde zu Fuß gehen.

Etwa zwanzig Minuten später gelangte Blanche zu dem alten Lavoir an dem schmalen Kanal, an dem sie entlangging. Da ihr heiß war, setzte sie sich auf den Steinboden unter dem

Dach mit den dicken dunkelbraunen Holzbalken, zog die Schuhe und Socken aus und tauchte die Füße ins eiskalte Wasser. Auf der anderen Seite des Lavoirs pflückten drei kleine Mädchen Mirabellen. Als die Kleinste sie erblickte, näherte sie sich, setzte sich ihr gegenüber ans Wasser und lächelte sie an.

»Magst du Mirabellen?«, fragte sie. Bevor Blanche antworten konnte, warf sie ihr eine Frucht nach der anderen über das Wasser zu. Blanche fing sie alle auf, bis auf eine, und aß sie. Sie waren süß und saftig.

Später ging sie an dem Brunnen vorüber, dessen Wasser als heilkräftig für die Augen galt, und an dem hohen Steinkreuz, das einer ihrer Nachbarn, ein Bretone, sich auf seinem Grundstück hatte aufstellen lassen. Die Gegend war ihr seit der Kinderzeit vertraut. Sie beschloss, die kleine, verfallene Kirche zu besuchen, die ein wenig abseits der schmalen Straße lag, auf der sie ging. Sie hatte zwei Tore, eines neben dem anderen, und auf dem Fries darüber wuchsen Gras und eine Birke. Blanche drückte auf die große eiserne Klinke des rechten Tors. Es war offen. Sie betrat das Gotteshaus und setzte sich in eine der baufälligen, zum Teil eingebrochenen Bänke. Sie schaute zu dem alten Tonnengewölbe, seinen ausgebleichten Balken, und zu dem großen Kristalllüster auf, der nicht in eine Kirche passte, und betrachtete die abgeblätterten Farben des Wandfreskos, das einen Pelikan darstellte, der seine vier Jungen mit seinem eigenen Blut füttert. Daneben reckte die Statue der Jeanne d'Arc den Arm mit dem Schwert in die Höhe. Die Kirche hatte keine farbigen runden Glasfenster. Blanche saß da und dachte an nichts, bis es sie zu frösteln begann.

Das letzte Stück Weges ging sie durch eine Allee aus Akazien, deren Kronen sich über ihrem Kopf berührten, ein dichter Baldachin aus Laub, der die Sonne abhielt. Dann stand sie vor dem mit Efeu überwachsenen Haus ihrer Eltern, das früher ein Jägerhaus gewesen und an einer inzwischen stillgelegten kleinen Eisenbahnlinie gelegen war. Blanche liebte das

Haus, aber die Eltern wollten es verkaufen, sie fanden, dass es zu klein war. Sie kletterte über den Maschenzaun und öffnete das Eisentürchen eines kleinen, gemauerten Häuschens, eines alten Backofens, in dem immer ein Hausschlüssel lag. Mit dem Schlüssel in der Hand ging sie den von Unkraut überwucherten Gartenweg entlang. Der Azaleenstrauch, der weiße und rote Blüten zugleich trug, war fast verblüht, auch der Lavendel zu beiden Seiten des Pfades war vertrocknet. Sie ging zur hinteren, im Schatten des Waldes liegenden Seite des Hauses, dessen hohe Buchen mit ihren grauen Stämmen das Gebäude überragten. Der direkt ans Haus grenzende Teil des Waldes, seine Nussbäume, Erlen, Eschen, Edelkastanienbäume und kleinen Eichen, gehörten zum Grundstück der Eltern. Der letzte Sturm hatte schwere Schäden verursacht, ein dicker Buchenast war auf den Kamin gefallen, man hatte ihn erneuern müssen. Die Holundersträucher neben der Mauer trugen schwer an ihren dunklen Fruchtdolden. Blanche kehrte zur Vorderseite des Hauses zurück, stieg die Stufen der Treppe hinauf, die zur Haustür führte, und setzte sich kurz auf die steinerne Balustrade, von der aus man einen weiten Blick über das Tal hatte, auf dessen Fluren Kühe und Schafe weideten. Als ihre Eltern das Haus gekauft hatten, waren die Nachbarhäuser noch von Bauern bewohnt gewesen. Heute lebten Künstler aus Paris auf den Höfen, ein Bildhauer und seine um vieles ältere Frau, eine Pianistin mit ihrem österreichischen Mann, einem Klavierbauer, ein alter tschechischer Glaskünstler mit seiner Familie, eine holländische Tänzerin. Die Eltern empfanden es als schmeichelhaft, von diesen Leuten eingeladen zu werden, aber Blanche fühlte sich in ihrer Gesellschaft nicht wohl. Sie fühlte sich nie wohl, nie und mit niemandem. Mit Hassan war es anders gewesen, aber was zählten ein paar Stunden im Jardin du Luxembourg, ein paar Stunden am Seineufer und im Kino? Er wollte sie nicht, so viel stand fest. Keiner hatte sie je gewollt.

Sie glitt von der Balustrade, steckte den Schlüssel ins Schloss, drehte ihn zweimal um, zog ihn wieder heraus und drückte die Tür auf. Das Haus war nicht groß, es gab keine Diele, man betrat gleich das Wohnzimmer mit dem langen Holztisch, dem Fliesenboden, dem großen Kamin. Es war kühl und dunkel im Hausinneren, die hölzernen Fensterläden waren geschlossen. Blanche öffnete sie nicht, legte den Schlüssel auf einen Fenstersims, zog Schuhe und Socken aus und ging über die kalten Fliesen ins kleine Badezimmer. Überall war es dunkel, stockdunkel. Sie schaltete das Licht nicht ein, tastete in der Finsternis nach dem Zahnputzglas, das immer auf dem Bord über dem Waschbecken stand, und stellte es auf den Wannenrand, dann drehte sie den Wasserhahn auf. Das Wasser war kalt. Sie zog den kleinen Stoffbeutel aus der Hosentasche und entnahm ihm mehrere Medikamentenröhrchen, die sie vorsichtig neben das Glas legte, dann streifte sie Jeans, T-Shirt, Hemdchen und Slip ab, stieg in die Wanne und streckte sich im kalten Wasser aus. Sie drehte den Hahn zu, füllte das Glas, griff nach dem ersten, dann nach dem zweiten und dritten Röhrchen, ließ eine Pille nach der anderen in ihre Handfläche gleiten und schluckte sie mit Hilfe der Flüssigkeit. Da sie nicht genau wusste, wie viele es waren, zählte sie mit. Vierundvierzig. Sie hatte Recht gehabt, die Pillen zu sammeln, als sie in der Klinik war. Die Welt gefiel ihr nicht, sie würde ihr nie gefallen. Sie dachte an das Mädchen, das im graugrünen Teichwasser lag, ihre schöne bleiche Schwester mit den Frühlingsblumen auf der Stirn, faltete die Hände über der Brust und schloss die Augen. Gleich darauf wurde sie ein wenig benommen, und sie drehte sich zur Seite, bog die Ellbogen ab und zog die Knie an, als liege sie in ihrem Bett.

»Schön ist es hier«, sagte die Maskenbildnerin, die neben Laurent Mathiot auf dem Beifahrersitz saß, und betrachtete die Landschaft durch ihre schwarzweiße Sonnenbrille, »eine hübsche Gegend, wirklich. Ich war schon lange nicht mehr in der Normandie.«

Laurent Mathiot nahm die rechte Hand vom Lenkrad und legte sie auf ihr Knie.

»Wir sind fast da. Siehst du den Kirchturm dort drüben? Es ist gleich daneben.«

Er hatte schon öfter Frauen in das Haus mitgenommen, es war ein idyllischer Ort und erfüllte fast immer den Zweck, den er mit solchen kurzen Besuchen verfolgte. Es gab kein Telefon, kein Fernsehgerät, man war ungestört. Die Wahrscheinlichkeit, dass Vanessa auftauchte, war sehr gering, ihre Freude an dem Zweitwohnsitz hatte sich vermindert, sie langweilte sich auf dem Land. Das Einzige, was sie während der letzten Jahre interessiert hatte, war ihre Karriere.

Sie fuhren an einer brüchigen Mauer entlang, hinter der ein großes, gelbgraues altes Haus mit einem steilen Dach und hohen Kaminen stand. Eine junge, dunkelhaarige Frau in Jeans mit aufgerollten Hemdsärmeln, die zwei mit Farbe bespritzte Eimer trug, trat aus einem Tor. Als sie das Auto sah, setzte sie die Eimer ab, lächelte und winkte. Laurent Mathiot verlangsamte das Tempo, hielt an und drückte auf den Fensteröffner. Surrend glitt die Scheibe hinunter.

»Hallo Laurent, auch wieder im Lande?«, sagte die Frau und blickte die Maskenbildnerin scharf an. »Guten Tag.«

»Guten Tag«, sagte die Maskenbildnerin.

»Wir haben deine Einladung zur Eröffnungsausstellung erhalten«, sagte Laurent Mathiot, »Vanessa und ich, wir kommen beide.«

»Das freut mich, das freut mich sehr«, sagte die junge Frau und musterte weiter die Beifahrerin. »Wir erwarten fünfhundert Gäste, viele kommen aus Paris. Hoffentlich wird alles rechtzeitig fertig, du kannst dir nicht vorstellen, wie unzuverlässig Handwerker sind! Ich wüsste nicht, was ich täte, wenn ich Luc nicht hätte, er ist wirklich ein Schatz.«

»Wohnt er noch immer im Zelt?«, fragte Laurent.

Die junge Frau lachte.

»Ja, er findet es bequem. Wenn die Arbeiten abgeschlossen sind, zieht er ins Turmzimmer.«

»Bis später, Florence«, sagte Laurent Mathiot und fuhr weiter. »Sie hat das alte Gebäude gekauft und renoviert, es ist jetzt ein Kunstzentrum«, erklärte er der Maskenbildnerin, »nächstes Wochenende wird es offiziell eröffnet. Eine bemerkenswerte Person, voll Entschlossenheit und Energie.«

»Sie sieht gut aus«, sagte die Maskenbildnerin.

»Du siehst gut aus«, sagte Laurent Mathiot und schob die Hand unter ihren kurzen Rock.

Der Wagen bog in die Akazienallee ein.

»Schön, die Allee, die Bäume sind wie ein Dach«, sagte die Maskenbildnerin, räkelte sich, rutschte ein Stück vor und öffnete die Beine ein wenig weiter.

»So, hier sind wir«, sagte Laurent Mathiot und parkte den Wagen im Gras, zwischen Haselsträuchern. Er neigte sich zur Maskenbildnerin und küsste sie lange. Sie seufzte.

»Ich kann es kaum erwarten«, sagte sie und öffnete die Autotür.

Sie nahmen ihr Gepäck vom Rücksitz des Wagens und gingen zum rostigen Gartentor. Laurent Mathiot nahm einen Schlüssel aus seiner Hosentasche und sperrte es auf.

»Was für ein zauberhaftes altes Haus, richtig romantisch«, sagte die Maskenbildnerin und nahm seine Hand. Sie gingen durch den Garten und die Treppe zur Haustür hinauf, wo Laurent Mathiot einen zweiten, größeren Schlüssel ins Schloss steckte und stutzte.

»Die Tür ist offen«, sagte er. »Das verstehe ich nicht.«

Sie betraten den dunklen Wohnraum. Die Maskenbildnerin machte die Tür zu, lehnte sich an die Innenseite und zog Laurent Mathiot an sich.

»Fühl, wie erregt ich bin«, flüsterte sie, griff nach seinen Händen und schob sie unter ihr seidenes T-Shirt.

»Warte eine Sekunde«, sagte Laurent Mathiot, »ich bin sofort wieder da.«

Er ging durch die dunkle Küche, betrat das Badezimmer und schaltete das Licht ein. In der Wanne, in der das Wasser nicht höher als zwanzig Zentimeter stand, lag zusammengekrümmt seine Tochter, nackt und abgezehrt, wie schlafend.

»Nein«, sagte er und trat an sie heran, »nein.«

Blanche lag auf der Seite, mit angewinkelten Armen und Beinen. Unter der dünnen Haut zeichneten sich deutlich sichtbar die Rippen ab. Sie hatte die Augen geschlossen, aus ihrem Mundwinkel war Erbrochenes geronnen und erstarrt. Er sah die Kleidungsstücke auf dem Boden, das Wasserglas, die Medikamentenröhrchen auf dem Rand der Wanne.

»Blanche!«, schrie er, »Blanche, wach auf!«

»Was ist denn los?«, fragte die Maskenbildnerin, die auf die Schwelle getreten war. Dann sah sie das Mädchen. »Gott im Himmel«, flüsterte sie.

Mit verbundenen Augen saß Hassan in seinem Bett in der ophthalmologischen Abteilung des Hôpital Lariboisière. Eine kleine dicke Pakistani in Schwesterntracht wechselte das Bettzeug des Nebenbettes.

»Schwester!«, rief er.

»Ja, ja, ich bin ja da«, sagte die Schwester und zog das Leintuch glatt. »Was wünscht der junge Herr?«

»Kann ich kurz telefonieren?«, fragte er. »Nur ein Ortsgespräch. Es ist wichtig.«

»Soso, es ist wichtig. Ja wenn das so ist …« Die Schwester lächelte, ging aus dem Zimmer und kam mit einem Handy zurück.

»Wie ist die Telefonnummer?«, fragte sie.

Hassan nannte ihr die acht Zahlen, und sie wählte die Nummer. Dann legte sie dem Jungen den Apparat ans Ohr.

»Aber nicht länger als fünf Minuten«, sagte sie und wandte sich wieder dem leeren Bett zu.

»Hallo«, sagte eine Frauenstimme.

»Guten Tag, hier ist Hassan«, sagte der Junge. »Könnte ich bitte Blanche sprechen?«

»Blanche ist nicht hier, sie ist im Krankenhaus«, sagte die Frauenstimme.

»Weshalb denn?«, fragte Hassan. »Was ist passiert?«

»Nichts Schlimmes, eine Kreislaufschwäche, kein Wunder bei dieser Hitze. Und das Kind isst so wenig. Aber es geht ihr schon besser. Wahrscheinlich kommt sie in einer Woche nach Hause. Rufen Sie sie doch dann wieder an.«

»Vielen Dank«, sagte Hassan, tastete nach dem Blechtischchen neben seinem Bett und legte das Mobiltelefon darauf.

»Na?«, sagte die Schwester und warf das Kissen des Nebenbettes auf. »War das alles? Das hat aber nicht lange gedauert.«

Die Tür öffnete sich. Mit einem Strauß rosa und gelber Nelken betrat Aischa in ihrem neuen roten Kleid das Krankenzimmer, gefolgt von Leila und Hassans Mutter.

»Hallo Kleiner!«, sagte sie. »Sieh mal, was für hübsche Blumen wir dir mitgebracht haben!«

Sie legte den Kopf zurück und lachte hell auf.

7

»SEHEN SIE SICH DAS AN, Max«, sagte Marlene Geiger und nahm eine Strähne ihrer feuchten, glänzenden schwarzen Haare zwischen Zeige- und Mittelfinger, »diese gespaltenen Enden. Dabei versuche ich mich gesund zu ernähren und nehme seit Monaten ein Kieselerde-Präparat. Früher hatte ich so dichtes und gesundes Haar.«

Monsieur Max besah sich die Haarspitzen.

»Tja, wir werden nicht jünger«, sagte er dann, »aber ich kann Ihnen eine Kur empfehlen, die in den Fünfzigerjahren, als ich als blutjunger Coiffeur in dem Salon auf der Place Victor-Hugo arbeitete, bei Simone Signoret Wunder gewirkt hat.« Er richtete sich auf, knickte ein Bein ab, breitete die Arme aus und ließ die Hände locker baumeln. »Ich erinnere mich genau, sie sagte, Max, sagte sie, ich weiß gar nicht, wie ich Ihnen danken soll, ohne Ihre Hilfe hätte ich die Dreharbeiten zu den *Teuflischen* glatt abbrechen müssen, so schrecklich habe ich ausgesehen.« Er nahm einen schwarzen Umhang aus der großen Tasche mit seinen Utensilien und legte ihn der Frau um die Schultern. »Das Rezept ist ein Geheimnis«, fuhr er fort, »aber Ihnen verrate ich es, schließlich sind Sie nicht nur meine langjährige Kundin, sondern auch eine liebe Freundin.« Er neigte sich zu ihrem linken Ohr. »Verquirlen Sie ein Ei mit zwei Esslöffeln gutem weißen Rum«, flüsterte er, »verteilen Sie das Gemisch im trockenen Haar und lassen Sie es eine Stunde einwirken. Dann spülen Sie mit Wasser, dem Sie etwas Vinaigre de Cidre beigefügt haben. Besten bretonischen Cidre selbstverständlich, im Eichenfass gereift. Das ist alles. Sie werden Ihre Haare nicht wiedererkennen.«

»Das mache ich«, sagte Marlene. »Und die Farbe, ich weiß nicht, mit der Farbe bin ich auch nicht ganz zufrieden. Finden Sie nicht, dass mich der dunkle Farbton älter aussehen lässt?

Wir könnten zur Abwechslung eine etwas hellere Nuance wählen. Rötlich vielleicht?«

Monsieur Max trat einen Schritt zurück und legte eine schlaffe Hand leicht auf sein Brustbein.

»Rötlich?«, rief er. »Entschuldigen Sie, Marlene, Sie sind doch eine elegante, kultivierte Frau, eine anerkannte Künstlerin, keine kleine Verkäuferin bei Tati! Und das schwarze Henna, das ich seit Jahren über in Paris lebende iranische Exilanten beziehe, ist an Qualität nicht zu überbieten. Es liegt mir fern, Sie zu kränken, meine Liebe, aber in letzter Zeit hat die Anzahl Ihrer grauen Haare doch etwas zugenommen, und ich fürchte, eine hellere Farbe wird die grauen Stellen nicht überdecken können. Das ist die bittere Wahrheit.«

»Hm, wenn Sie meinen«, sagte Marlene. »Ich schätze Ihren Rat, das wissen Sie ja.«

»Wie lieb von Ihnen! Ohne mir schmeicheln zu wollen, die alte Madame Gallimard hat das auch immer gesagt. Max, hat sie gesagt, auf Ihr Urteil ist Verlass.«

»Was meinen Sie zur Länge? Ich würde sagen, wir schneiden nur die Spitzen weg.«

Monsieur Max trat vor seine Kundin hin, zog leicht an den Strähnen rechts und links von ihrem Gesicht und betrachtete sie prüfend.

»Da bin ich skeptisch, sehr sehr skeptisch«, sagte er dann. »Wir werden etwas mehr kürzen müssen. Kinnlang ist ideal für sie. Bis zum Kinn und keinen Zentimeter länger. Langes Haar wirkt bei den meisten Frauen über vierzig eine Spur vulgär, glauben Sie mir. – Ach, das Wasser muss längst kochen, wir haben ganz vergessen, darauf zu achten!«

Er eilte in die Küche, um die Hennapaste anzurühren.

Während Marlene Geiger auf ihren Friseur wartete, der zweimal im Monat zu ihr auf den Montmartre kam, schaute sie über die Stadt. Sie saß auf einem Klappstuhl, den sie auf einen der vier kleinen, in einem Halbrund angelegten Balkons ihrer Wohnung im letzten Stockwerk eines der am höchsten gelegenen Häuser auf dem Hügel, eines schönen Art-Deco-Hauses in Ziegelrot und Weiß, gestellt hatte. Als sie vor fünfzehn Jahren in diese Wohnung auf der Place Jean-Baptiste-Clément, gleich neben dem hübschen kleinen Wasserreservoir, gezogen war, hatte sie das Gefühl gehabt, sich in einem Leuchtturm über einem steinernen Meer zu befinden, ausgesetzt zu sein, und auch jetzt noch hatte sie manchmal diesen Eindruck, besonders wenn es stürmte, wenn der Wind ums Haus pfiff und Regen durch die Ritzen unter den vier hohen Glastüren ins Wohnungsinnere drang. Sie liebte den Blick über Paris, den die Wohnung bot. Wenn sie von einer ihrer Reisen zurückkehrte, nahm ihr diese Aussicht, die Schönheit der Stadt, immer wieder von neuem den Atem. Die Farben änderten sich ständig, bei jeder Witterung, zu jeder Tageszeit sah sie anders aus. Jetzt gerade tauchten die am Horizont unter einer hellgrauen Wolkendecke hervordringenden Sonnenstrahlen einen breiten Streifen der Gebäude und Straßenzüge in ein weiches hellorangefarbenes, ins Zartrosa übergehendes Licht. Der Eiffelturm lag weit entfernt im Dunst, links daneben leuchtete die goldene Kuppel des Invalidendoms auf. Im Blechdach des Hauses rechts unter ihr, in dem Picasso sein erstes Atelier gehabt hatte, wurde eine Luke geöffnet. Zwei Männer in blauen Overalls stiegen auf die Dachschräge und machten sich an einem der vielen runden, rotbraunen Schornsteine zu schaffen. Obwohl sie nicht abgesichert waren, bewegten sie sich auf dem Dach, als spazierten sie auf der Straße.

»*Mon dieu!*«, sagte Monsieur Max, der mit einer Schale in der Hand zurückgekommen war. »Was machen die denn? Das ist ja lebensgefährlich!« Er begann, die warme grünschwarze Paste in Marlenes Haar zu verteilen. »Sie wissen gar nicht, was für ein Glück Sie haben, dass Sie eine solche Wohnung besitzen«, fuhr er fort. »Ich freue mich auf jeden Besuch bei Ihnen. Hier kann man atmen! Wenn ich da an meine Wohnung im Parterre denke, an die Fenster, die auf den Hinterhof hinausgehen ... Aber Sie wissen ja, meine Rente ist klein, und Théo hat mir nichts hinterlassen. Wenn ich nicht meine Privatkunden hätte, ich wüsste nicht, wovon ich leben sollte.«

Théo war der langjährige Lebensgefährte von Max und vor drei Monaten an Krebs gestorben. Marlene hatte ihn gut gekannt, gelegentlich waren sie zu dritt zum Essen ausgegangen. Er war um vieles jünger gewesen als Max, der eine Schwäche für junge Männer hatte. Sie bewunderte seinen Mut, ihrer Meinung nach konnte man als der Ältere in solchen Beziehungen nur verlieren.

»So, und jetzt der Helm«, sagte Max und umhüllte Marlenes Kopf mit Aluminiumfolie. »Der schöne silberne Helm. Wir lassen das Henna eine halbe Stunde einwirken, das genügt.«

»Das ist der Raum, der von Ihnen gestaltet werden soll«, sagte Florence Born und führte Marlene Geiger in ein großes würfelförmiges Zimmer ohne Fenster mit einem Holzboden, unverputzten Mauern aus schönen gelbgrauen Steinquadern und dunklen Balken an der Decke. »Er steht voll und ganz zu Ihrer Verfügung, Sie können damit machen, was Sie wollen«, fügte sie lächelnd hinzu.

Marlene blickte sich um.

»Ich denke, er eignet sich gut für mein Projekt«, sagte sie.

»Schön!«, rief Florence. »Ich kann Ihnen gar nicht sagen, wie ich mich freue, dass Sie meine Einladung angenommen haben. Seit Jahren bewundere ich Ihre Kunst, diese ganz persönliche Kombination von Bild und Schrift. Besonders die voll geschriebenen Zimmer finde ich atemberaubend, einfach atemberaubend!«

Während Marlene sich die Beschaffenheit von Boden und Wänden genauer ansah, dachte sie daran, dass ihre Kunst sie seit Jahren langweilte. Anfangs hatten die Schwarzweißfotos, die sie mit Hilfe eines Selbstauslösers von sich machte, stark vergrößern ließ und schließlich mit Texten in schwarzer Schrift überschrieb, ihr das Leben gerettet. Danach hatte sie diese Technik noch lange gefesselt, und sie hatte sie auf eine dritte Dimension ausgeweitet, indem sie begann, Wände, Boden und Decke ganzer Räume mit ihrer spontanen, fast automatischen Schrift zu bedecken. Es hatte viele Jahre gedauert, bis sie bekannt geworden war, doch nun war sie es. Und seit sie es war, interessierte sie das alles nicht mehr. Sie machte weiter, weil die Leute nichts anderes haben wollten und weil sie viel Geld damit verdiente.

»Kommen Sie, ich habe den Tisch auf der Terrasse gedeckt, wir werden im Freien Kaffee trinken«, sagte Florence, ihre Gedanken unterbrechend, und sie verließen das Zimmer und durchquerten einen langen Saal mit einem offenen Kamin. Auf dem Sims stand eine kleine Skulptur. Marlene trat dicht an sie heran und betrachtete sie.

»Das ist interessant«, sagte sie. »Von wem ist es denn?«

Auf der quadratischen Oberfläche eines rostigen Eisenwürfels von etwa zwanzig Zentimetern Seitenlänge war eine kleine, flaumige weiße Feder befestigt. Das war alles.

»Ach, das hat Luc gemacht«, sagte Florence. »Eigentlich ist er kein Künstler, er arbeitet für mich. Es macht ihm Spaß, diese merkwürdigen Objekte aus Alteisen und Federn anzufertigen. Das Leichte und das Schwere, sagt er.« Florence lächelte. »Er ist seltsam.«

Sie gingen weiter und traten durch eine hohe, offene Flügeltür auf eine mit hellen Steinplatten ausgelegte Terrasse, auf der ein runder Tisch aus Rattanrohr mit vier Stühlen stand.

»Setzen Sie sich doch«, sagte Florence, »ich gehe in die Küche und mache Kaffee.«

Marlene setzte sich auf einen der Stühle, lehnte sich zurück und legte die Unterarme auf die Lehnen. Von hier aus konnte man das Grundstück mit seinen schönen Grünflächen, den alten Bäumen und dem etwas weiter entfernt liegenden kleinen Teich gut überblicken. Am Rand der Wiese stand unter einem Kirschbaum ein kleines blaues Zelt. Eine Plane bewegte sich, ein Reißverschluss wurde geöffnet, und jemand kam gebückt aus dem niedrigen Eingang, richtete sich auf, hob die Arme in die Höhe und dehnte und streckte sich. Es war ein junger Mann in Jeans und einem hellgrauen T-Shirt. Er griff nach einem Zweig des Kirschbaums, bog ihn zu sich herunter, pflückte ein paar Kirschen und begann sie zu essen. Dann schlenderte er über das Gras, barfuß und mit zerzaustem Haar, als wäre er gerade aufgewacht, spuckte einen Kern aus und trat auf die Terrasse. Auf seinem T-Shirt stand: YOU CATCH IT. YOU THROW IT.

»Nehmen Sie«, sagte er und hielt Marlene die offene linke Hand hin, »Herzkirschen. Sie sind sehr gut.«

»Danke«, sagte Marlene, nahm ein Kirschenpaar, steckte eine große schwarzrote Kirsche in den Mund und riss den dünnen Stängel ab. Die Frucht war kühl und prall.

»Ich bin Luc«, sagte der junge Mann.

Marlene reichte ihm die Hand.

»Marlene Geiger«, sagte sie.

Luc nahm die Hand nicht, ließ sich in den Stuhl neben ihrem fallen, blickte geradeaus, aß die Kirschen und spuckte die Kerne in hohem Bogen auf den an die Steinplatten angrenzenden Rasen. Marlene musterte ihn verstohlen von der Seite. Er war schön, hatte dicht gelocktes dunkelblondes Haar und eine blasse Haut. Die Nase war fein und gerade, die Linien des Mundes weich, das Kinn rund.

»Schlafen Sie in dem Zelt?«, fragte sie.

»Ja, im Sommer ist es sehr angenehm«, sagte er. »Manchmal schlafe ich auch auf der Wiese, unter freiem Himmel.« Er schaute sie an. »Sie machen eine Ausstellung hier, nicht?«

»Ja«, sagte Marlene. Der Blick des jungen Mannes war auffallend, die intensiv blaue, schwarz umrahmte Iris erinnerte sie an die Augen der grauen, wolfartigen Hunde, die man Huskys nannte.

»Ich habe einen Katalog von Ihren Sachen gesehen. Recht ansprechend, finde ich«, sagte Luc. »Wenn diese Überschreibungen auch nichts wirklich Neues sind. Sie kommen aus Wien?«

»Ja, ich bin dort geboren. Aber ich lebe schon seit fast zwanzig Jahren in Paris.«

»Wien muss schrecklich sein«, sagte Luc. »Eng und provinziell.«

»Die Provinz ist im Kopf«, sagte Marlene und lächelte. Dass sie Österreich tatsächlich unerträglich fand und deshalb weggegangen war, sagte sie nicht.

»So, da ist der Kaffee«, sagte Florence und trat mit einem Tablett durch die Flügeltür. »Ah, schönen guten Morgen«, fügte sie hinzu, als sie Luc sah, setzte das Tablett ab, beugte sich zu ihm hinunter und küsste ihn auf die Wange. »Willst du auch eine Tasse?«

Später begleitete Florence die Besucherin zu ihrem Wagen.

»Wann wollen Sie mit der Arbeit beginnen?«, fragte sie.

»Ich denke, in etwa zwei Monaten«, sagte Marlene. »Aber wir telefonieren vorher noch.«

Auf der anderen Straßenseite ging ein leicht hinkender älterer Mann mit einem Korb voller Pflaumen. Als er die beiden Frauen sah, überquerte er die Fahrbahn und kam auf sie zu.

»Guten Tag, Mademoiselle Born«, sagte der Mann. »Haben Sie es schon gehört? Vor ein paar Tagen ist ein Rettungswagen bei den Mathiots vorgefahren. Mit Blaulicht. Sie haben Blanche ins Krankenhaus gebracht.« Er dämpfte die Stimme. »Wenn Sie mich fragen, da stimmt etwas nicht. Die Kleine ist dünn wie ein Skelett, das ist doch nicht normal.«

»Tatsächlich?«, fragte Florence. »Ihre Eltern waren vorgestern Abend hier, auf dem Eröffnungsfest, sie haben es mit keinem Wort erwähnt.«

»Ach, diese Prominenten«, sagte der Mann. »Man weiß doch, was sich hinter der schönen Fassade verbirgt. Auf Wiedersehen.«

Marlene stand in ihrem Wohnzimmer und arrangierte lachsfarbene Gladiolen in einer großen Vase. In etwa einer Stunde würde der Catering Service mit dem Buffet kommen. Sie war zufrieden. Es sah aus, als würde es ein schöner, warmer Abend werden, als könnten die vier Glastüren geöffnet bleiben. So hatten die Gäste die Möglichkeit, sich auch auf den Balkons aufzuhalten. Marlene war kein geselliger Mensch, doch an jedem vierzehnten Juli lud sie ein paar Bekannte ein, um den spektakulären Anblick des traditionellen Feuerwerks von ihrer hoch gelegenen Wohnung aus mit ihnen zu teilen.

Das Telefon läutete. Marlene ging durch das Zimmer und hob den Hörer ab.

»Marlene Geiger.«

»Hallo, hier ist Luc«, sagte die Stimme am anderen Ende.

»Guten Tag«, sagte Marlene. »Wie geht's?«

»Ich möchte Sie wiedersehen«, sagte Luc.

Marlene war überrascht.

»Ich weiß nicht – im Augenblick bin ich –«

»Ich habe an Sie gedacht, verstehen Sie, ich will Sie wiedersehen«, wiederholte Luc. »Können wir uns nicht irgendwo treffen? Ich bin in Paris.«

»Ja – ich weiß nicht recht –«, sagte Marlene zögernd. Dann kam ihr ein Gedanke. »Ich mache heute Abend ein kleines Fest. Wollen Sie kommen?«, fragte sie.

»Ja, gern«, sagte Luc. »Ich weiß, wo Sie wohnen, Florence hat es mir gesagt. Ich bin gestern an Ihrem Haus vorübergegangen, ich wollte es sehen.«

»Der Code ist A233. Siebenter Stock, die mittlere Tür. So gegen acht?«

»Ja. Ich freue mich auf Sie. Bis später.« Er hängte auf.

Marlene legte den Hörer auf und blieb neben dem Telefon stehen. Sie war einundfünfzig, Luc konnte nicht älter sein als Mitte zwanzig. Aber sie würde sich nicht fragen, was das alles zu bedeuten hatte, sie würde die Anwesenheit des schönen jungen Mannes genießen.

Der Himmel war blauschwarz, allmählich flammten in der Stadt unter ihnen die Lichter auf. Die vier Glastüren standen weit offen, es war ein wunderbarer, lauer Abend. In einem langen hellgrünen Kleid ging Marlene mit einem Tablett von einem zum anderen und bot Champagner an. Das Buffet war fast leer, die Gäste unterhielten sich angeregt. Luc war nicht gekommen.

»Was ist mit dem Feuerwerk? Es ist schon zehn Uhr«, sagte Nancy, die Fotografin, die Marlenes Selbstauslöserfotos vergrößerte. »Nach Jahren bin ich wieder einmal am vierzehnten Juli in Paris, und das Feuerwerk fängt nicht an.«

»Geduld, meine Liebe, lange kann es nicht mehr dauern«, sagte Monsieur Max, legte ihr einen Arm um die Schulter und deutete mit dem anderen auf ein Bauwerk in der Entfernung. »Wissen Sie, was das für eine Kuppel ist, dort drüben?«

»Das muss Saint Augustin sein«, sagte die Besitzerin des Restaurants *La Divette du Moulin* in der Rue Lepic, wo Marlene oft aß. »Wenn mich nicht alles täuscht.«

»Erlauben Sie mir eine Bemerkung«, sagte Monsieur Max zu ihr, »Sie müssten Ihre Haare völlig anders tragen. Eine schöne Frau wie Sie. Finden Sie nicht auch, Nancy?«

»Ich weiß nicht«, sagte Nancy und wandte sich ihrem Begleiter zu, einem schüchternen amerikanischen Komponisten neuer Musik. »Das Feuerwerk fängt nicht an, Truman. Hol mir bitte noch ein paar Oliven.«

»Diese Oliven sind göttlich«, sagte Marlenes Nachbar, ein Zahnarzt, und nahm einen Champagnerkelch vom Tablett. »Stellen Sie sich vor, meine Frau und ich waren gestern Abend auf einem *bal populaire* in der Nähe der Place d'Italie und haben bis drei Uhr früh getanzt. Das ist seit mindestens zehn Jahren nicht mehr vorgekommen. Wir waren richtig ausgelassen.«

Die Türglocke läutete. Marlene ging zur Tür und öffnete sie.

»Hallo«, sagte Luc, kam ins Zimmer, durchquerte es und trat auf einen der Balkons. »Ist ja toll hier. Unglaublich, diese Aussicht!«

»Sie sind also doch gekommen«, sagte Marlene, die ihm mit dem Tablett gefolgt war. »Möchten Sie ein Glas Champagner?«

»Vielen Dank, aber ich trinke keinen Alkohol.«

»Das ist sehr vernünftig«, sagte die Besitzerin des Restaurants und strahlte den jungen Mann an. »Ich bin übrigens Geraldine.«

»Göttlich, die Oliven«, sagte der Zahnarzt und nahm sich ein mit drei Walderdbeeren gekröntes *petit four.*

Es war fast Mitternacht, und das Feuerwerk hatte immer noch nicht begonnen. Die Gäste hatten die Geduld verloren und waren gegangen, einer nach dem anderen. Marlene und Luc saßen an einem kleinen runden, schmiedeeisernen Tischchen auf einem der Balkons. Luc griff in die Tasche seiner Jeansjacke und legte ein zerlesenes Taschenbuch auf die Tischplatte.

»Kennen Sie das?«, fragte er. Marlene beugte sich zu dem Buch hin. Es war von Italo Calvino, sein Titel *Destins Croisés.* Auf dem Umschlag war eine Tarotkarte abgebildet.

»Ich kenne den Autor, aber nicht dieses Buch«, sagte sie.

»Was sagen Sie zum Titel?«, fragte Luc, neigte sich vor und schaute ihr in die Augen, bis sie den Blick abwandte.

»Ist das nicht eine Tarotkarte?«, sagte sie ausweichend und deutete auf die Umschlagillustration. »Der Gehenkte?«

»Ja«, sagte Luc, »der Gehenkte. Das Unterste wird zuoberst gekehrt, kein Stein bleibt auf dem anderen. Aber der Titel?«

Marlene stand auf.

»Ich hole mir eine Jacke«, sagte sie, »es ist kühl geworden.«

Sie ging in die Wohnung zurück. Luc folgte ihr, nahm einen kleinen schwarzen Stoffball von einem Regal und warf ihn ihr zu. Sie fing ihn mit Mühe, warf ihn zurück und öffnete einen Schrank.

»Was ist das für ein Ball?«, fragte er. Sie spürte, dass er hinter sie getreten war.

»Ich habe ihn auf einem Fest der Hmong in Minneapolis gekauft«, sagte sie, während sie nach einer Jacke suchte. Sie sprach schnell. »Er hat mir gefallen. Die Hmong sind eine vietnamesische Volksgruppe, wissen Sie. Im Vietnamkrieg sind sie auf Seiten der Amerikaner gestanden, viele von ihnen leben heute in den USA. Es ist bei ihnen Brauch, dass heiratsfähige junge Leute sich in zwei Reihen aufstellen, auf der einen Seite die Frauen, auf der anderen die Männer, und einander solche Stoffbälle zuwerfen. Damit zeigen sie einer bestimmten Person ihre Zuneigung.«

»Sehen Sie«, sagte Luc und legte ihr leicht die Hand auf die Schulter. Sie wandte sich um. Die erste Rakete des Feuerwerks wurde gezündet, eine riesige orange Blüte öffnete sich am Nachthimmel.

»Schmeckt es Ihnen?«, fragte Vincent Blue, der mit Laetitia auf der Terrasse des Restaurants im Parc de Belleville saß, von der aus man einen herrlichen Blick über die ganze Stadt hatte, und blickte sie über den Tisch hinweg an. Er fand ihr gelbes Kleid mit dem blauen Rhombenmuster geschmacklos.

»Ich habe noch nie in meinem Leben etwas so Gutes gegessen«, sagte Laetitia und nahm noch einen Bissen von dem zarten Filet. Auch wie sie aß, empfand er als unangenehm.

Eine Rakete stieg in den Himmel, orange Streifen breiteten sich kreisförmig nach allen Seiten aus.

»Endlich! Das Feuerwerk beginnt!«, rief Laetitia, legte das Besteck weg und klatschte in die Hände. Blue fand ihre Begeisterung etwas kindisch.

Julieta und Gérard lagen im Bett. Gérard zog die Decke weg und betrachtete Julietas Körper.

»Schau mich nicht an«, bat Julieta. »Ich bin nicht schön.«

»Doch«, sagte Gérard und küsste ihr linkes Schlüsselbein.

Man hörte ein gedämpftes Krachen. Julieta sprang aus dem Bett und lief zum Fenster.

»Das Feuerwerk! Ah, wunderbar!«, rief sie. »Komm her, Gérard!«

Im Café Le Libre Échange wurde gefeiert. Jacques hatte Geburtstag. Das Telefon läutete. Nadine nahm den Anruf entgegen.

»Für dich, Papa«, sagte sie und reichte ihm den Hörer. »Es ist Mama«, flüsterte sie.

»Hallo«, sagte Jacques.

»Alles Gute zum Geburtstag, Jacques«, sagte Lisa.

Von ferne vernahm man ein knallendes Geräusch.

»Das Feuerwerk!«, riefen die Gäste. »Das Feuerwerk fängt an!«

Mira lief zur Tür, rannte über die Straße und sprang die Stufen der Brücke über den Kanal Saint-Martin hinauf.

»Eine Palme! Eine orange Palme!«, rief sie.

Der Vogel in dem Käfig, der auf dem Ast des Weichselbaumes hing, schlief. Nicole, ihr Vater und Alain saßen am Tisch im

Patio. Alain hatte den Arm um seine Frau gelegt. Der alte Mann stand auf.

»Ich bin müde«, sagte er. »Ich gehe schlafen.«

In der viereckigen Öffnung des Patio ging eine orange Blume auf.

»Das Feuerwerk!«, rief Alain. »Nun fängt es doch an!«

»Was sagst du?«, fragte Urs Berger und hielt die Hand hinter sein rechtes Ohr.

»Das Feuerwerk, Papa!«, sagte Nicole. »Das Feuerwerk zum vierzehnten Juli!«

»Ich gehe schlafen«, brummte der alte Mann. »Gute Nacht!«

Pascale strich über ihren Bauch.

»Der Geburtstermin ist der achte März. Exakt«, sprach sie in den Hörer. »Das ist der Internationale Frauentag, Madame Odile. Es ist sicher kein Zufall, dass Roberta genau an diesem Tag geboren wird.«

»Natürlich nicht«, sagte der Mann mittleren Alters mit dem stark gelichteten Haar und gähnte, »natürlich nicht. Aber es ist sehr spät, Mademoiselle Pascale. Ich muss Sie bitten, mich nicht außerhalb meiner Sprechstunden anzurufen.«

»Verzeihen Sie, daran habe ich gar nicht gedacht, es ist ja der vierzehnte Juli.«

Es krachte dumpf. Pascale wandte sich um und sah, wie sich am Nachthimmel vor dem Panoramafenster ihres Wohnzimmers ein großer orangefarbener Trichter öffnete.

»Ach, das Feuerwerk!«, rief sie. »Ich hatte schon gedacht, sie haben es abgesagt.«

Es waren nur noch wenige, die auf der Anhöhe hinter dem Trocadéro auf das Feuerwerk warteten. Hassan, seine Mutter und seine Schwestern saßen am Gehsteigrand.

»Gehen wir nach Hause«, sagte Leila. »Es hat keinen Sinn mehr zu warten.«

»Was für eine Enttäuschung!«, sagte Aischa. »Dabei wäre es so schön für Hassan gewesen, wo sie ihm doch gestern den Verband abgenommen haben.«

»Macht nichts«, sagte Hassan und wählte eine Nummer auf seinem Handy.

Plötzlich stieg eine Rakete zum Himmel auf.

»Das gibt es nicht!«, rief Leila. »Das gibt es nicht!«

»Wie ein oranger Fallschirm«, sagte Aischa und öffnete den Mund.

»Blanche, bist du es?«, fragte Hassan. »Schön, deine Stimme zu hören.«

Ein Mann und eine Frau saßen auf einer Bank im Bois de Boulogne. Beide waren sehr betrunken. Der Mann blickte auf und schaute ins Dickicht der Büsche hinein.

»Wir haben uns im Wald verirrt«, sagte er. »Ist es nicht schön, sich im Wald zu verirren?«

Die Frau fiel ohne ein Geräusch von der Bank. Hinter den hohen Bäumen stieg eine Rakete zum Himmel auf.

»Schau«, sagte der Mann, »am Himmel kriecht eine riesige orange Spinne.«

Die Frau reagierte nicht. Der Mann beugte sich zu ihr hinunter.

»Eine verträumte Figur«, sagte er.

Das Feuerwerk war zu Ende. Luc ging neben Marlenes Bett auf und ab und rang die Hände.

»Es hat nicht funktioniert«, sagte er, »es hat überhaupt nicht funktioniert. Weißt du, weshalb es nicht funktioniert hat?«

»Beruhige dich«, sagte Marlene, »es spielt keine Rolle.«

»Natürlich spielt es eine Rolle!«, rief er. »Wie kannst du sagen, dass es keine Rolle spielt?«

»Komm wieder ins Bett. Es macht mich nervös, wenn du hier auf und ab läufst.«

»Nein, ich komme nicht ins Bett«, sagte Luc, »ich werde gehen. Es ist das Beste, wenn ich gehe.«

Die Finger hinter dem Kopf verschränkt, lag Luc auf seiner alten Matratze in dem winzigen Zimmer, das er noch immer in Paris hatte, obwohl er sich fast ständig bei Florence auf dem Land aufhielt, und starrte auf ein Poster mit einer von Matisses blauen Frauen an der Wand gegenüber. Dann griff er zu seinem Mobiltelefon und wählte Marlenes Nummer. Ihr Telefonbeantworter schaltete sich ein. Er wartete, bis die Ansage beendet war.

»Hallo Marlene, hier ist Luc«, sagte er dann. »Ich habe mir Bachs Orgelwerk angehört, es geht mir viel besser. Die Aufnahme von Vernet, du kennst sie bestimmt. Jedenfalls ist mir jetzt völlig klar, weshalb es nicht geklappt hat. Ich habe Angst zu verschwinden. Begreifst du das? Einfach zu verschwinden, verschlungen zu werden, ausgelöscht, verschluckt. Ich weiß nicht, ob du das verstehen kannst. Sicher. Sicher kannst du das verstehen, du bist eine reife Frau. Weißt du, als ich dich auf der Terrasse sah, so kühl und gelassen, wollte ich auf der Stelle mit dir schlafen. Augenblicklich. Und jetzt –«

Das Band war zu Ende. Luc wartete ein wenig, dann wählte er erneut die Nummer.

»Ja, und jetzt möchte ich es wieder«, setzte er fort, »wir müssen es wieder tun, Marlene, unbedingt. Ich muss meine Angst verlieren. Weißt du, ich habe dieses Problem mit meinem Vater, es geht alles darauf zurück, mein Vater ist sehr autoritär, ein ausgesprochen sadistischer Typ, er hat meine Mutter ruiniert, buchstäblich ruiniert. Bitte ruf mich an, Marlene, ich muss dich sehen, ich muss dich sofort sehen.«

Im Palais de Tokyo gab es eine Ausstellung skandinavischer Malerei.

Seit einer Dreiviertelstunde stand Marlene vor dem Museum und wartete auf Luc. Schließlich sah sie ihn gemächlich, die Hände in den Hosentaschen, die Straße entlang und auf sie zu kommen. Er nahm die Hände aus den Taschen, legte sie ihr auf die Schultern und küsste sie auf beide Wangen, ohne sich für die Verspätung zu entschuldigen.

Später gingen sie langsam von Bild zu Bild. In einem großen Raum hingen ausschließlich Selbstporträts einer finnischen Malerin namens Helene Schjerfbeck, mit denen diese über Jahrzehnte hinweg ihren Alterungsprozess dokumentiert hatte, bis zu ihrem Tod.

»Sieh dir das an«, sagte Luc, als sie vor einem Porträt aus den letzten Lebensmonaten der Künstlerin standen, und griff nach Marlenes Hand. »Ein Totenkopf.«

Eine neben ihnen stehende Besucherin in ihrem Alter sah sie missbilligend an und flüsterte ihrem Begleiter etwas ins Ohr, worauf dieser sich gleichfalls nach ihnen umwandte.

»Ja«, sagte Marlene und lächelte, »es ist erbarmungslos.«

Sie genoss es, die neidischen Blicke anderer Frauen auf sich zu ziehen, wenn sie sich mit Luc in der Öffentlichkeit zeigte.

Nach der Ausstellung gingen sie in ein Café in der Nähe der Seine. Der Kellner geleitete sie zu einem Tisch im Freien, auf dem Gehsteig.

»Hier, ein hübscher Tisch für die Dame und den Ehemann«, sagte er und grinste Marlene an.

Sie beobachteten die Passanten und unterhielten sich über die Kunstwerke.

»Sie war immer krank und hat jahrzehntelang mit ihrer alten Mutter zusammengelebt«, sagte Luc. »Ist es nicht eine Tragödie?«

»Ach, Tragödie«, meinte Marlene.

»Und hast du dieses Bild von Hugo Simberg gesehen?«, fragte Luc. »*Der verwundete Engel*? Ich fand es eindrucksvoll.«

»Ich kann mich nicht daran erinnern, es gab so viele Gemälde«, antwortete Marlene. Sie blickte in Richtung Fluss. An der Seinebrücke versammelten sich immer mehr Leute. Sie schienen auf etwas zu warten.

»Auf einer Tragbahre sitzt mit gesenktem Kopf ein Engel mit blonden Haaren in einem langen weißen Gewand, das am Boden nachschleift. Seine großen Flügel sind zusammengefaltet, um seinen Kopf ist eine Binde.«

»Ja, jetzt erinnere ich mich wieder. Die beiden Männer, die ihn tragen, scheinen nicht sehr erfreut zu sein über ihre Last«, sagte Marlene, ohne die Augen von den Wartenden abzuwenden.

Plötzlich lief ein Mann in Kellneruniform mit einem kleinen runden Tablett in der ausgestreckten Hand, auf dem eine Flasche und ein Glas standen, über die Brücke. Gleich darauf kamen weitere Kellner angelaufen. Die Menschen an der Brücke reckten die Hälse und applaudierten.

»Ach!«, rief Luc, der ihrem Blick gefolgt war. »Das Kellnerrennen! Ich bin schon einmal mitgelaufen. Man muss eine kleine Flasche Perrier und ein Glas unversehrt ins Ziel bringen. Eine Zeit lang habe ich im *Café Charbon* in der Rue Oberkampf ausgeholfen, weißt du. Kennst du es?«

»Nein«, sagte Marlene.

»Ich habe aufgehört, als es *branché* geworden ist, ich hasse alles, was *branché* ist.«

Die Kellner liefen an ihnen vorüber. Es waren viele.

Später gingen sie an der Seine entlang. Sie überquerten eine Brücke, blieben stehen und schauten ins Wasser. Unter ihnen, an der Spitze der lang gezogenen Insel in der Seine, stand eine kleine Nachbildung der Freiheitsstatue.

»Schau«, sagte Luc und deutete auf sie, »ist sie nicht

hübsch? Es ist das Modell. Bald werde ich das Original sehen.«

»Man sieht die ganze Stadt von deinem Bett aus«, sagte Luc. Sein Arm lag um Marlenes Taille, sein Kopf an ihrer Schulter. Er seufzte. »Es hat geklappt. Diesmal hat es einigermaßen geklappt.« Er drehte sich auf den Rücken und begann laut zu singen, einen monotonen Gesang, eine Art Litanei, eine Melodie ohne Worte, mit offenem Mund.

»Was ist das für ein Lied?«, fragte Marlene.

Er hörte zu singen auf.

»Das ist das Glück«, sagte er.

Eine Zeit lang schwiegen sie.

»Ein erregter Mann ist das Schönste, was es gibt«, sagte Marlene dann.

Luc setzte sich im Bett auf.

»Was meinst du damit, ein erregter Mann?«, fragte er.

»Na, ein erregter Mann eben, was ist daran schwer zu verstehen?«

»Aber ich bin nicht irgendein erregter Mann«, sagte Luc.

»Entschuldige, ich wollte nur etwas Nettes sagen«, sagte Marlene.

»Was heißt hier, etwas Nettes sagen? Offenbar sprichst du von anderen Männern, ich finde das in dieser Situation geschmacklos.«

»Luc, bitte dreh mir nicht das Wort im Mund um. Natürlich habe ich dich damit gemeint!«

»Warum sagst du es dann nicht? Warum sagst du dann nicht: Es ist das Schönste, was es gibt, wenn du, Luc, erregt bist?«

»Ich habe gedacht, was ich sage, ist unmissverständlich.«

»Unmissverständlich! Du sprichst von ehemaligen Liebhabern, du abstrahierst mich, du verleugnest mich und denkst dir nichts dabei!«, sagte Luc. »Das ist demütigend, verstehst du das nicht?«

»Demütigend? Es sollte das Gegenteil sein – ein Kompliment!«

Luc stand aus dem Bett auf und streifte sich das T-Shirt über.

»So geht es nicht, so kannst du mich nicht behandeln, Marlene. Du spielst deine Überlegenheit aus, im Grunde bist du genau wie mein Vater. Ich glaube, es ist am besten, wenn ich gehe.«

Er hob seine Jeans vom Boden auf und zog sie an.

»Luc! Hör auf mit diesem Unsinn und komm zurück ins Bett!«

Doch Luc stand bereits an der Tür.

»Es tut mir Leid, du hast mich gekränkt. Es geht um gegenseitigen Respekt, verstehst du? Respekt! Das ist die Voraussetzung für jede Beziehung. Ich kann nicht mit einer Frau zusammen sein, die mich nicht respektiert. Du hast keine Achtung vor Männern, ich habe das Gefühl, du verachtest sie sogar!«

Er öffnete die Tür, ging hinaus und machte sie hinter sich zu. Marlene stieg aus dem Bett, ging ins Badezimmer, schlüpfte in ihren weißen Frotteebademantel und trat auf einen der Balkons hinaus. Luc hatte eben das Haus verlassen und ging auf der abwärts führenden, mit Kopfsteinen gepflasterten Straße dahin. Sie sah ihn von oben.

»Luc!«, rief sie, »Luc!«

Er reagierte nicht und ging weiter in Richtung Metro Abbesses, an dem Haus vorüber, in dem Dalida, die ägyptische Sängerin, gewohnt hatte, bevor sie aus unglücklicher Liebe zu einem jungen Mann Selbstmord beging. Marlenes Nachbarin, eine pensionierte Gestalttherapeutin, die dabei war, ihre Balkonpflanzen zu gießen, richtete sich auf und warf ihr einen interessierten Blick zu. Madame Verrier, die Concierge, die gerade den Platz vor dem Haustor kehrte, schaute erstaunt zu ihr hoch.

Marlene überquerte den schönen, von Kastanienbäumen bestandenen kleinen Platz unter ihrem Haus. Ein Zug lärmender, sich paarweise an den Händen haltender Kinder kam ihr entgegen. Paris war voller Kinder, anders als Wien. Sie mochte Kinder nicht, Kinder machten sie nervös.

»Geh mir aus dem Weg«, sagte sie und stieß ein kleines Mädchen, dem in der oberen Reihe ein paar Schneidezähne fehlten, beiseite. Das Mädchen begann zu weinen.

Sie ging weiter hügelan. Neben der Eingangstür zur Apotheke lehnte der Schwarze an der Wand. Sie sah ihn fast jeden Tag, immer stand er irgendwo in unmittelbarer Nähe ihres Hauses, stundenlang, mit halb geschlossenen Augen. Er war offenbar obdachlos und schien nicht ganz zurechnungsfähig, oft schwankte er, da er sich kaum auf den Beinen halten konnte. Auch musste ihm unerträglich heiß sein in seinem dicken braunen Mantel, mit der roten Wollmütze, die er zu jeder Jahreszeit trug. Gelegentlich gab sie ihm Geld, worauf er ihr manchmal einen schlauen Blick aus blutunterlaufenen Augen zuwarf. Meist jedoch reagierte er nicht. Sie hatte ein paar Skizzen von ihm angefertigt und ihm die gelungenste gezeigt, den Gestank der gedrungenen kleinen Gestalt eingeatmet, während sie sich zu ihm hinuntergebeugt und ihn gefragt hatte, ob er sich erkenne.

»Das bin ich nicht«, hatte er gesagt und sie schadenfroh angesehen.

Zurück in ihrer Wohnung, stellte Marlene die Tasche mit ihren Einkäufen auf den Küchentisch. Das Telefon läutete.

»Marlene, ich bin es«, sagte Luc. »Ich möchte mich entschuldigen wegen vorgestern Abend.«

»Ist schon gut«, sagte sie.

»Weißt du, ich bin dann zu mir gefahren und habe Rimbauds *Illuminationen* aufgeschlagen. Das mache ich immer, wenn ich mir über meine Gefühle nicht im Klaren bin. Eine Art Orakel, verstehst du. Man schlägt ein Buch auf, der Blick fällt auf einen Satz, und der Satz hat unweigerlich mit der Situation zu tun, in der man sich befindet. Früher machte man das mit der Bibel.«

»Und?«, fragte Marlene.

»Und was für ein Wort schlage ich auf? Du glaubst es nicht. Das Wort *Vertrauen*. Das sagt doch alles.«

»Inwiefern?«

»Wir müssen einander vertrauen, darum geht es, um nichts anderes.« Er machte eine kurze Pause. »Ich wollte dich fragen, ob du mir mit dreitausend Francs aushelfen kannst. In New York ist eine Rothko-Ausstellung, die ich mir unbedingt ansehen möchte. Rothko ist das einzige wirkliche Genie unter den Malern des zwanzigsten Jahrhunderts, Bacon wird ja unglaublich überschätzt. Aber ich habe das Geld für den Flug nicht. Ich arbeite wie ein Sklave für Florence, und sie zahlt mir einen Hungerlohn. Für dich ist das doch eine Kleinigkeit, ich gebe dir das Geld spätestens in zwei Wochen zurück.«

»Also, Luc –«

»Ja, und vielleicht kannst du mich auch jemandem empfehlen, bei dem ich wohnen kann, du kennst ja so viele Leute.«

Marlene klemmte den Hörer zwischen Ohr und Schulter, nahm den kleinen schwarzen Ball vom Regal und ließ ihn langsam von einer Hand in die andere gleiten. Er war sehr leicht.

»Na gut«, sagte sie, »ich borge dir das Geld.«

Luc war in New York. In Paris regnete es seit Tagen. Marlene hatte eine leichte Erkältung. Sie saß an ihrem Computer und erledigte ihre E-Mails. Unter den Nachrichten, die sie erhalten hatte, war auch eine von dem Galeristen in Lower Manhattan, der Luc auf ihre Bitte hin aufgenommen hatte. Er fragte sie, was für einen merkwürdigen Typen sie ihm da geschickt habe, er rede kein Wort mit ihm, sei fast nie zu Hause, auch nachts nicht, und wenn, telefoniere er ununterbrochen. Das Telefon läutete.

»Hallo Marlene, hier ist Luc. Ich rufe dich aus New York an, mein Flugzeug geht in drei Stunden. Ehrlich gesagt, ich bin recht froh, von hier wegzukommen, ich finde deinen Bekannten etwas sonderbar, er spricht kaum mit mir. Hast du eine Erklärung dafür?« Ohne eine Antwort abzuwarten, fuhr er fort: »Ich wollte dir sagen, ich fahre jetzt zum Kennedy Airport. Morgen um halb acht Uhr früh landen wir in Paris, ich komme dann direkt vom Flughafen zu dir.«

»Ich weiß nicht, ob das eine gute Idee ist, ich habe das Gefühl, ich werde krank.«

»Das macht nichts, ich muss dich sehen, ich sehne mich nach dir. Du wirst sehen, es geht dir gleich besser, wenn ich bei dir bin.«

»Es wäre mir lieber, wenn –«

»Also dann bis später, ich umarme dich. Ich freue mich sehr auf dich.«

Am nächsten Morgen fühlte Marlene sich schwach und angeschlagen, sie hatte schlecht geschlafen, ihre Glieder schmerzten. Um vier Uhr nachmittags läutete es an der Tür. Draußen stand Luc. Er trat ein und nahm sie in die Arme.

»Hier bin ich«, sagte er. »Deine Arznei. Dein Medikament.«

Am nächsten Morgen wachte Marlene gegen neun Uhr auf. Sie fühlte sich tatsächlich besser. Luc lag neben ihr auf dem Rücken, er atmete tief und regelmäßig. Wie jung er aussieht, dachte sie, während sie ihn betrachtete, wie jung er aussieht. Luc öffnete die Augen.

»Guten Morgen«, sagte sie lächelnd und küsste ihn auf die Wange.

Er blickte geradeaus und gab keine Antwort.

»Hast du gut geschlafen?«, fragte sie.

Er schwieg.

»Ist etwas?«

Plötzlich sprang er aus dem Bett und begann sich anzuziehen.

»Ich muss weg«, sagte er. »Es geht nicht.«

»Was hast du, Luc? Gestern war doch alles in Ordnung«, sagte Marlene.

»Nichts war in Ordnung. In New York schon. In New York habe ich Tag und Nacht an dich gedacht. Aber jetzt ist alles anders. Ich finde es bedrückend hier, ausgesprochen bedrückend. Eine Atmosphäre wie bei meinen Eltern.«

»Ich verstehe nicht ganz, ich –«

»Ich fühle mich gefangen, Marlene, verstehst du, unsere Beziehung beengt mich. Ich muss weg.«

Er war bereits fertig angekleidet und wandte sich zur Tür.

»Willst du nicht vorher noch ein Frühstück?«, fragte Marlene.

»Nein! Nein, kein Frühstück, ich muss zu Florence, Florence erwartet mich, es gibt viel zu tun. Wir müssen das Turmzimmer ausmalen.«

Er ging aus dem Schlafzimmer und schloss die Tür hinter sich.

»Ich verstehe es nicht«, sagte Marlene, die mit ihrer Freundin Dominique, einer Bühnenbildnerin, die an einem Vororttheater beschäftigt war, im Café *Sarah Bernhardt* saß. »Sicher steckt eine andere Frau dahinter, anders kann ich es mir nicht erklären. Womöglich ist es ein anderer Mann, ich weiß so wenig über ihn. Wie konnte ich mich nur auf diese Geschichte einlassen? Ein so junger Mann, ohne Geld, ohne Stabilität. Es geschieht mir recht, ich habe mir alles selbst zuzuschreiben. Ich kann in einer solchen Beziehung nur verlieren.«

Dominique streckte die linke Hand über den Tisch und legte sie auf Marlenes rechte. Auf der Place du Châtelet bewegte sich der Verkehr im Schritttempo vorwärts. Direkt vor ihnen, auf der anderen Seite der Verglasung, ging eine junge Frau mit einem roten Cellokasten vorüber. Ein Motorradfahrer blieb stehen, schob das Visier seines Helms hoch und sprach zwei Hand in Hand auf dem Gehsteig stehende Männer in weißen Burnussen an.

»Unsinn«, sagte sie. »Es gibt nichts Schöneres als einen jungen Liebhaber. Man muss es genießen, das ist die einzige Möglichkeit. Du wirst sehen, er kommt zurück, alle kommen sie zurück, über kurz oder lang.«

»Das sagt Monsieur Max auch. Er hat Erfahrung mit jungen Männern.«

»Siehst du.«

»Aber er borgt sich Geld aus und zahlt es nicht zurück, er beutet mich aus!«

»Na und? Du hast ja genug.«

»Genau das sagt Monsieur Max auch.«

Die beiden Männer in den langen weißen Gewändern deuteten in eine Richtung, und der Motorradfahrer fuhr weiter.

»Aber trotzdem vielen Dank für die Einladung«, sagte Marlene und legte den Hörer auf. Sie setzte sich auf den Stuhl neben dem Telefon und fragte sich, weshalb sie so abweisend reagiert hatte. Einer der Leiter des neuen Wiener Museumsquartiers hatte ihr die Möglichkeit einer Einzelausstellung ihrer überschriebenen Selbstporträts auf dem neu eröffneten Areal geboten. Sie kannte die schönen, großzügigen Räumlichkeiten. Der Mann hatte sich der Sprechweise der Leute aus dem Süden Österreichs bedient, der Gegend, aus der sie stammte. Es war der Tonfall ihres Vaters, ihrer Brüder. Das war es gewesen. Sie konnte die weiche Aussprache, den scherzhaften Ton nicht mehr ertragen.

Es klingelte. Sie ging zur Tür und öffnete sie einen Spaltbreit bei vorgelegter Kette.

»Warum legst du die Kette vor?«, fragte Luc. »Ich muss dich sprechen.«

»Luc, du kannst nicht einfach nach Wochen auftauchen, ohne vorher anzurufen, du kannst nicht –«

»Mach auf, Marlene. Ich denke ununterbrochen an dich. Du fehlst mir. In der Normandie ist es schrecklich. Ich arbeite wie ein Verrückter für Florence, und sie behandelt mich schlecht und zahlt mir so gut wie nichts. Es geht mir nicht gut. Bitte lass mich ein. Bitte.«

Marlene entfernte die Türkette und machte einen Schritt zurück. Luc trat ein und umarmte sie.

»Ah«, sagte er und hielt sie fest, »ah, auf diesen Augenblick habe ich gewartet. Seit Tagen träume ich davon. Ich brauche dich, Marlene, du beruhigst mich.«

Marlene machte sich von ihm los. Luc ging ins Wohnzimmer, setzte sich in einen gepolsterten Sessel und schlug die Beine übereinander. Sie folgte ihm und setzte sich ihm gegenüber hin.

»Bitte verzeih, dass ich das letzte Mal so abrupt aufgebrochen bin«, sagte er. »Ich weiß selbst nicht, was in mich gefahren ist.« Er neigte sich vor. »Ich möchte dir einen Vorschlag machen«, sagte er. »Fahren wir ein paar Tage aufs Land, in dieses Haus in der Bretagne, von dem du mir erzählt hast. Das deinen Freunden gehört. Ich stelle es mir so schön vor. Nur du und ich. Wir werden am Strand spazieren gehen, das Meer wird unserer Beziehung gut tun, es wird sie mit neuer Energie erfüllen, da bin ich mir ganz sicher.«

»Wir haben keine Beziehung mehr, Luc, ich habe mich inzwischen anders orientiert«, sagte Marlene. »Ich möchte unser Verhältnis nicht erneuern.«

Luc ignorierte Marlenes Worte. Er sah sie zärtlich an.

»Weißt du, woran ich am häufigsten gedacht habe?«, fragte er.

Sie sagte nichts.

»An deine Stirn«, sagte er dann. »An deine hohe, schöne, helle Stirn. Deine Stirn ist das, was ich am meisten an dir liebe.«

Marlene legte vorsichtig einen dicken Ast auf das Feuer im Kamin. Die Funken sprühten. In ihrem Hausmantel, mit nassem Haar, stand Luc vor einem Regal und besah sich die Bücher.

»Ach, die *Illuminationen*«, sagte er. »Deine Freunde haben Geschmack.«

Er zog das Buch heraus, öffnete es und begann zu lachen.

»Was glaubst du, welche Stelle ich aufgeschlagen habe?«, fragte er.

»Keine Ahnung«, sagte Marlene und schob die brennenden Äste und Zweige mit dem Schürhaken hin und her, um das Feuer anzufachen.

»*Nach der Sintflut*«, sagte er. »Das ist gut.«

Sie waren am Vortag mit Marlenes Wagen in die Bretagne gefahren. Das alte Bauernhaus aus Stein im Stil der Gegend lag etwas außerhalb eines kleinen Dorfs in der Gueronde, nördlich von Nantes, nur wenige Kilometer vom Meer entfernt, und war von einem schönen Grundstück mit alten Bäumen umgeben. Vor einer Stunde waren sie von einer Radtour zurückgekehrt. Sie waren bei Sonnenschein aufgebrochen und zum Strand gefahren, hatten sich dort eine Weile aufgehalten und waren dann weitergefahren, zu einem Fischrestaurant in einer hübschen Bucht, wo sie gut gegessen und eine Flasche ausgezeichneten Weißwein getrunken hatten. Auf der Rückfahrt hatte ein Gewitter sie überrascht, und sie waren völlig durchnässt zum Haus zurückgekommen.

Luc trat hinter Marlene, drückte sein Gesicht in ihr Haar und umarmte sie.

»Komm«, sagte er leise, »gehen wir ins Schlafzimmer.«

Später lag er lang ausgestreckt auf dem Sofa und las. Es regnete noch immer, man hörte, wie der Regen auf das Dach niederging. Vor den Fenstern war es schwarz, die altmodische Stehlampe mit dem gelbbraunen Pergamentschirm verbreitete ein angenehmes Licht. Er ließ das Buch sinken, griff nach einer Schale mit Erdnüssen, die in seiner Reichweite auf dem Tisch stand, und warf ein paar nach Marlene, die eine Landkarte der Region auf dem Tisch ausgebreitet und sich in sie vertieft hatte.

»Habe ich dir erzählt, dass ich mein Zimmer aufgeben musste?«, fragte er.

»Nein«, sagte Marlene.

»Ja, ich kann es mir nicht mehr leisten. Ich bin gezwungen, ständig bei Florence zu wohnen. Sie hat mich ins Turmzimmer gesteckt. Es ist nicht auszuhalten.«

Marlene schwieg. Luc warf noch eine Erdnuss nach ihr.

»Hör auf«, sagte sie.

»Kannst du mir fünftausend Francs borgen?«, fragte er. »Ich bin in einer augenblicklichen Geldverlegenheit, meine Bank macht mir Schwierigkeiten. Ich zahle dir das Geld am nächsten Monatsersten zurück, ich verspreche es dir.«

»Das wäre das erste Mal.«

»Sei nicht spöttisch, Marlene, du weißt, dass ich nicht sehr gut mit Geld umgehen kann. Es ist eine Schwäche. Aber ich gebe mir Mühe, du kannst nicht sagen, dass ich mir keine Mühe gebe.«

»Ich werde es mir überlegen«, sagte Marlene.

Luc warf noch eine Erdnuss nach ihr.

»Hör endlich auf damit«, sagte sie.

Luc stand auf, trat zu ihr und küsste sie auf den Nacken.

»Es ist wunderbar hier«, sagte er. »Das Land beruhigt.«

Am nächsten Morgen schien die Sonne. Marlene und Luc saßen vor dem Haus und frühstückten. Der Himmel war blank und tiefblau, es roch nach Erde und Gras, und in der

Wiese blitzten die Wassertropfen auf. Auf dem Feld neben dem Grundstück wurde gearbeitet, und hinter dem weißgestrichenen Holzzaun, der das Grundstück vom Weg abtrennte, fuhr ein Traktor vorüber.

Luc legte das Messer weg, mit dem er Butter auf ein Stück Weißbrot gestrichen hatte.

»Ich habe sehr schlecht geschlafen«, sagte er.

Marlene schwieg.

»Willst du nicht hören, weshalb ich so schlecht geschlafen habe?«

Sie schwieg.

»Mir ist ständig etwas im Kopf herumgegangen«, sagte er. »Ich bin sehr beunruhigt, wirklich sehr beunruhigt.«

»Was um Himmels willen hast du jetzt schon wieder?«, fragte Marlene. »An einem so schönen Morgen.«

Luc lehnte sich im Sessel zurück.

»Wir haben nicht aufgepasst«, sagte er. »Wir haben nicht aufgepasst. Wie konnte das passieren?«

»Für die Präservative bist du zuständig«, sagte sie.

»Ich habe nicht daran gedacht«, sagte er. »Ich habe sie in Paris vergessen.« Und nach einer kleinen Pause. »Ich möchte auf keinen Fall, dass du schwanger wirst. Was ist, wenn du schwanger wirst?«

Marlene blickte auf.

»Luc, ich bin einundfünfzig Jahre alt. In diesem Alter wird man nicht mehr schwanger.«

»Einundfünfzig? Du siehst viel jünger aus. Ich habe eine Frau gekannt, die mit achtundvierzig schwanger geworden ist. Es kommt vor.«

»Ich kann nicht schwanger werden, Luc, es ist unmöglich.«

»Bist du sicher?«

»Ganz sicher.«

Sie schwiegen eine Weile.

»Das glaube ich nicht«, sagte Luc dann. »Es geht mir schlecht, Marlene, der Gedanke verunsichert mich. Er verstört mich.«

»Ruf meine Frauenärztin an, wenn du mir nicht glaubst«, sagte Marlene.

Luc dachte kurz nach.

»Das ist eine gute Idee«, sagte er. »Ich werde sie anrufen.«

Er stand auf, ging ins Haus und kam mit dem Mobiltelefon zurück.

»Wie ist die Nummer?«, fragte er.

»Es ist nicht zu glauben«, sagte Marlene. »Warte, ich muss nachsehen.« Sie kramte in der Tasche, die auf dem Stuhl neben ihrem stand, fand ein schwarzes Büchlein und schlug nach.

»Null eins, achtundvierzig, dreizehn, sechsundsiebzig, null acht«, sagte sie.

Er wählte die Nummer.

Monsieur Max war mit dem Haarschnitt fast fertig. Marlene hörte das leise, rasche Klappern seiner Schere dicht an ihrem linken Ohr. Sie saßen im Inneren der Wohnung, der Himmel war dunkelgrau, es regnete.

»Ach, wie gut ich das kenne«, sagte er. »Man ist ihnen ausgeliefert, nicht wahr?«

»Seit wir in der Bretagne waren, lässt er sich nicht blicken«, sagte sie, »ich habe keine Ahnung, weshalb. Er kommt und geht, wie es ihm passt.«

»Weshalb rufen Sie ihn nicht einfach an?«, fragte Monsieur Max.

»Nein, das werde ich nicht tun«, sagte sie, »dazu bin ich zu stolz.«

»Ach Gott, stolz«, seufzte Monsieur Max, legte die Schere weg und fuhr mit dem Stielkamm durch Marlenes Haar. »Ich muss Ihnen etwas gestehen«, sagte er dann. »Ich habe einen neuen Freund. Er ist Argentinier, ich habe ihn in der Schwulenbuchhandlung im Marais kennen gelernt. Er stand neben mir und blätterte in einer Biographie über Genet. Es war Liebe auf den ersten Blick.«

»Wie schön«, sagte Marlene, »sicher ist er wieder viel jünger als Sie.«

»Das ist ja das Merkwürdige«, sagte Monsieur Max, »er ist vier Jahre älter. Ein Greis.« Er lachte. »So, wir sind fertig«, sagte er dann und bürstete die abgeschnittenen Haare vom schwarzen Umhang um Marlenes Schultern. »Die Kur wirkt bereits, ich finde, Ihre Haare sehen viel voller aus.«

Eine Stunde, nachdem Monsieur Max gegangen war, klingelte das Telefon.

»Marlene, hier ist Luc. Ich habe mit dir zu reden.«

»Was soll das heißen?«

»Wir müssen uns treffen. Sofort. Ich bin ganz in deiner Nähe, im *Sancerre*, ich erwarte dich in einer Viertelstunde.«

»Also wirklich, Luc, du –«

»Es ist wichtig. Bis gleich.«

»Ich habe noch nie eine derart komplizierte Beziehung zu einer Frau gehabt«, sagte Luc und drehte den runden Bierdeckel in seinen Fingern. »Noch nie.«

Marlene blickte Luc entgeistert an.

»Aber das ist doch –«, begann sie.

»Lass mich ausreden«, sagte Luc. »Ich habe nachgedacht, und mir ist klar geworden, dass ich aus Schwäche bei dir bin, aus einem Mangel an Autonomie, verstehst du? Du musst mich wegschicken, Marlene, du darfst meine Abhängigkeit von dir nicht ausnützen, das ist einfach nicht fair!«

Marlene schwieg.

»Ich finde dich auch sehr dominierend, muss ich sagen. Dominierend und etwas zu maskulin. Die Ähnlichkeit zwischen meinem Vater und dir ist wirklich frappierend.«

Marlene begann zu weinen.
»Manchmal frage ich mich, was du überhaupt von mir willst«, sagte Luc und blickte sie nachdenklich an. »Ein älterer Mann würde viel besser zu dir passen. Ein Typ wie mein Vater vielleicht.«
Marlene schluchzte auf. Der Kellner blickte in ihre Richtung.
»Wir müssen uns trennen, das ist klar. Es geht einfach nicht. Und es gibt noch etwas.« Er machte eine Pause. »Florence ist schwanger.«
Marlene schüttelte langsam den Kopf. Die Tränen rannen ihr unentwegt über die Wangen.
»Sie sagt, das Kind ist von mir. Aber das ist nicht sicher, das ist ganz und gar nicht sicher. Jedenfalls will ich es nicht, auf keinen Fall.« Er nahm ein Päckchen Papiertaschentücher aus seiner Jackentasche und zog eines heraus. »Hier«, sagte er und reichte es ihr, »du siehst furchtbar aus.«
Auf dem Rückweg zu ihrer Wohnung kam ihr Geraldine, die Besitzerin des Restaurants *La Divette du Moulin*, entgegen.
»Hallo Marlene«, sagte sie und blieb stehen. »Was ist denn mit Ihnen los? Geht es Ihnen nicht gut?«

Mit dem Hörer am Ohr stand Marlene neben dem Telefon.
»Gut, dann komme ich morgen«, sagte sie. »So gegen zehn. Ich bringe alles mit, was ich brauche, das ganze Material.« Sie zögerte. »Arbeitet Luc noch immer bei Ihnen?«
»Ja«, sagte Florence. »Ich wollte es Ihnen eigentlich noch nicht sagen, aber wir bekommen ein Baby.«
Marlene schwieg.
»Sind Sie noch da, Marlene?«
»Ja, ich bin noch da«, antwortete sie.
»Wissen Sie, es ist nicht einfach für ihn, er muss sich erst an den Gedanken gewöhnen, er ist ein unabhängiges Leben

gewohnt. Aber ich bin zuversichtlich und glaube, dass er die Verantwortung für das Kind übernehmen wird.« Sie lachte. »Spätestens wenn es auf der Welt ist.«

»Sicher«, sagte Marlene, »sicher. Also dann bis morgen, Florence.«

»Bis morgen.«

Marlene legte auf. Das Telefon läutete von neuem. Sie nahm den Hörer ab.

»Marlene Geiger.«

»Hallo Marlene, hier ist Luc. Sicher bist du überrascht, dass ich anrufe.«

»Das ist ja –«

»Leg nicht auf, Marlene, ich flehe dich an, leg jetzt nicht auf! Sag etwas, bitte sag etwas, ich muss deine Stimme hören.«

Marlene schwieg.

»Es tut mir so Leid, es tut mir so unendlich Leid«, sagte Luc. »Ich hätte unsere Beziehung nicht abbrechen dürfen, auf keinen Fall. Ich habe gerade Debussy gehört, *La Mer*, und da ist mir klar geworden, wie stark die Gefühle sind, die ich für dich empfinde. Ich habe mich dagegen gewehrt, genau wie ich mich gegen meinen Vater wehre, aber derart intensive Emotionen lassen sich nicht so einfach unterdrücken. Ich brauche dich, Marlene, ich habe eingesehen, dass ich dich wirklich brauche.«

»Luc, Florence hat mich –«

»Bitte sprich nicht von Florence, Florence und ich verstehen uns überhaupt nicht, wir sind charakterlich völlig inkompatibel. Das hat sich von Anfang an klar abgezeichnet. Florence ist sehr unreif für ihr Alter, unreif und gleichzeitig autoritär, eine unangenehme Mischung. Sie demütigt mich ständig, sie spielt ihre Überlegenheit aus, im Grunde ist sie wie mein Vater. Ich fühle mich von ihr nicht respektiert, weißt du, letztlich verachtet sie die Männer. Ich finde, sie sollte mit einer Frau zusammenleben, das wäre viel besser für sie. Wenn ich da an dich denke, an deine Fraulichkeit und Wärme –«

»Aber das Kind, das –«

»Ich bitte dich, erwähne dieses Kind nicht! Ich denke nicht daran, es anzuerkennen, mit nahezu hundertprozentiger Wahrscheinlichkeit ist es nicht von mir. Das einzig Vernünftige in diesem Fall ist eine Abtreibung, alles andere wäre Wahnsinn. Florence wird das noch einsehen, da bin ich sicher. Aber lassen wir das, reden wir von uns, Marlene. Ich bin zwei Minuten von dir entfernt, im *Saint Jean*, ich muss dich sehen, ich muss dich augenblicklich sehen –«

8

Es regnete in Strömen, doch der Zug fuhr so schnell durch die Nacht, dass nur wenige schräge Wasserspritzer auf die Fenster trafen. Außer einem bis auf die Haut durchnässten Paar saß niemand im Waggon.

»*Something happens when you touch me, something happens when you touch me, something happens when you touch me – there*«, sang der Mann mit lallender Stimme, deutete mit seinem Zeigefinger, dessen Nagel lang und gekrümmt war, auf den Reißverschluss seiner Jeans und lachte laut. Die Frau ihm gegenüber war in sich zusammengesunken und weinte mit hängendem Kopf still vor sich hin. Der Zug verlangsamte die Fahrt und kam mit kreischenden Bremsen zum Stehen. Der Mann fiel nach vorne, richtete sich wieder auf, beugte sich dicht zum schwarzen Fensterviereck hin und spähte hinaus.

»Müssen wir hier nicht ... wir müssen doch ...«, murmelte er und stand mit Mühe auf. Dann schüttelte er die Frau.

»Steh auf«, sagte er, »komm, steh auf.«

Die Frau reagierte nicht. Langsam setzte sich der Zug wieder in Bewegung.

»Scheiße!«, rief der Mann. »Scheiße! Wir hätten hier aussteigen sollen. Was machen wir jetzt?«

Die Frau hob den Kopf.

»Wir steigen eben am nächsten Bahnhof aus«, sagte sie langsam. »Und dann fahren wir wieder zurück.«

»Wenn noch ein Zug fährt«, sagte der Mann und schlug fast hin, als der Waggon in eine Kurve bog. »Wenn noch ein Zug fährt.«

»Es fährt immer ein Zug«, sagte die Frau und begann zu kichern.

Der Mann zog die Frau hoch, und die beiden bewegten sich schwankend durch den Gang, wobei die Frau sich an der

Jacke des Mannes festhielt. Der Zug blieb erneut stehen, und sie stiegen aus und standen auf dem von grünlichem Neonlicht beleuchteten, menschenleeren Bahnsteig. Der Regen rauschte. Die Frau stellte sich vor den Bildschirm mit den Abfahrtszeiten der Züge und betrachtete ihn angestrengt.

»Ich sehe nichts«, sagte sie und blinzelte, »ich sehe überhaupt nichts.«

Der Mann hockte sich hin und legte das linke Ohr auf die quadratischen Steinplatten. Er horchte.

»Es ist Musik in den Steinen«, sagte er dann und nickte. »Schön. Hast du gewusst, dass in den Steinen Musik ist, Marie?«

»Musik«, sagte Marie und spähte in die Finsternis. »Da kommt ein Zug.«

Der Mann stand auf und sah die beiden Lichter in der Ferne.

»Das ist der letzte!«, rief er und packte Marie am Arm. »Wir müssen über die Geleise, für die Unterführung ist es zu spät.«

Er stieß sie auf den etwa einen Meter tiefer liegenden Gleiskörper und sprang nach. Die Lichter des Zuges wurden rasch größer. Sie stolperten über die Schienen. Kurz bevor die Waggons einfuhren, zogen sie sich mit Mühe auf der anderen Seite hoch.

»Wir haben Glück gehabt«, kicherte Marie und schlug dem Mann mit der flachen Hand auf die Brust. »Siehst du, Jan, es fährt immer ein Zug.«

Der Zug war stehen geblieben.

»Komm, steig ein«, sagte Jan. »So steig schon ein.«

Es war zwei Uhr nachts. Isabelle fuhr über die Place du Carrousel in Richtung Palais Royal. Rechter Hand leuchtete die gläserne Pyramide. Zwei Menschen saßen eng umschlungen auf dem Rand der dunkel glänzenden Wasserfläche, die das Bauwerk umgab.

»Ich liebe die Pyramide«, sagte der junge Mann, der hinter ihr auf dem Rücksitz saß, unvermittelt. »Vor allem in der Nacht. Ein anmutiges Bauwerk. Die Proportionen sind perfekt, finden Sie nicht auch?«

Isabelle schaute in den Rückspiegel und lächelte.

»Ich weiß nicht«, sagte sie. »Davon verstehe ich nichts.«

»Perfekt«, wiederholte ihr Fahrgast. »Da gibt es nichts zu verstehen.«

Isabelle fuhr durch den Torbogen, überquerte die Rue de Rivoli und bog in Richtung Oper ein. Ihr Entschluss, nachts zu fahren, reute sie nicht. Es war nicht so aufreibend wie tagsüber, man kam schneller vorwärts, weniger Taxis waren unterwegs, und der Verdienst war höher. Manchmal wurde sie gefragt, ob es nicht gefährlich sei für eine Frau, in der Nacht unterwegs zu sein. Aber sie hatte keine Angst. Außerdem konnte sie sich so besser um Patrick kümmern. Patrick war dreizehn, ein schwieriges Alter.

»Hallo«, sagte der junge Mann hinter ihr, »hallo Delphine, ich bin auf dem Weg zu dir. Kann ich bei dir übernachten?«

Isabelle schaute nochmals in den Rückspiegel und sah, dass ihr Fahrgast telefonierte.

»Ich weiß, es ist spät«, sagte er, »ja, ich weiß. Entschuldige bitte, aber ich bin in einer verzweifelten Lage. Du musst mich aufnehmen, Delphine, ich habe keine Bleibe. – Florence? Florence und ich haben uns endgültig getrennt, seit der Fehlgeburt ist sie unerträglich. – Was heißt hier, geh doch zu Marlene? Das kann nicht dein Ernst sein. Marlene hat mich hinausgeworfen, ich habe es dir ja erzählt. Eine gefühlsarme Künstlerin, völlig auf sich bezogen, ich hätte es wissen müssen. Das ganze Gegenteil von dir. Ich bin völlig deprimiert, nur du kannst mir helfen, ich kenne niemanden, der so viel intuitives Verständnis für Männer hat. – Was sagst du? Morgen? Das geht nicht, Delphine, ich habe kein Geld für ein

Hotel. In drei Minuten bin ich bei dir. Ja, in drei Minuten. Ich umarme dich. Ich freue mich auf dich.«

Der junge Mann schaltete sein Handy aus. Schweigend fuhren sie durch die nächtliche Stadt.

»Hier ist es«, sagte er ein wenig später, »das Haus mit dem Blumengeschäft im Erdgeschoß.«

Isabelle hielt an.

»Das macht fünfundfünfzig Francs«, sagte sie.

»Tut mir Leid, aber ich habe kein Bargeld«, sagte der junge Mann ruhig. »Nicht einen Sou.«

Isabelle wurde wütend.

»Das ist eine Unverschämtheit«, sagte sie. »Sie können doch kein Taxi nehmen, wenn Sie kein Geld haben!«

Sie überlegte. Sie konnte mit dem Fahrgast zur nächsten Polizeistation fahren und darauf hoffen, mit Hilfe der Polizei zu ihrem Geld zu kommen. Eine zweite Möglichkeit bestand darin, einen ihr gut bekannten Standplatz anzusteuern, wo befreundete Fahrer ihr helfen würden.

»Aber wenn Sie wollen, können Sie meine Uhr haben«, fuhr der junge Mann fort. »Eine Swatch. Sie ist nicht neu, aber sicher mehr wert als fünfundfünfzig Francs.« Er streckte einen Arm über die Rückenlehne und ließ eine schwarze Armbanduhr vor ihr baumeln.

Isabelle dachte an ihren Sohn. Ihr Zorn verebbte. Patrick hatte keine Uhr. Er würde sich über das Geschenk freuen.

»Na gut«, sagte sie. »Ich nehme sie. Ausnahmsweise.«

Nachdem der Fahrgast ausgestiegen war und seinen großen braunen Koffer aus dem Kofferraum gehoben hatte, fuhr sie weiter in Richtung Pigalle. In den Vergnügungsvierteln war die Nachfrage größer. Ein komischer Vogel, der junge Mann. Nachts traf man auf die sonderbarsten Leute. Dass jemand nicht bezahlen konnte, war allerdings nicht sehr ungewöhnlich. Einmal hatte ihr eine Frau ihren Ehering als Fahrpreis angeboten, einen breiten Goldring. Sie hatte ihn nicht angenommen.

Isabelle fuhr an den Nachtlokalen der Rue Pigalle vorüber. Manche Lokalbesitzer zahlten eine Provision für Gäste, die die Taxifahrer ihnen brachten. Sie kannte nicht wenige von ihnen, es war noch nicht lange her, dass sie in der Peepshow auf dem Boulevard de Clichy gearbeitet hatte. Sie fuhr um die Place Pigalle herum und stellte sich ans Ende der langen Reihe von Taxis, die auf dem Standplatz warteten. Eine alte Frau schob einen Kinderwagen voller Plastiktüten über den Platz. Die Sirene eines Polizeiautos heulte. Ein Kollege stand rauchend am Straßenrand. Sie drehte das Seitenfenster ihres Wagens herunter.

»Langweilig, die Warterei«, sagte der Kollege, ein Kambodschaner. »Es sind viel zu viele Wagen unterwegs. Wie soll man von dem bisschen Geld leben?« Er warf die Zigarettenkippe weg, zog eine Packung aus der Hosentasche und zündete sich eine neue Zigarette an. Dann hielt er ihr das Päckchen hin. »Willst du auch eine?«, fragte er.

»Nein, danke«, sagte Isabelle. »Schau, da ist er wieder, unser Freund.«

Ein verwahrlost aussehender Mann in einem zerschlissenen Parka mit einem schmutzigen weißen Cowboyhut auf dem Kopf hatte sich mitten auf den Boulevard gestellt und bettelte die Autofahrer an, die an der Ampel warteten.

»Er hat nicht viel Glück«, sagte der Kollege. »Genau wie ich. Drei Fahrten in sechs Stunden, das ist zu wenig. Ich fahre nach Hause. Bis später, Isabelle.« Er ging zu seinem Wagen zurück.

»Bis später«, sagte Isabelle. Sie suchte nach einer CD, schob sie in den Player und lehnte sich zurück. Die Stimme einer Frau erklang. Sie liebte die Musik von Angélique Kidjo. Die Sängerin aus ihrer Heimat hatte es bis in die amerikanischen Charts geschafft, in Benin waren alle stolz auf sie. Sie drehte die Plastikhülle der CD in den Händen und betrachtete das Foto. Eine schöne schwarze Frau, große, leicht schräge Augen, ein breiter Mund.

Vor zwei Tagen hatte ihr eine gut gekleidete Dame mit einem kleinen Hund vom Straßenrand aus zugewinkt. Sie war an den Randstein gefahren, und die Dame hatte sich gebückt und ihr durch das offene Seitenfenster ins Gesicht geschaut.

»Ach so«, hatte sie gesagt, »eine Schwarze. Nein, tut mir Leid, mit Schwarzen fahre ich nicht.«

»*Itche koutche, itche koutche*«, sang Angélique Kidjo, »*itche koutche, itche koutche.*«

Isabelle schloss die Augen und dachte an Ganvié.

Das schmale, mit Obst und Gemüse beladene Holzboot glitt geräuschlos über den See. Sie saß am äußersten Ende des Bootes und tauchte die lange Ruderstange ins Wasser. Ihr Dorf, das auf Pfählen im See stand, entfernte sich, die Strohdächer wurden kleiner. Sie sah die winzige Gestalt ihrer Schwester aus dem blau gestrichenen Haus der Eltern treten. Bald war sie mitten auf dem See. Es war heiß und sehr still. Sie näherte sich einem Boot, in dem zwei Männer mit Strohhüten saßen. Einer von ihnen stand auf und warf mit eleganter Geste das Netz.

»*Orubaba, orubaba, orubaba*«, sang Angélique Kidjo, »*orubaba, orubaba, orubaba.*«

Das Netz entfaltete sich wie ein großer zarter Fallschirm und sank langsam auf die Wasseroberfläche nieder.

»*Open your eyes, open your eyes*«, sang Angélique Kidjo.

»Du gehörst mir«, sagte Jan und deutete mit seinem langen Zeigefinger auf Marie. »Du gehörst mir.«

Marie kicherte, trank das Glas Wodka aus, das vor ihr stand, und hob es in die Höhe.

»Noch ein Glas!«, rief sie.

Sie saßen auf hohen, unbequemen Hockern am Schanktisch der Bar *La Renarde Bleue* und betranken sich. Ein amerikanischer Pianist und ein französischer Perkussionist improvisierten auf einer kleinen Bühne. Je betrunkener Marie wurde, desto besser gefiel ihr der Pianist. Sie deutete auf ihn.

»Er spielt nur für mich«, sagte sie zu Jan, »nur für mich.«

»Aber du gehörst mir«, sagte Jan.

Der Kellner brachte ein neues Glas Wodka.

»Prost!«, rief Marie und wandte sich zum Pianisten. Durch die abrupte Bewegung verlor sie das Gleichgewicht und fiel vom Barhocker. Mit Mühe stand sie auf, nahm das Glas vom Tisch und ging unsicheren Schrittes auf die Musiker zu. Schwankend erklomm sie die Bühne und stellte sich neben den Pianisten.

»Gehen Sie von der Bühne herunter!«, rief der Kellner.

»Du bist süß«, murmelte Marie und schüttete dem Pianisten den Wodka über den Kopf, »wirklich süß.« Sie kniff die Augen zusammen. »Aber ich sehe dich so schlecht.«

Der Pianist hörte zu spielen auf.

»Schafft mir die Besoffene vom Leib!«, rief er.

Ein Schwarzer in einem dunkelblauen Anzug trat auf die Bühne und ergriff Marie am Oberarm.

»Kommen Sie«, sagte er. »Sie haben da oben nichts verloren. Wir müssen Sie und Ihren Begleiter bitten, das Lokal zu verlassen.«

»Lassen Sie mich in Frieden!«, schrie Marie und versuchte sich dem Griff des Mannes zu entziehen. »Was wollen Sie überhaupt?«

Sie trat ein paar Schritte zurück, verlor das Gleichgewicht und fiel gegen die Lautsprecherbox. Der Schwarze zog sie hoch. Sie wehrte sich und stieß dabei an das Becken des Perkussionisten. Ein scheppernder Ton erklang, den der Perkussionist abschnitt, indem er den Beckenrand mit der Hand berührte. Dann spielte er ruhig weiter, während er den Vorfall aufmerksam beobachtete.

»Hilf mir, Jan!«, rief Marie. »Komm und hilf mir! Siehst du nicht, sie wollen mich fertig machen.«

Jan rutschte vom Barhocker und wankte auf das Podest zu.

»Keiner rührt Marie an!«, rief er. »Marie gehört mir.«

Der Mann im dunkelblauen Anzug hielt Marie fest, verließ mit ihr die Bühne, steuerte auf den Ausgang zu, stieß sie ins Freie und machte die Tür zu. Marie versuchte sie wieder zu öffnen, doch er drückte von innen dagegen, bis sie aufgab.

»Diese Schweine«, murmelte sie, machte ein paar Schritte und ließ sich dann auf dem Pflaster der schmalen, schlecht beleuchteten Straße nieder. Sie behielt den Eingang der Bar im Auge und sah, wie der Rausschmeißer Jan gleichfalls auf die Straße setzte. Langsam kam Jan auf sie zu, blieb über ihr stehen und schaute auf sie hinunter.

»Wir sind verträumte Figuren«, sagte er nachdenklich und schüttelte den Kopf. Dann streckte er ihr die Hand entgegen.

»Steh auf, Marie«, sagte er, »wir gehen nach Hause. Komm.«

Er versuchte sie hochzuziehen, doch Maries Beine knickten immer wieder ein. Nach einer Weile gab er seine Bemühungen auf.

»Ich gehe«, sagte er, »du gehörst mir nicht mehr.«

Undeutlich sah Marie, wie er sich umdrehte und wie seine hohe, schmale Gestalt sich torkelnd entfernte. Sie legte das Ohr ans Straßenpflaster.

»Nichts«, flüsterte sie und schloss die Augen. »Keine Musik in den Steinen.«

Isabelle saß im kleinen Wohnzimmer ihrer engen Wohnung in Saint-Denis im Norden der Stadt und hörte ihrem ältesten Bruder zu, der sie aus Cotonou angerufen hatte.

»Wir brauchen die fünfhundert Francs in spätestens zwei Wochen«, sagte er, »für dich ist das doch keine große Summe, in Paris liegt das Geld auf der Straße, das weiß jeder. Die Familie zählt auf dich, Isabelle.«

»Fünfhundert Francs, um einen Voodoopriester zu bezahlen, das ist doch lächerlich«, sagte Isabelle. »Ich bin nicht bereit, euren Aberglauben zu unterstützen. Und das Geld liegt hier nicht auf der Straße, es ist hart verdient. Mehr als den Betrag, den ich euch jeden Monat schicke, könnt ihr wirklich nicht von mir verlangen.«

»Aber verstehst du denn nicht, es handelt sich um eine Ausnahmesituation! Und wie redest du von der Religion unserer Ahnen? Nimm dich bloß in Acht, sie könnten sich an dir rächen.«

»Droh mir nicht, Auguste«, sagte Isabelle und schaute auf die Wand gegenüber, an der eine große schwere Holzmaske aus ihrer Heimat hing. Das Gesicht der lebendig wirkenden Tanzmaske, die die zweiundzwanzigste Frau des Königs repräsentierte, war rund wie der Vollmond, die Augen waren schräg und fast geschlossen, was ihr einen geheimnisvollen, träumerischen Ausdruck verlieh. Ihr Sohn hatte Angst vor der zweiundzwanzigsten Frau, mehrmals schon hatte er sie gebeten, die Maske von der Wand zu nehmen.

»Sie ist mir unheimlich«, hatte er gesagte, »ich mag sie nicht. Ich finde, sie sieht verschlagen aus.«

»Ich drohe dir nicht, Isabelle«, sagte Auguste, »ich versuche dir nur zu erklären, dass die erste Frau unseres Vaters einen Zauberer aufgesucht hat, um unserer Mutter zu schaden. Aus Eifersucht. Das hat der *vodounon*, zu dem wir gegangen sind, sofort herausgefunden. Unsere Mutter ist sehr krank, und ohne seine Hilfe wird sie wahrscheinlich nicht mehr lange leben.«

»Aber es ist doch Unsinn zu glauben, jemand könnte einen anderen verhexen!«

»Das ist kein Unsinn, Isabelle. Ein mächtiger Bokor ist ohne weiteres imstande, einen Menschen zu vernichten, dafür gibt es unzählige Beispiele. Du kannst dich doch nicht weigern, deiner Mutter zu helfen!«

Die zweiundzwanzigste Frau des Königs schien ihre Augen zu noch schmaleren Schlitzen zu verengen, und ihre Miene wirkte plötzlich feindselig. Vielleicht hatte Patrick nicht ganz Unrecht. Isabelle wandte den Blick von der Maske ab und seufzte.

»Also gut, ich tue, was ich kann. Aber mehr als dreihundert kann ich auf keinen Fall aufbringen.«

»Ich danke dir, Isabelle. Unsere Ahnen werden dich beschützen, da bin ich sicher. Schick das Geld so schnell wie möglich, deine Mutter ist sehr schwach, sie kann nicht viel länger ausharren. Ich umarme dich und Patrick.«

»Ich dich auch, Auguste.«

Auguste legte auf.

Mit den Händen im Schoß saß Isabelle eine Zeit lang da.

Ständig wollten ihre Eltern und Geschwister Geld oder Geschenke von ihr. Für ihre Verwandten in Afrika war sie reich. Aber als Taxifahrerin verdiente sie nicht viel, außerdem zog sie ihren Sohn allein groß. Wer Patricks Vater war, wusste sie nicht mit Sicherheit, während der ersten Zeit nach ihrer Ankunft aus Benin hatte sie ziemlich wahllose Männerbeziehungen unterhalten. Ihrem Gefühl nach war es ein Mann gewesen, dessen Familie aus Senegal stammte. Sie hatte ihn in der Bar *Sans Jalousie* kennen gelernt und eine einzige Nacht mit ihm verbracht. Ihre Erinnerung an ihn war nicht mehr allzu deutlich, doch schien ihr, dass Patrick eine gewisse Ähnlichkeit mit ihm hatte. Auf dem Tisch lag die schwarze Armbanduhr, die der Fahrgast ihr überlassen hatte. Sie beugte sich vor und sah nach der Zeit. Es war fünf Uhr nachmittags. Sie fragte sich, wo Patrick steckte, normalerweise war er um diese Zeit längst aus der Schule zurück. In letzter Zeit redete er nicht viel und ging mehr als früher seiner Wege. Wenn sie am Morgen nach Hause kam, war er meist schon weg, und die Nachmittage verbrachte er häufig mit seinen Freunden. Sie versuchte ihn dazu anzuhalten, seine Hausaufgaben zu machen, was ihr immer seltener gelang. Für eine Frau ohne Mann war es nicht einfach, einen heranwachsenden Jungen zu erziehen.

Als die Türglocke läutete, schreckte sie zusammen. Sie stand auf, ging in den Flur und spähte durch den Spion ins Treppenhaus. Draußen stand ihr Sohn, flankiert von zwei Männern in Polizeiuniform. Sie öffnete die Tür.

»Was ist los, Patrick?«, fragte sie.

Patrick zuckte die Achseln und blickte zu Boden.

»Sie haben mich erwischt«, sagte er.

»Wobei denn, um Himmels willen?«

»Sind Sie Madame Dakossi?«, fragte einer der Polizisten.

»Ja, das bin ich«, sagte Isabelle.

»Und das ist ihr Sohn Patrick Dakossi?«, fragte er weiter.

»Ja. Was ist passiert?«

»Wir haben ihn dabei überrascht, wie er in der Nähe des Güterbahnhofs Porte de la Chapelle eine Schallschutzwand mit Farbe beschmierte.«

»Das ist Spray Art«, sagte Patrick leise, mit gesenktem Kopf. »Ihr könnt froh sein, dass jemand etwas Farbe in die öde Gegend bringt.«

»Halt den Mund, wenn wir mit deiner Mutter reden«, sagte der zweite Polizist.

»Der Vorfall wird zur Anzeige gebracht«, fuhr der erste Polizist fort. »Ihr Sohn wurde schon einmal bei einem Ladendiebstahl erwischt. Ich glaube nicht, dass er diesmal mit ein paar Arbeitsstunden im Jugendzentrum davonkommt.«

»Ach, die paar Spraydosen damals«, sagte Patrick.

»Sei still, Patrick«, sagte Isabelle.

»Sie werden die Vorladung jedenfalls demnächst erhalten«, sagte der Polizist und wandte sich zum Gehen. »Auf Wiedersehen.«

»Auf Wiedersehen«, sagte Isabelle.

»Und passen Sie besser auf Ihren Sohn auf«, sagte der zweite Polizist. »Heutzutage wird man rasch kriminell.«

Marie erwachte mit Schmerzen in der linken Schulter. Sie öffnete die Augen und sah, dass sie zusammengekrümmt auf dem Steinboden eines winzigen Raumes lag. Ihr Mund war trocken, und in ihrem Kopf pochte es. Es roch nach Urin. Vorsichtig setzte sie sich auf und blickte um sich. Sie wusste nicht, wo sie war. Die Zelle, in der sie sich befand, war höchstens zwei Quadratmeter groß und ziemlich hoch. Sie war völlig leer, es gab auch kein Fenster. Wände, Decke und Tür waren gelb gestrichen. Am unteren Ende der Tür, die die Breite einer Wand ganz ausfüllte und in der eine kleine viereckige Öffnung angebracht war, lief eine Rinne entlang. In etwa ein Meter fünfzig Höhe entdeckte sie eine Klingel. Es musste sich um eine Gefängniszelle handeln. Eine Ausnüchterungszelle. Sie stand langsam auf und merkte, dass ihr schwindlig war. Der Raum begann sich vor ihren Augen zu drehen, und ihr wurde übel. Sie lehnte sich an die Wand. Wie war sie in die Zelle geraten? Sie versuchte sich an die vergangene Nacht zu erinnern. Sie hatte mit Jan in einer Bar getrunken, das wusste sie noch. Irgendwann war sie mitten auf einer Straße gesessen. Sie sah auch das Bild von Jans langem Rücken vor sich, der sich langsam entfernte. Jan musste sie im Stich gelassen haben.

Marie drückte auf die Klingel. In der kleinen viereckigen Öffnung tauchte das Gesicht eines Schwarzen auf.

»Was ist los?«, fragte Marie. »Wie bin ich hierher gekommen?«

»Sie haben wohl zu viel getrunken«, sagte der Schwarze. »Eine Polizeistreife hat Sie von der Straße aufgelesen.«

»Wo ist meine Handtasche?«, sagte Marie.

»Keine Sorge, wir haben sie verwahrt.«

»Ich will hier raus!«, rief Marie. »Geben Sie mir meine Handtasche wieder und lassen Sie mich sofort frei!«

»Regen Sie sich nicht auf«, sagte der Schwarze. »Sie können gleich gehen. Warten Sie einen Augenblick.«

Das schwarze Gesicht verschwand. Kurz darauf drehte sich der Schlüssel im Schloss, und die Tür öffnete sich. Draußen stand der Schwarze. Er war klein und dick und um die sechzig, trug eine Uniform und hatte ihre Handtasche unter den Arm geklemmt.

»Ich will meine Handtasche«, sagte Marie.

»Ja, ja, Sie bekommen sie ja«, sagte der Wärter und hielt ihr ein Formular und einen Kugelschreiber unter die Nase. »Unterschreiben Sie das zuerst.«

Marie setzte ihre Unterschrift unter das Schriftstück, ohne es gelesen zu haben. Die Buchstaben verschwammen vor ihren Augen. Der Wärter händigte ihr die Tasche aus.

»Sehen Sie nach, ob noch alles da ist, was gestern Nacht darin war«, sagte er.

Marie sah nach. Sie hatte das Gefühl, dass Geld fehlte. Vielleicht hatte sie es in der Bar ausgegeben.

»Es ist in Ordnung«, sagte sie.

»Kommen Sie«, sagte der Wärter. »Ich begleite Sie zum Ausgang.«

Sie gingen einen langen Gang entlang, vorbei an vielen Türen, und gelangten zu einem hohen Tor, neben dem sich eine Portiersloge befand. Der Wärter öffnete das Tor.

»Auf Wiedersehen«, sagte er. »Und passen Sie das nächste Mal besser auf sich auf.«

Ohne eine Antwort trat Marie ins Freie. Es musste früher Morgen sein, der Tag war grau, es nieselte. Sie begann zu gehen.

»*Babaloo, babaloo*«, sang Angélique Kidjo, »*babaloo, babaloo.*«

Isabelles Nachtschicht ging gleich zu Ende. Sie war müde, zwölf Stunden waren eine lange Zeit. Auch hatte sie wenig

Profit gemacht. Die Leute hatten diese romantische Vorstellung vom Taxifahrerberuf, sie verbanden ihn mit Freiheit, Unabhängigkeit und Abenteuer. Nichts davon stimmte. Es regnete leicht, die Scheibenwischer bewegten sich langsam hin und her. Auf dem Gehsteig stand ein Mann mit einer großen blauen Reisetasche neben sich und winkte ihr zu. Sie hielt an, und er öffnete den hinteren Wagenschlag und stieg ein.

»So ein Wetter!«, sagte er. »Und das mitten im Sommer.«

»Wohin wollen Sie?«, fragte sie.

»Zur Gare de l'Est«, sagte er.

»Das ist doch gleich um die Ecke«, erwiderte Isabelle. »Tut mir Leid, aber ich fahre keine so kurzen Strecken. Gehen Sie zu Fuß oder nehmen Sie die Metro.«

»Fahren Sie gefälligst los«, sagte der Fahrgast. »Oder ich beschwere mich bei Ihrem Arbeitgeber.«

»Das steht Ihnen frei«, sagte Isabelle. »Bitte steigen Sie aus.«

Der Fahrgast schwieg kurz.

»Was glaubst du eigentlich«, zischte er dann, »wer du bist, du schwarze Schlampe? Sei froh, dass du nicht auf den Strich gehen musst.«

»Raus, aber schnell«, sagte Isabelle.

»Versauen unser Land und werden immer unverschämter«, sagte der Mann. »Wenn es nach mir ginge, müsstet ihr alle in den Busch zurück.« Er stieg aus. »Alle«, sagte er und schlug die Tür hinter sich zu.

Isabelle fuhr die menschenleere Rue Marcadet entlang. Es war nicht selten, dass sie sich solche Reden anhören musste. Sie lächelte schief. Das Taxifahren bot immer wieder Gelegenheit für tiefe Einblicke in die menschliche Seele. Zumindest das.

Eine Frau trat auf die Straße, ohne nach links oder rechts zu schauen. Isabelle bremste scharf und lehnte sich aus dem Seitenfenster.

»Haben Sie keine Augen im Kopf?«, rief sie. »Passen Sie doch auf!«

Die Frau reagierte nicht. Wie in Trance überquerte sie die Straße und lehnte sich mit dem Rücken an eine Hausmauer. Sie wirkte erschöpft. Langsam sank sie zu Boden und blieb liegen. Isabelle schaltete den CD-Player ab, stieg aus und beugte sich über den Körper.

»Mademoiselle«, sagte sie. »Mademoiselle, ist Ihnen nicht gut?«

Die Frau war etwa dreißig Jahre alt und hatte halblanges, ungepflegtes blondes Haar. Sie trug eine schmutzige grasgrüne Jogginghose, die an beiden Knien Löcher hatte, abgetragene Laufschuhe und einen dicken, verfilzten Wollpullover. Ihr kleines dreieckiges Gesicht war sehr hübsch, sie hatte große blaue Augen und eine fast durchsichtige weiße Haut. Ein langer, blutverkrusteter Kratzer zog sich horizontal über die hohe Stirn, und auf dem linken Jochbein war ein großer violetter Fleck.

»Keine Musik«, flüsterte die Frau, »keine Musik.«

»Was sagen Sie?« Isabelle hielt das Ohr dicht an den Mund der Frau.

Die Frau versuchte aufzustehen.

»Ich bin so müde«, murmelte sie. »Meine Schulter tut weh. Ich sehe schlecht.«

»Warten Sie, ich helfe Ihnen«, sagte Isabelle und stützte die Frau, so gut sie konnte.

»Danke«, sagte die Frau und richtete sich auf, »vielen Dank.« Sie stand auf unsicheren Beinen vor ihr. »Es geht schon. Es geht schon wieder.«

»Kann ich Sie irgendwohin bringen?«, fragte Isabelle.

»Wohin?«, fragte die Frau.

»Ich meine, nach Hause«, sagte Isabelle.

»Nach Hause?«, sagte die Frau. »Jan ist weg. Ich weiß nicht, wo ich hingehen soll. Zu Jan gehe ich nicht mehr. Er ist einfach abgehauen.«

Isabelle betrachtete die Frau.

»Steigen Sie ein«, sagte sie schließlich. »Wir fahren zu mir.«

Sie führte die Frau zum Wagen und öffnete die rechte Vordertür.

»Es geht schon«, sagte die Frau und nahm umständlich auf dem Beifahrersitz Platz.

Isabelle setzte sich hinter das Lenkrad und fuhr an. Die Frau tastete um sich.

»Wo ist meine Handtasche?«, fragte sie. »Haben Sie meine Handtasche gesehen?«

»Sie hatten keine Handtasche bei sich«, sagte Isabelle.

»Meine Handtasche«, sagte die Frau. »Ich sehe nicht gut. Das ist der Alkohol. Der Alkohol schadet den Augen.«

»Sie hatten keine bei sich«, wiederholte Isabelle. »Das weiß ich genau.«

»Keine Handtasche«, sagte die Frau.

Isabelle schaltete den CD-Player wieder ein.

»*Give it up, give it up*«, sang Angélique Kidjo, »*give it up, give it up.*«

»Kommen Sie«, sagte Isabelle.

Die beiden Frauen betraten das Wohnzimmer. Isabelle hielt inne. Die Holzmaske lag, der Länge nach in zwei annähernd gleich große Hälften gebrochen, auf dem Fußboden. Die beiden großen Nägel, an denen sie gehangen war, ragten aus der Wand.

»Was ist denn hier passiert?«, sagte sie, kniete sich hin und versuchte die beiden Teile zusammenzufügen.

»Eine schöne Maske«, sagte Marie. »Schade. Vielleicht kann man den Riss kleben.«

»Ich verstehe nicht, wie sie von der Wand fallen konnte. Verstehen Sie das?«

»Woher ist sie denn?«, fragte Marie.

»Merkwürdig. Ich habe sie aus Benin mitgebracht, als ich

vor drei Jahren dort war. Es ist die zweiundzwanzigste Frau des Königs. Sie hat meiner Großmutter gehört.«

»Benin, ist das in Afrika?«

»Ja, meine Familie stammt von dort. Ich bin vor fünfzehn Jahren mit meiner älteren Schwester nach Paris gekommen. Sie ist inzwischen verstorben.«

»Wie schrecklich«, sagte Marie.

»Ja, schrecklich«, sagte Isabelle und stand auf. »Ganz plötzlich. Eine Gehirnblutung. Ich werde versuchen, die Maske zu reparieren.«

»Ach, das Leben«, sagte Marie und setzte sich auf das Sofa. »Haben Sie vielleicht etwas zu trinken?«

»Wollen Sie einen schwarzen Tee?«, fragte Isabelle und legte die beiden Teile der Maske vorsichtig auf den länglichen Tisch vor dem Sofa. »Oder vielleicht einen Kräutertee?«

»Nein, ich meine, etwas Alkoholisches«, sagte Marie.

»Es ist eine halbe Flasche Weißwein im Kühlschrank, die kann ich Ihnen anbieten.«

»Ja, das wäre schön, vielen Dank.«

Isabelle ging zur Kochnische, nahm eine Flasche aus dem Kühlschrank und ein Weinglas von dem Küchenbord, das darüber an der Wand hing. Sie goss Wein in das Glas, ging mit Glas und Flasche zu Marie zurück und stellte beides vor sie hin. Marie griff sofort nach dem Glas, trank es in einem Zug aus und schenkte sich nach.

»Ah, viel besser«, sagte sie dann und seufzte. »Wissen Sie, es ist nicht gut, wenn der Alkoholspiegel plötzlich sinkt. Leben Sie allein?«

»Ich lebe mit meinem Sohn«, sagte Isabelle. »Wenn ich morgens nach Hause komme, ist er normalerweise schon aus dem Haus.«

»Ich hätte gern ein Kind«, sagte Marie. »Aber jedes Mal, wenn ich schwanger war, hat Jan eine Abtreibung verlangt. Er sagt, eine Geburt ist zu riskant, weil wir beide trinken. Kinder von Alkoholikern werden oft geschädigt geboren. Seit ich ihn kenne, habe ich viermal abgetrieben.«

»Das ist ja schrecklich«, sagte Isabelle.

»Ja«, sagte Marie, trank das zweite Glas Wein aus und schenkte sich den Rest ein. »Schrecklich. Wissen Sie, ich bin Jan verfallen. Er ist Alkoholiker. Als ich ihn kennen lernte, vor drei Jahren, habe ich keinen Tropfen getrunken. Durch ihn habe ich mit dem Trinken angefangen.«

»Mir liegt nichts an Alkohol«, sagte Isabelle. »Ich vertrage ihn nicht. Ab und zu einmal ein Schluck Wein zum Essen, das ist alles.«

Man hörte das gedämpfte Läuten eines Telefons.

»Wo ist denn das Handy?«, fragte Isabelle und begann in ihrer großen Handtasche zu kramen. »Ständig verlege ich es. Ach, da ist es ja. – Hallo?« Während sie der Stimme am anderen Ende zuhörte, veränderte sich ihre Miene. Sie wurde weiß im Gesicht. »Was?«, fragte sie. Und ein wenig später: »Ist er da? Kann ich mit ihm sprechen?«

»Was ist denn los?«, fragte Marie. Isabelle wandte sich kurz zu ihr.

»Mein Sohn«, sagte sie. »Er hat einen Unfall gehabt.« Sie konzentrierte sich wieder auf das Telefon. »Patrick? Was ist passiert, Patrick?« Sie schwieg eine Weile. »Ach, Gott sei Dank«, sagte sie dann. »Wo? Im Hôpital Saint-Louis? Wo genau?« Sie hörte zu. »Ich komme«, sagte sie, »ich komme sofort. – Ach, ja, noch etwas«, fügte sie hinzu, »hast du die Maske zerbrochen, Patrick? Nein? Sie war an der Wand, als du weggingst? – Ach, nichts, ich frage nur. Also bis gleich.«

Sie legte auf und setzte sich neben Marie auf das Sofa.

»Was ist denn passiert?«, wiederholte Marie.

»Er ist auf einen losfahrenden Metrowaggon aufgesprungen«, sagte sie. »Gestern Nacht. Wegen dieser Graffiti, die sie machen.«

»Graffiti?«

»Dabei ist er ausgeglitten und beinahe unter den Zug geraten. Er hat unglaubliches Glück gehabt. Eine leichte Verletzung im Gesicht, das ist alles. Ein Schnitt von der Stirnmitte über den Nasenansatz bis zum Mundwinkel.« Sie wandte den Kopf und blickte auf die beiden Teile der Maske. »Nicht sehr tief. Sie haben ihn ins Krankenhaus gebracht und die Wunde genäht.«

»So etwas«, sagte Marie und legte den Arm um Isabelle. Isabelle ließ den Kopf an ihre Schulter sinken und begann zu weinen.

»Ach, das Leben«, sagte Marie und strich ihr übers Haar. »Ist ja gut. Ist ja gut.«

Eine Weile saßen sie so da, dann stand Isabelle auf.

»Ich fahre ins Krankenhaus«, sagte sie. »Mach es dir bequem. Das Sofa lässt sich zu einem Bett auseinander falten.« Sie deutete auf einen Schrank. »Im Schrank dort sind Decken.« Sie griff nach ihrer Handtasche, zog einen Schlüsselbund heraus, löste einen Schlüssel von den anderen und streckte ihn Marie hin. »Da hast du einen Wohnungsschlüssel. Der Code unten an der Eingangstür ist B669. Falls du aus dem Haus gehen willst.«

Marie nahm den Schlüssel.

»Danke«, sagte sie.

Isabelle lief die mit einem fadenscheinigen dunkelroten Teppich ausgelegten Treppenstufen hinauf bis in den vierten Stock und läutete an einer der drei Türen. Ein Mann um die fünfzig mit zerzausten grau melierten Haaren in einem schillernden Pyjama öffnete ihr.

»Hier sind Ihre Zigaretten«, sagte sie und drückte ihm die drei Päckchen Marlboro in die Hand. Hinter ihm konnte sie ein Bett sehen, in dem ein zweiter, junger Mann lag.

»Sind die Zigaretten endlich da?«, rief er.

»Wie viel schulde ich Ihnen?«, fragte der Mann.

»Dreiundvierzig Francs, bitte.«

Der Mann drückte ihr einen Fünfzigfrancschein in die Hand.

»Behalten Sie den Rest«, sagte er.

»Vielen Dank«, sagte Isabelle, wandte sich um und ging die Treppe wieder hinunter. Nachts riefen häufig Leute an, um sich per Taxi Essen oder Zigaretten kommen zu lassen. Sie verließ das Haus, setzte sich wieder hinter das Steuer ihres Wagens und fuhr den Boulevard du Temple entlang zum nächstgelegenen Standplatz. Sie stellte sich hinter zwei wartende Taxis und schaltete den CD-Player ein.

»*Oremi, oremi, oremi, o-o-o-oremi, oremi*«, sang Angélique Kidjo. Eine Frau in einem leuchtend orangefarbenen Sari kam mit zwei großen Koffern aus einer schmalen Seitenstraße und stieg in den vorderen Wagen ein. Isabelle lehnte den Kopf an die Nackenstütze.

Die nächtlichen Straßen in Cotonou. Von einer Minute zur anderen war die Stadt in Finsternis gehüllt. Arm in Arm schlenderte sie mit ihrer Schwester dahin. Am Straßenrand rührten die Frauen in ihren großen Kesseln. Die Garben der Funken, die von Zeit zu Zeit vom offenen Feuer darunter aufsprühten, waren die einzige Lichtquelle.

»Sind Sie frei?« Eine Männerstimme ließ Isabelle zusammenfahren. Sie öffnete die Augen. Ein Mann mittleren Alters in einem hellen Anzug mit einem breitkrempigen Strohhut auf dem Kopf und eine junge, zarte kleine Frau mit einem schwarzen Pagenkopf standen vor dem Seitenfenster.

»Ja«, sagte sie.

»Nach Montreuil«, sagte der Mann.

Während der Fahrt unterhielt sich das Paar auf Englisch. Isabelle verstand nur wenig. Es war von einer Party die Rede, die die beiden an diesem Abend besucht und auf der sie sich offenbar gelangweilt hatten. Auch von Kanada wurde gesprochen, von einer Stadt namens Winnipeg, und von einem Monsieur Lu. Irgendwann hörten sie zu reden auf. Isabelle blickte in den Rückspiegel. Die junge Frau lag in den Armen des Mannes, sie küssten sich.

»Ah, Vincent«, flüsterte sie.

Auf der Rückfahrt ins Stadtzentrum dachte Isabelle an Patrick und Marie. Sie schliefen jetzt beide. Patrick ging es gut, der Schnitt in seinem Gesicht heilte schnell. Marie versuchte Arbeit zu finden. Vor zwei Tagen hatte sie sich lächelnd, die Hände hinter dem Rücken verborgen, vor sie hingestellt.

»Ich habe eine Überraschung für dich«, hatte sie gesagt und ihr die rechte Hand entgegengestreckt. Auf der Handfläche lag ein kleines eisernes Ding mit einer Walze und einer Kurbel.

»Was ist das denn?«, hatte Isabelle gefragt.

»Warte, ich zeig es dir«, hatte Marie geantwortet, das Ding auf die Tischplatte gestellt, an den äußersten Rand, und an der Kurbel zu drehen begonnen. Durch die Kurbel wurde die Walze in Bewegung gesetzt, auf der sich winzige Erhebungen befanden, die dünne kleine Eisenstäbchen berührten, eine Berührung, die feine Töne erzeugte. Eine Spieluhr.

»Kennst du das Lied?«, hatte Marie gefragt.

»Nein«, hatte Isabelle geantwortet, »es ist hübsch.«

»Ich habe es als Kind gelernt, von meinem Ziehvater. Es heißt *Le temps des cerises.*«

Sie waren nebeneinander am Tischrand gestanden und hatten sich das Lied angehört.

»*J'aimerai toujours/ Le temps des cerises/ C'est de ce temps-là/ Que je garde au cœur/ Une plaie ouverte*«, hatte Marie mit leiser, brüchiger Stimme gesungen und den Arm leicht um Isabelles Schulter gelegt. Isabelle hatte Marie ins Gesicht geschaut und gesehen, dass sie weinte.

»Eine offene Wunde«, flüsterte Isabelle, während sie an der Mauer des Friedhofs Père-Lachaise entlangfuhr. »Eine offene Wunde im Herzen.«

Ihr Handy läutete. Es war Auguste.

»Isabelle, ich wollte dir sagen, dass das Geld angekommen ist. Der *vodounon* hat getan, was er konnte, es geht unserer Mutter wesentlich besser. Aber Alphonse ist seit einer Woche krank, er hat eine schwere Malaria. Der *vodounon* hat gemeint, dass die erste Frau unseres Vaters nicht so leicht aufgeben wird. Alphonse ist in großer Gefahr, Isabelle, wir brauchen dreihundert Francs für einen wirksamen Gegenzauber.«

»Das ist unmöglich, ich habe das Geld im Augenblick nicht. Außerdem bin ich nicht mehr bereit, auch nur einen einzigen weiteren Sou für diesen Hokuspokus auszugeben. Ihr seid doch alle verrückt!«

»Sag das nicht, Isabelle, sag das nicht, ich beschwöre dich!«, erwiderte Auguste. »Damit erzürnst du unsere Ahnen. Die Gesundheit deines Bruders steht auf dem Spiel. Das kann dir doch nicht gleichgültig sein.«

»Nein, Auguste, diesmal nicht. Ich lasse mich nicht länger erpressen.«

Sie schaltete das Handy aus und legte die zweite Hand wieder auf das Lenkrad. Vor ihr tauchte die Julisäule mit der goldenen Figur an der Spitze auf. Sie dachte an die Holzmaske. Die beiden Teile lagen noch immer auf dem Tisch. Dann griff sie nach dem Handy und wählte die Nummer ihres Bruders.

»Hallo?«, sagte er.

»Ich bin es wieder, Isabelle«, sagte sie. »Ich habe nachgedacht. Morgen schicke ich euch zweihundert Francs, ich stecke sie in einen Brief.«

»Du bist ein guter Mensch, Schwester, ich habe es immer gewusst«, sagte Auguste. »Unsere Ahnen werden dich beschützen.«

Isabelle fuhr über die Place de la Bastille und überquerte die Brücke, die auf die Île Saint-Louis und weiter auf das linke Seineufer führte. Rechts von ihr erhob sich in einiger Entfernung die Kathedrale Notre Dame. Von hinten sah sie aus wie ein riesiges Schiff. Sie schaltete den CD-Player ein.

»*No worry*«, sang Angélique Kidjo, »*no worry.*«

Lilian Faschinger im dtv

»Diese Autorin ist eine leidenschaftliche Erzählerin, eine, die sich auf die Kraft ihrer Sprache verläßt und der das Entwickeln eines Plots sichtbares Vergnügen bereitet.«
Meike Fessmann in der ›Süddeutschen Zeitung‹

Magdalena Sünderin
Roman
ISBN 3-423-12430-X

Sieben Morde, sieben Liebesaffären, eine Tour de force durch halb Europa sowie durch alte und neue literarische Mythen: die Geschichte einer Mörderin aus Leidenschaft. »Amüsant, boshaft-witzig, hintersinnig.« (Cornelia Staudacher in der ›Stuttgarter Zeitung‹)

Wiener Passion
Roman
ISBN 3-423-12925-5

In Wien stößt die amerikanische Sängerin Magnolia Brown auf ein fast hundert Jahre altes Schriftstück: die Lebensbeichte der Mörderin Rosa Havelka. »Ein hinreißender Roman – bunt, spannend, skurril. Und voll Sympathie für den verführerischen Geist der Stadt.« (Joachim Campe in der ›Berliner Morgenpost‹)

Die neue Scheherazade
Roman
ISBN 3-423-13148-9

Scheherazade Hedwig Moser ist Austro-Perserin und macht ihrem Vornamen alle Ehre ... »Ein originelles literarisches Verwirrspiel.« (Abendzeitung, München)

Frau mit drei Flugzeugen
Erzählungen
ISBN 3-423-12353-2

Äußerlich scheint alles normal. Und doch ist die Welt, die man in diesen zehn Erzählungen betritt, nicht ganz geheuer. »Zupackend wie ein Psychothriller regen die Geschichten die Phantasie an ... Aber niemals – und jedesmal ist man von neuem überrascht – kommt der Schluß so wie erwartet.« (Hella Kaiser im Berliner ›Tagesspiegel‹)